DIE WIRTHSCHAFTSPOLITIK

DER

FLORENTINER RENAISSANCE

UND DAS

PRINCIP DER VERKEHRSFREIHEIT.

VON

DR. ROBERT PÖHLMANN.

GEKRÖNTE PREISSCHRIFT.

E. J. BONSET - AMSTERDAM
1968

Auf die von der Fürstlich Jablonowski'schen Gesellschaft
gestellte Preisaufgabe:

Eine quellenmässige Erörterung, wie weit in Ober- und Mittel-Italien gegen Schluss des Mittelalters die modernen Grundsätze der agrarischen, industriellen und mercantilischen Verkehrsfreiheit durchgeführt waren

eingereicht und gekrönt im März 1878.

Nachdruck der Ausgabe 1878.

La civiltà europea è in gran parte italiana, l'italiana in gran parte toscana, la toscana fiorentina in gran parte. In diesem schlichten und doch so inhaltsreichen Satze Nicolo Tommaseo's[1]) liegt eine Art Rechtfertigung dafür, dass die vorliegende Schrift, welche von Anfang an darauf verzichten musste, das von der Gesellschaft gestellte Problem für ganz Ober- und Mittelitalien zu lösen, gerade die Vaterstadt Machiavell's zum Ausgangspunkt ihrer Untersuchungen gemacht hat. Wer den eigenartigen Geist der Renaissance zu erfassen strebt und, von der Fülle der Erscheinungen zur Selbstbeschränkung gemahnt, sich zunächst mit der Betrachtung eines der grösseren Kulturcentren jener Epoche bescheiden will, findet keine andere Stätte, welche auf den verschiedensten Gebieten des Lebens, in Staat und Gesellschaft, Gelehrsamkeit und Kunst soviele derjenigen Elemente zur Entfaltung gebracht hat, welche in ihrer Gesammtheit den Charakter der italienischen Renaissance bestimmen. Daher gehört aber auch kein anderes der im Einzelnen hochbedeutsamen Gemeinwesen dieser grossen Zeit so sehr der Geschichte der Menschheit an, wie Florenz. Denn da jene Elemente wesentliche Bestandtheile der modernen Kultur überhaupt geworden sind, kann man sagen, dass die Geschichte des florentiner Volkes auch innerhalb des Rahmens der allgemein europäischen Völkerentwickelung im Besonderen das Allgemeine zum Ausdruck bringt, wie es in gleich hohem Grade damals nirgends der Fall war, und dass sie daher gewissermaassen typische Bedeutung besitzt, wie sie seit den Tagen Rom's und Athen's keine Stadtgeschichte wieder gehabt hat. Wenn schon diese innere Bedeutsamkeit seiner Entwickelung Florenz in den Vordergrund des Interesses stellt, wie sehr muss dies vollends da der Fall sein, wo es sich um die Frage handelt, wie weit die Renaissance auf diesem oder jenem Gebiete gerade den modernen Ideen Ausdruck verliehen hat.

Es hiesse, längst Gesagtes[2]) wiederholen, wollten wir des Einzelnen begründen, wie in diesem wunderbaren Mikrokosmos der Renaissancekultur der Geist der modernen Zeiten die vielseitigste Offenbarung gefunden hat, der wir überhaupt am Schlusse des »Mittelalters« auf so beschränktem Raume begegnen. Hier sei nur auf den unvergleichlichen Reichthum an Entwickelungsformen hingewiesen, welche die schöpferische Triebkraft des politischen und socialen Lebens dieser einen Stadt aus sich erzeugt hat, und auf den Geist der Reflexion, der, beobachtend und richtend den Erscheinungen folgend, Florenz zur Geburtsstätte der modernen Geschichtschreibung, der politischen Doctrinen und Theorieen, zur Mitbegründerin der modernen Wissenschaft der Statistik, zu einer

---

[1]) Pensieri sulla storia di Firenze. Archivio storico Italiano. Nuova Serie XIII (2), p. 2.
[2]) Vergl. Burckhardt. Die Kultur der Renaissance, passim.

hohen Schule der Staatskunst gemacht hat; auf jenen Geist, der, unaufhörlich nach Bethätigung ringend, selbst wieder die Quelle stets sich erneuernder Umgestaltungen in Staat und Gesellschaft geworden ist[1]. Und bedarf es noch der Erinnerung an das, wodurch Florenz vor Allem auf die moderne Bildung eingewirkt? Die geistige Befreiung aus mittelalterlicher Gebundenheit durch die bildende Kunst und die Literatur, die eine um so raschere, grossartigere Erweiterung des Gesichtskreises, eine um so tiefer gehende Umgestaltung des Lebens und der Denkweise in modernem Sinn herbeiführen musste, als man nirgends so systematisch wie in Florenz voranging, die neu erschlossenen Schätze der Antike wie in Einem Brennpunkt zu sammeln und ihren geistigen Gehalt der Bildung und dem Zeitbewusstsein überhaupt zu vermitteln[2].

Wenn man von der Ueberzeugung ausgeht, dass im Grossen und Ganzen der Geist des Volkes als ein einiger schafft, und daher innerhalb der einzelnen Epochen der Volksgeschichte ein Parallelismus in der Entwickelung der verschiedenen Seiten des Volkslebens, oder wenigstens eine gewisse Tendenz nach homogener Gestaltung derselben sich offenbaren muss, so wird man nicht zweifelhaft darüber sein, dass der angedeutete moderne Charakter des florentiner Kulturlebens auch auf wirthschaftlichem Gebiete sich manifestiren wird; ja es besteht wenigstens eine gewisse Präsumtion dafür, dass, inmitten der reichsten Entfaltung modernen Wesens, auch das wirthschaftliche Leben und das Verhältniss der Gesetzgebung zur Volkswirthschaft sich mindestens ebenso modern, wenn nicht moderner gestaltet hat, als dies damals irgendwo der Fall war.

Neben diesen inneren Gründen kommt aber auch noch ein anderes wichtiges Motiv in Betracht, welches ebenfalls die Forschung in erster Linie auf Florenz hinweist: Was nämlich die Quellen für die Erkenntniss des wirthschaftlichen Lebens der Renaissance betrifft, so nimmt Florenz unter allen italienischen Staaten den ersten Rang ein, sowohl durch den Reichthum und die Bedeutung als die wissenschaftliche Verwerthbarkeit seiner Ueberlieferung. Während z. B. die Hauptquellen für die gewerbliche Gesetzgebung, die Statuten der Zünfte in Mailand fast sämmtlich vernichtet und auch in Venedig zum grossen Theil der Zeit zum Opfer gefallen sind, besitzen wir die Urkunden des gewerblichen Lebens in Florenz fast von den Anfängen der Zunftherrschaft bis zum Ende der Republik in einer Vollständigkeit, wie für diese Epoche vielleicht nirgends in Italien. Ueberhaupt ist, Dank der grossen Sorgfalt, welche bereits die Republik dem Staatsarchiv zugewandt hat[3], gerade die Reihenfolge

---

[1] Cf. Tommaseo: »Firenze è per il corso di cinquecento anni un' accademia del cimento politico: ogni cosa si tenta, ogni cosa si scrive ed i fatti si inalzano a teoria«.

[2] Von welcher Bedeutung gerade das letztgenannte Moment gewesen ist, beurtheile man nach der Ausführung Roscher's in der »Geschichte der Nationalökonomik in Deutschland« (p. 34), wo in grossen Zügen der Einfluss dargestellt wird, welchen das Studium des Alterthums auf das ganze neuere Volksleben, wie insbesondere auf die Volkswirthschaft und die Entwickelung einer Wirthschaftspolitik gehabt hat.

[3] Wie sehr hat ihre Thätigkeit der Wissenschaft die Verwerthung der hinterlassenen historischen Schätze erleichtert! Ohne die, allerdings nur für die Zwecke der öffentlichen Verwaltung, von den Beamten der Republik angelegten Repertorien wären die Hunderte von Folianten, welche die Staatsbeschlüsse und Verordnungen der obersten Behörden enthalten, ein unübersehbares Chaos, dessen Durchforschung für einen bestimmten einzelnen Zweck einen Aufwand an Zeit, Mühe und Kosten nöthig machen würde, der nur den Wenigsten

der zeitlich aufeinanderfolgenden Quellen für die Erkenntniss des inneren Lebens von Florenz eine so ununterbrochene, dass sich die Continuität der Entwickelung auf den verschiedenen Gebieten verhältnissmässig selten dem Blicke entzieht. Was Savigny von den Statuten der italienischen Communen im Allgemeinen rühmt, dass sich aus ihnen besonders die **fortgehende Entwickelung** erkennen lässt [1]), gilt für Florenz in hervorragender Weise.

Der Verfasser hat diesen von den Quellen selbst gegebenen Fingerzeig nützen zu müssen geglaubt und daher bei seiner Darstellung auf die **Entwickelung**, auf das **Werden** der Ideen der Freiheit und Gebundenheit vielleicht mehr Gewicht gelegt, als es für den oberflächlichen Blick mit der gestellten Aufgabe vereinbar scheinen mag. Allein er würde auch der letzteren nicht zu genügen glauben, wenn er sich etwa nur auf die dem Schluss des 15. Jahrhunderts oder der Entdeckung Amerika's unmittelbar vorhergehende Zeit beschränkt und in der Weise der Statistik deren momentanen Gehalt an wirthschaftlicher Freiheit dargelegt hätte. In Italien beginnt ja der Auflösungsprozess der mittelalterlichen Welt und das Werden der Neuzeit bereits mit dem Trecento und früher, und die Entwickelung schreitet dann mit solcher Raschheit vorwärts, dass auf einzelnen Gebieten schon im Anfang des 15. Jahrhunderts der Höhepunkt erreicht ist. Wenn man insbesondere nach Dem fragt, was die Reinaissance für die wirthschaftliche Befreiung des Individuums geleistet hat, so begegnen wir allerdings in der zweiten Hälfte des 15. Jahrhunderts sehr wichtigen Fortschritten im Sinne moderner Freiheit, andererseits zeigt sich jedoch auch wieder auf verschiedenen Gebieten der Volkswirthschaft ein Abfall von einer frühern liberaleren Praxis oder eine Verschärfung der bereits vorhandenen, auf Beschränkung und Bevormundung gerichteten Tendenzen. Es ist die herannahende Reaktion der spanischen Aera und der wirthschaftliche Niedergang Italien's im 16. Jahrhundert, welche sich damals bereits in einzelnen Symptomen voraus verkündigten.

Wollen wir demnach die ganze Summe freiheitlicher Ideen kennen lernen, welche das ausgehende Mittelalter auf wirthschaftspolitischem Gebiete verwirklicht hat, so ist es unerlässlich auch die Frührenaissance in den Kreis der Untersuchung zu ziehen. Indem sich aber an dieses Rückwärtsgreifen stets die Frage nach dem freiheitlichen Besitz der letzten Zeit des 15. Jahrhunderts anknüpft, ergiebt sich von selbst die Nothwendigkeit einer Vergleichung zwischen den verschiedenen Stadien der Gesetzgebung, soweit dieselbe nicht stationär geblieben, und daraus die Einsicht in die **Entwickelung** und in die ihr zu Grunde liegende allgemeine Tendenz; die Einsicht in die **historische Be-**

---

möglich wäre. — Nach dieser Richtung hin bleibt für die italienischen Archivverwaltungen noch unendlich viel zu thun. So ist z. B. noch absolut nichts geschehen, um die grossartige Sammlung der Verordnungen der mailänder Herzoge für die Forschung zugänglicher zu machen. Mit um so wärmerer Anerkennung gedenkt der Verfasser des von einem Beamten des mailänder Staatsarchivs hergestellten Regestenwerkes für das »Archivio Panigarola«. Nur wenn Arbeiten dieser Art in grösserem Maassstab in den bedeutenderen Archiven ausgeführt werden, kann man auf eine baldige Lösung von Aufgaben, wie die unserige, für das ganze ursprünglich in Aussicht genommene Gebiet hoffen.

1) Geschichte des römischen Rechts im Mittelalter. Band III, cap. 22, § 6.

deutung der für die jüngste Entwickelungsphase der Wirthschaftspolitik charakteristischen Ordnungen, indem wir erkennen, ob dieselben der Ausdruck einer freiheitlichen Fortentwickelung des früheren Standpunktes sind, oder einer Gegenströmung gegen bereits früher errungene Freiheit und Selbständigkeit. Diese Einreihung der abschliessenden Gesetze der letzten Zeit vor dem Einbruch der Reaktion in den allgemeinen geschichtlichen Prozess gewährt allein die Möglichkeit, das anziehende Schauspiel des Werdens und Wachsens der Idee der Freiheit zu verfolgen, ihren Kampf mit den feindlichen Tendenzen, ihr Unterliegen und ihre Triumphe. Es treten die Motive zu Tage, aus denen sich die Zeit sei es der Freiheit oder der Gebundenheit zugewandt, und wir machen die lehrreiche Wahrnehmung einer auf geschichtlicher Erfahrung beruhenden Selbsterziehung zur Freiheit, indem wir sehen, wie man in Florenz durch Beobachtung der wirthschaftlichen Folgen der die Verkehrsfreiheit einschränkenden Gesetze in wichtigen Punkten allmälig zur Ueberzeugung von der Nothwendigkeit freiheitlicher Reformen durchgedrungen ist.

Der Verfasser ist sich wohl bewusst, wie weit die Ausführung hinter dem zurücksteht, was ihm wohl selbst als Ziel vor Augen stand, als er forschungsfreudig über die Alpen zog. Er ist aber auch überzeugt, dass, so viele Lücken und Schwächen dieser Arbeit auf Rechnung persönlicher Mängel kommen mögen, doch in so manchem Punkte nur die Sprödigkeit und das Unzureichende des Quellenmaterials eine befriedigendere Leistung unmöglich gemacht hat. Wenn man erwägt, aus welch' verschiedenartigen, meist ungedruckten Quellen die Zeugnisse für die volkswirthschaftliche Entwickelung jener Zeiten zusammengetragen werden müssen, und dass die Inanspruchnahme der Archive für die Zwecke der Gegenwart nicht einmal die äusserliche Ordnung dieser allerdings massenhaften Quellen zum völligen Abschluss bringen liess [1]), geschweige dass für eine eingehendere, systematische Orientirung über den Inhalt etwas wirklich Befriedigendes geschehen konnte, so wird es bei einer Untersuchung, die mit derartigen äusserlichen Schwierigkeiten zu kämpfen hatte, eher verzeihlich erscheinen, wenn sie die Antwort auf diese oder jene Frage schuldig bleibt, die vielleicht nach der gegenwärtigen Verfassung der Quellen gar nicht gelöst werden kann.

Zum Schlusse sei es mir noch vergönnt, allen hochherzigen Förderern dieser Studien meinen innigsten Dank auszusprechen. In erster Linie Seiner Majestät dem Könige Ludwig II. von Bayern, der dieselben durch die huldvolle Verleihung des »König Ludwig II. Stipendium« so sehr ermuthigte; Herrn Professor Hegel in Erlangen, den Direktoren der toscanischen und lombardischen Archive, Cesare Guasti in Florenz und dem ehrwürdigen Cesare Cantù in Mailand, sowie dem Direktor der Brera Federico Odorici, deren Liberalität und thatkräftige Unterstützung meine Forschungen wesentlich erleichtert hat.

---

[1]) Verf. musste selbst in Florenz auf das Studium verschiedener Codices verzichten, weil sie, zu ungeordneten Theilen des Archivs gehörig, nicht aufzufinden waren.

INHALT.

Einleitung.

I. Die Freiheit des Bauern und des ländlichen Grundbesitzes. . . . . . s. 1

Allgemeine wirthschaftliche und politische Ursachen der Befreiung des Bauern und des Agrarbesitzes 1—3. — Die Emancipationsgesetzgebung 3—5. — Bevormundung des Colonen durch den Staat 5. — Zwangsweise Heranziehung zum Colonat 6. — Taxen für landwirthschaftliche Lohnarbeiten 7. — Der Colonenvertrag und die Freizügigkeit des Bauern 7—10. — Staatliche Eingriffe in die Landwirthschaft im Interesse der Bodenkultur und der Industrie 10. — Das Nachbarrecht 11. — Freie Theilbarkeit des Grundbesitzes 12. — Grundbesitzerwerb durch Fremde 13. — Privilegirung des Grundbesitzes durch Hypotheken.

II. Der Verkehr mit den Erzeugnissen der Landwirthschaft unter den Einwirkungen der Annonarpolitik 17

Allgemeine Lage des Ackerbaues 17. — Gesetze gegen den Kornhandel d. h. Aufkauf und Zwischenhandel 19. — Lokalisirung des Marktes für Korn und Mehl 20. — Analoge Ordnungen über den Viehandel 21. — Lebensmitteltaxen 22. — Eingriffe in die Coalitions- und Niederlassungsfreiheit zur Sicherung des Annonarsystems 23. — Stabilität der Annonargesetzgebung 24. — Ausnahmsweise Zulassung der Verkehrsfreiheit 25, neben fortbestehender mittelalterlicher Geschlossenheit und polizeistaatlichem Zwange 26. — Völlige Preisgebung des Systems im Drange der Noth 27. — Verkehrsschranken zwischen Stadt und Grafschaft 27, zwischen Grafschaft und Distrikt 28. — Vereinzelte Reformen 28, 29. — Begünstigung der herrschenden Stadt auf Kosten des unterthänigen Gebietes 30. — Differentialzölle zu Gunsten der Hauptstadt 31. — Monopolistisches Zwangsrecht des florentiner Marktes 32. — Geschichtliche Würdigung der florentiner Annonarpolitik 33. — Parallele mit Mailand 34. — Florentiner Gesetzgebung über den Verkehr mit dem Ausland. Ausfuhrverbote 35. — Freigabe der Kornausfuhr 36—38. — Korneinfuhr 38. — Wiederausfuhr 39. — Einfuhrprämien, Getreideaufkäufe durch den Staat 39.

III. Die industrielle Verkehrsfreiheit unter den Einwirkungen des Zunft- und Polizeizwanges 40

Bedeutung des Verhältnisses der Innungen zum Staat, beleuchtet durch eine Parallele mit Venedig 40, 41. — Das florentiner Zunftwesen stets in engster Fühlung mit dem Allgemeinen 41. — Geschichtliche Rechtfertigung des Zunftzwanges 42, 43. — Grenzen desselben 43, 44. — Milderung seiner Wirkungen durch die Art und Weise der zünftigen Organisation 45. — Charakter der Matrikel in Florenz 46. — Erleichterung des Betriebes mehrerer Gewerbe durch Eine Person 47. — Privilegirung einzelner Kategorien in Beziehung auf die Matrikel 48. — Erklärung des Staates gegen exklusive Zunfttendenzen. Freiheit der gewerblichen Niederlassung 49. — Ausnahmen: Bürgschaften 50, Forderung einer gewissen Qualifikation 51, 52. — Kein Meisterstück 53. — Liberaler Standpunkt der florentiner Gesetzgebung 53. — Das »Statut der schlimmen Nachbarschaft« 54, 55. — Technische Gewerbereglements 56, 57. — Institute zur Ueberwachung der Industrie 58. — Die Kirche im Dienste der Industrie 59. — Vermehrung der Präventivmassregeln im 15. Jahrhundert 59, 60. — Schutzmaassregeln gegen unzünftige Arbeit 61. — Die individuelle Freiheit und die gegenseitigen Verpflichtungen der Zunftgenossen 62. — Allgemeine Lage der abhängigen Kleinmeister, der Lehrlinge, Gesellen und Arbeiter 63, 64. — Das Recht der Coalition 65. — Zünftige Lohntarife, Arbeitszwang 65. — Ausdehnung des Taxenwesens im Zunftrecht 66. — Regulirung der Löhne und Preise durch den Staat 67—70. — Freizügigkeit des Arbeiterstandes 70. — Stellung zum Arbeitgeber 71. — Contraktbruch 72. — Freiheitliche Regelung der Arbeitsverhältnisse in Florenz im Vergleich zu andern Gesetzgebungen 72, 73. — Auswanderungsverbote und ähnliche Fesseln zum Schutz der Industrie 74. — Monopolistisches Recht der Hauptstadt auf gewisse Industrieen 75. — Niederlassung von Handwerkern in der städtischen Umgebung 76. — Stellung des zünftigen Handwerks der Landschaft zu den hauptstädtischen Zünften 76. — Politische Motive derselben 77. — Proklamirung der Gewerbefreiheit in der Grafschaft 78.

IV. **Das Verkehrsrecht unter den Einwirkungen des kanonistischen Wucherverbotes** . . . . S. 79

Die Bedeutung des Wucherverbotes für den Handel 79. — Der Wucher in der Literatur 80, und im Leben 81. — Ursprünglich liberale Stellung des weltlichen Rechts in der Wucherfrage 81—83. — Sieg der Wucherlehre im Gericht und in den Statuten 83, 84. — Wirthschaftliche Motivirung des Wucherverbots, Erschwerung der Wucherklage 85. — Inkonsequenzen der Gesetzgebung: Zinsbare Staatsanleihen, Börsenspiel 86. — Concessionirte Leihanstalten 87. — Jüdisches Darlehen 88. — Sieg der streng-kanonistischen Partei gegen die freieren Richtungen 88. — Folgen, liberale Reaktion 89. — Illusionen der Gesetzgebung 90. — Juristische Rechtfertigung des verzinslichen Darlehens durch Ausbildung eines eigenen Verkehrsrechtes 91.

V. **Die Frage der merkantilen Verkehrsfreiheit** 92

Obligatorisches Maklerinstitut 92. — Maassregeln zur Sicherung der Reglements 93 und des Käufers 94. — Regelung des Kreditwesens 95. — Zünftige Ansprüche an den zu Markte gebrachten Rohstoff 97. — Lokalisirung des Handels 98. — Beschränkung des Kaufs zum Wiederverkauf 98—100. — Schutz der Handelsfreiheit durch den Staat 101. — Gegenwirkung merkantilistischer Tendenzen 102. — Experimente der Schutzzoll- und Prohibitivpolitik 102. — Ihre Erfahrungen und der Verkehrsfreiheit günstige Resultate 103—110. — Ausdehnung des Schutzsystems 110, 111. — Regelung der Ausfuhr und des Transitverkehrs 112, 113. — Ausdehnung des Zolltarifs 114. — Gesichtspunkte der Zollpolitik 115. — Freiheitliche Tendenz der Zollgesetzgebung gegen Ende des 15. Jahrhunderts 116. — Reaktion kaufmännischer und fiskalischer Interessen gegen die Schutzzollpolitik 117. — Tarifreductionen aus finanzpolitischen Gründen 117—119. — Schwierigkeiten der Reform 120. — Ansprüche des Fiskus 121. — System der Binnenzölle 121—123. — Freisinnige Zollgesetzgebung in Beziehung auf den Seeverkehr 123—125. — Monopolisirung und Bevormundung der Rhederei und Frachtschiffahrt durch den Staat 126. — Einseitige Begünstigung der nationalen Flagge 127. — Widerstreben der Praxis gegen die Fesselung des Seeverkehrs, Erkenntniss der üblen wirthschaftlichen Folgen des Systems 128. — Daher freiheitliche Reformen 128, 129. — Vollständiger Sieg der Verkehrsfreiheit 129—131. — Die auswärtige Politik der italienischen Staaten im Dienste der Handelseifersucht 131. — Störungen des Verkehrs aus politischen Gründen 132. — Unfruchtbarkeit der äusseren Politik für die Befreiung des Handels 133, 134. — Repressalienwesen 134, 135. — Charakterisirung der von Florenz im Ausland erzielten Befreiungen seines Handels 136.

Rückblicke 136

Beilagen 143

I.
Die Freiheit des Bauern und des ländlichen Grundbesitzes.

Auf der Höhe des Mittelalters trafen — Brabant und Flandern etwa ausgenommen — kaum anderswo in Europa die wirthschaftlichen und allgemein geschichtlichen Bedingungen zur Entfesselung des Bodens und zur Emanzipation der bäuerlichen Bevölkerung so sehr zusammen, wie im oberen und mittleren Italien, insbesondere aber im toskanischen Hügellande. Schon zu der Zeit als das mächtig emporstrebende Bürgerthum des gewerbreichen Siena, des seegewaltigen Pisa und der zum bedeutendsten Industriestaat der mittelalterlichen Welt heranreifenden Arnostadt noch von allen Seiten von einer Kette feudaler Grundherrschaften eingeengt wurde, war hier Bauernstand und Agrarbesitz bei weitem nicht in dem Umfang belastet und gebunden, wie in den meisten Theilen des germanisch-romanischen Nordens. Selbst das mit den feudalen Zuständen Europas so eng verwachsene Familienprinzip hat hier auch im früheren Mittelalter nie auch nur entfernt jene Wirkungen auf den adeligen Grundbesitz geübt wie dort; hat ja doch erst mit der unter spanischen Auspizien begründeten Monarchie Majorats- und Fideikommisswesen hier Eingang gefunden. In diesem Punkte bestand zwischen dem unter römischen Einflüssen stehenden der Mobilisirung so günstigen städtischen Erbrecht und der herrschenden Gewohnheit der grundbesitzenden Lehensaristokratie, bis ins Unbegrenzte hineinzutheilen[1]), eine grundsätzliche Uebereinstimmung, und wo sich etwa in diesen Kreisen entgegengesetzte Tendenzen geltend machten, sind dieselben von Anfang an von der immer mehr umsichgreifenden Autorität der communalen Gesetzgebung entschieden bekämpft worden[2]). Was die

---

[1]) Vergl. v. Rumohr, Der Ursprung der Besitzlosigkeit des Colonen im neuern Toskana 113. Sugenheim, Geschichte der Aufhebung der Leibeigenschaft und Hörigkeit in Europa 206.

[2]) Statutum Usus Pisanae Civitatis (1161) bei Bonaini. Statuti inediti della città di Pisa dal 12 al 14 secolo II. 958. Darnach ist jede Bevorzugung des einen Sohnes vor dem andern bei der Vererbung des Lehnsbesitzes verboten; Alle sollen zu gleichen Theilen erben. Diese von Bonaini erst zugänglich gemachte Quelle giebt überhaupt wichtige Aufschlüsse über die Umbildung des Lehenrechtes durch die städtische Gesetzgebung. Vergl. dieselbe Tendenz in den Statuten Mantuas, welche das unbedingte Veräusserungsrecht alles Feudalbesitzes gegen die ronkalischen Verbote Friedrichs I. und die strengen Grundsätze des Lehenswesens überhaupt garantiren. Carlo d'Arco, Economia politica del municipio di Mantova. 256.

Stellung des Gutsherrn zu dem an die Scholle gebundenen oder in sonstigen Abhängigkeitsverhältnissen lebenden Hintersassen betrifft, so hatten sich hier einerseits die ursprünglichen Racengegensätze zwischen einem langobardisch-fränkischen Herrenstand und abhängiger römischer Bevölkerung nie zu jener Kluft vertieft, welche z. B. den französischen und lettischen Bauern vom Grundherrn trennte[1]); wie wir denn in Italien schon sehr frühe Alles was Lehen und Hoheitsrechte besass: Barone, Bischöfe, Aebte wetteifern sehen, Statuten und Ordnungen — oft unter Mitwirkung der abhängigen Bevölkerungen — zu erlassen, welche Person und Besitz vor der eigenen Willkür schützten, während die Barone Englands und Frankreichs, wo die Krone mit dem Erlass von Statuten voranging, denselben als einer Beschränkung ihrer Macht ihren ganzen Hass entgegensetzten[2]). Andererseits machte sich nirgends so früh und im weitern Verlauf so intensiv die Rückwirkung städtischer Industrie und Handelsmacht auf das Agrarwesen geltend, wie in Italien. Während in Deutschland bekanntlich erst im 14. und 15. Jahrhundert der Einfluss dieser beiden Produktionszweige auf die vorherrschende Naturalwirthschaft in der theilweisen Milderung der Hörigkeit, Verwandlung derselben in andere Formen, Abschätzung der Frohnden und Naturalleistungen und deren Verwandlung in Geldabgaben sich zu äussern beginnt, musste sich der Einfluss der Handelsblüthe von Mailand, Genua, Pisa und Florenz auf das umliegende Territorium schon darum von Anfang an mit ganz anderer Energie geltend machen, weil der auswärtige Handel der deutschen Städte überwiegend Passivhandel war[3]), während hier gerade der Export der **eigenen Fabrikate** als die eigentliche und erste Ursache des Reichthums erscheint[4]), und die für die Märkte des Orients und Occidents arbeitende Industrie des Inlandes die gewaltigsten Dimensionen annahm. Die Wirkungen, die zunächst in der Steigerung des Werthes der persönlichen Arbeitskraft sich äusserten und im 13. und 14. Jahrhundert im ganzen oberen und mittleren Italien naturgemäss zur Aufhebung der Schollenhörigkeit führten, mussten gerade in Toskana um so entschiedener hervortreten, als sich hier mit der höchsten Entwicklung des **Industrialismus** die höchste Ausbildung des **Geldhandels** vereinigte. Dadurch, dass das florentinische Bankgeschäft den Geldverkehr der Kurie mit dem Norden in die Hand bekam und Florenz der Geldmarkt für

---

[1]) Burckhardt (Kultur der Renaissance 278) weist mit Recht darauf hin, dass in der Literatur sich kein Ton von jenem grausam verachtungsvollen Racenhass findet, der die adeligen provençalischen Dichter und stellenweise die französischen Chronisten gegen die »villains« beseelte.

[2]) Der Abt von Nogent sah darin eine fluchwürdige Institution, welche die Leibeigenen befähigte, sich dem Gehorsam gegen ihre Herren zu entziehen.; vergl. Annali delle Università Toscane II, 107. Statuto della Val d'Ambra (1208) ed. Bonaini.

[3]) Man vergegenwärtige sich nur die Geschichte der Hansa!

[4]) Daher hat es die Florentiner Gesetzgebung als Prinzip ausgesprochen, den Handel vor Allem durch Hebung der **einheimischen** Manufakturen zu heben. Ordini del Consolato del mare della nazione Fiorentina. Arch. Rif. Classe XI. dist. IV. N. 77. fol. 16. (Florentiner Centralstaatsarchiv.)

Europa wurde, war ja der Sieg der Geldwirthschaft über die mittelalterliche Naturalwirthschaft völlig entschieden, und damit die Grundlage aller die Freiheit des Individuums und des Bodens fesselnden feudalen Institutionen gründlich beseitigt.

Es half der landbesitzenden Aristokratie nichts, dass sie schon im 12. Jahrhundert in richtiger Erkenntniss der Zeitverhältnisse, allerdings unter möglichster Festhaltung der alten Rechte, die Hand zu einzelnen Modifikationen der grundherrlichen Verhältnisse bot[1]); sie hatte nicht nur allgemeine wirthschaftliche Kräfte gegen sich, sondern auch die ganze politische Entwicklung. Soweit sie der seit dem 13. Jahrhundert immer mächtiger um sich greifenden Territorialgewalt der republikanischen Communen noch sebständig gegenüber stand, galt es den Kampf um die staatliche Unabhängigkeit, oder, wo sie sich schon innerhalb des Unterthanenverbandes befand, geradezu um die politische Existenz. Noch vor Ablauf des 13. Jahrhunderts war dieser Kampf in Florenz zu Gunsten des Bürgerthums entschieden, welches den Adel durch eine rigorose Ausnahmegesetzgebung fast aller politischen Rechte beraubte und »unter dem Zeichen des Mars und Merkur«, unter dem nach dem Volksglauben die Stadt gegründet, bis zum Schlusse des Mittelalters im Verein mit den Schwesterrepubliken fast aller Feudalherrschaft in Toskana ein Ende machte. In diesem Klassenkampfe hatte der städtische Demos von Anfang an nicht sowohl in der Erkenntniss der wirthschaftlichen Bedeutung freier Arbeit, obgleich diese der Zeit keineswegs ganz fremd war[2]), oder aus christlichhumanen Gründen wie sie in den Freiheitsurkunden vorangestellt werden[3]), sondern aus politischen Motiven[4]) die Emanzipation der bäuerlichen Bevölkerung in die Hand genommen und dieselbe im Verlaufe der allmäligen Konsolidirung des Staatsgebietes auch in den neuerworbenen Feudalgebieten, wo nur immer möglich durchgeführt[5]). Durch den Staatsbeschluss von 1289 wurde zunächst nur der weitere Erwerb und die Veräusserung abhängiger Leute, Grundholden und Zinsbauern oder von Frohnden, Rechten und Leistungen die mit der Freiheit der Person unvereinbar sind, verboten und verfügt, dass jedes

---

1) Vergl. die Urkunden bei Rumohr l. c. 68.

2) Vergl. den Freiheitsbrief für Bucey (1347) bei Cibrario: »Della schiavitù e del servaggio e specialmente dei servi agricoltori II, 374«.

3) Vergl. die Florentiner Urkunde bei Rumohr l. c. 101. »Cum libertas, qua cujusque voluntas non ex alieno sed ex proprio dependit arbitrio, jure naturali multipliciter decoretur, quâ etiam civitates et populi ab oppressionibus defenduntur et ipsorum jura tuentur et augentur in melius, volentes ipsam et ejus species non solum manutenere sed etiam augmentare etc.«. Das christliche Motiv erscheint besonders in der Bologneser Freilassungsurkunde von 1256. (Muzzi. Annali della città di Bologna I, 485.)

4) Die gegen den Adel gerichtete Spitze dieser Gesetze beweist der Umstand, dass sie in dem ungedruckten Statutenfragment von 1321 mit der Absicht motivirt werden, »dass die Ohnmächtigen und Gebrechlichen nicht von den Magnaten und Mächtigen unterdrückt würden«. Codex membranaceus statutorum Populi Florentini nomine Potestatis ex publ. rec. anni 1324 l. I. c. 56. Archivio di Riformazioni in Florenz.

5) Vergl. z. B. die Capitoli del Comune di Firenze p. 607, Band I der Documenti degli archivi Toscani pubbl. per cura della R. Soprintendenza generale agli archivi medesimi.

derartige Rechtsgeschäft ungültig sein und die sofortige Freiheit des Hörigen mit Gut und Nachkommenschaft zur Folge haben sollte. Zugelassen blieben nur Veräusserungen an den Staat oder an die Abhängigen selbst, welche sich loskaufen oder die genannten Leistungen ablösen wollten [1]. Derselbe Standpunkt, der sich darauf beschränkte, die Vermehrung der bestehenden Abhängigkeitsverhältnisse und feudalen Rechte zu verhindern und zugleich durch das Verbot der Veräusserung und Uebertragung derselben die Ablösung zu begünstigen, ist noch in den Statuten von 1321 festgehalten und, um die Bewegung noch mehr in Fluss zu bringen, Jedem gestattet, von der Kirche und geistlichen Korporationen Güter mit herrschaftlichen Rechten und grundsässigen Leuten zu erwerben, wenn der Käufer nur die Letzteren von allen Fesseln befreite und auf alle feudalen Rechte verzichtete [2]. Bei der entschieden ausgesprochenen Tendenz der städtischen Gesetzgebung musste der Prozess, aus welchem je nach dem Ablösungsmodus der an die Scholle gebundene oder sonst pflichtige Bauer als freier in einem rein privatrechtlichen Kontraktsverhältniss zum Gutsherrn stehender Zeitpächter oder als Eigenthümer eines von allen Pflichten gegen Korporationen oder Private entbundenen Grundbesitzes [3] hervorging, im Laufe des 14. Jahrhunderts um so mehr beschleunigt werden, als die öffentlichen Verhältnisse der Hauptstadt, wo in raschem Wechsel die Geldaristokratie des »popolo grasso«, der kleine Gewerbsmann, die auf die Massen gestützte Tyrannis und schliesslich selbst, wenn auch ganz ephemer der »popolo minuto« und Fabrikarbeiter das Staatsruder in die Hand bekam, nichts weniger als dafür bürgten, dass die städtische Agrarpolitik sich auch in Zukunft in den Schranken gleicher Mässigung bewegen würde. In der That erfolgte durch das in den Statuten von 1415 enthaltene Gesetz [4] von

---

[1] Urkunde bei Rumohr l. c. 101.

[2] Cod. membr. cit. Arch. Riform. l. c. De non emendis vel aquirendis fidelibus juribus vel servitutibus personalibus vel realibus.

[3] Insbesondere bei dem Umsichgreifen der Republik gegen den unabhängigen Feudaladel wurde sehr vieles auch von privatrechtlichen Leistungen freie Grundeigenthum geschaffen. Vergl. z. B. die Verträge mit den Grafen v. Battifolle: che tutti i persone ed uomini dei soprascritti luoghi siano assoluti e liberati in perpetuo da qualunque censo, affitto, dono o colta annuale e perpetua che dovessero al detto conte o alla sua corte (1440). Capitoli di Firenze l. c. I, 598. cf. 607: Il commune ed uomini e persone di Castelcastagnaio s'intendino essere e siano liberi e finiti d'ogni ficto di grano, di danari ed ogni spesa ordinaria ed extraordinaria e censi e servizii che usati fussino di pagare ai Conti di ciascuno anno cosi per lo passato come per lo avvenire.

[4] Die ausserordentliche Seltenheit dieser 1772 gedruckten Statuten — mir selbst sind sie in Deutschland nur durch die grosse Güte des Herrn Professor Hegel in Erlangen zugänglich geworden — veranlasst mich, den wichtigsten Theil dieser »magna charta« des florentiner Bauern mitzutheilen: Nulla persona cuiuscunque status seu conditionis existat vel universitas praesumat habere, tenere aut vendere, donare, alienare vel alio titulo transferre in aliquam personam universitatem seu collegium suppositam vel suppositum communi Florentiae aut non suppositum aliquos colonos, censitos, adscripticios, reddentes seu manentes vel servos aut aliqua jura affictuum vel livellorum includentinm aliquod jus servitutis fidelitatis vel homagii seu accomandisiae aut alicujus jurisdictionis vel signoriae seu ipsam jurisdictionem aut signoriam in aliquam vel super aliquam universitatem villam castrum vel

Staats wegen die zwangsweise unbedingte Aufhebung aller Leibeigenschaft und Zinshörigkeit, aller Gebundenheit an den Boden, aller Frohnden und Rechtsverhältnisse zwischen Privaten, aus welchen sich Verpflichtungen gegen die persönliche Freiheit insbesondere zu feudalrechtlicher Abhängigkeit oder öffentlich rechtlicher Unterthänigkeit ergaben. Auf den kirchlichen Grundbesitz fand das Gesetz offenbar keine Anwendung; da die auch hier ausgesprochene Erlaubniss, die genannten Pflichtigen und Rechte von Kirchen und Klöstern zu erwerben, und zwar unter der Bedingung der Freigabe, ausserdem keinen Sinn hätte. Doch besteht wohl kein Zweifel, dass die verbotenen Verhältnisse auch auf kirchlichem Besitzthum schon aus den entwickelten allgemeinen Gründen keinen Bestand haben konnten, zumal wenn man die abhängige Stellung erwägt, welche die Kirche innerhalb der Communen einnahm und die rücksichtslose Gewaltsamkeit, mit der besonders Florenz gegen das Kirchengut verfuhr [1]).

Die regierenden Kreise dachten nun übrigens keineswegs, mit der Durchführung dieser Emanzipation den Bauern völlig auf sich selbst zu stellen. Sie hatten ja selbst, mochten sie nun das Grosskapital oder das Handwerk vertreten, ein zu unmittelbares Interesse an einer gewissen Bevormundung des Colonen, als dass eine völlig unbefangene Behandlung der Agrarverhältnisse von ihnen zu erwarten gewesen wäre [2]). Es darf nicht vergessen werden, dass sich schon sehr früh in Toskana die Spekulation des städtischen Kapitals auf den Landbesitz geworfen hatte und die Betriebsamkeit der Städter in Kauf und Umtausch von Ländereien einen solchen Umfang annahm, dass man nicht mit Unrecht zum grossen Theil auf sie die im 13. und 14. Jahrhundert erfolgende Auflösung der ackerbauenden Gemeinden des Mittelalters und die Gründung der noch bestehenden Austheilung der Grundstücke in kleine abgerundete Pachthöfe (poderi) zurückgeführt hat [3]). Nicht nur der reiche Kaufherr, der auf mehrere Miglien hin einen Kranz glänzender Landsitze — ein zweites Florenz — um die Hauptstadt herumzog oder — ich erinnere nur an Lorenzo

---

singulares personas de comitatu vel districtu Florentiae. Et nullus praesumat accipere ad feudum vel homagium seu jura angaria realia vel personalia seu quaelibet alia servitia perpetua vel ad longum tempus seu accomandisiam aliquam seu jus accomandisiae aliqualiter obligare aliquam universitatem commune populum vel singulares personas de civitate comitatu vel districtu Florentiae seu in fidelem adscripticium reddentem manentem seu feudatarium aut servum, nec etiam exigere seu petere per se vel alium directe vel indirecte. (Rub. 90. lib. III).

1) cf. z. B. Ammirato. Storie Fiorentine X, 702.

2) Es ist bezeichnend, dass in der für die Zwecke der Tuchmacherzunft angelegten Sammlung des »Liber legum palatii et nobilis universitatis artis lane civitatis Flor.« (Arch. Rif. Arte della lana Cod. Nr. 12) sich wichtige Gesetze über Pacht- und Colonenverhältniss und ländlichen Grundbesitz finden (fol. 89, 90. 128).

3) Rumohr l. c. 119. Vergl. das untengenannte Tagebuch eines florentiner Goldschmiedes über den Austausch von Ländereien »per cagione d'acconciare l'uno l'altro«.

Magnifico [1]) — weithin in der Landschaft sich ankaufte, auch der kleinere Gewerbsmann ist zum Padrone geworden und bewirthschaftet sein Gütchen mit seinem Colonen [2]). Daher darf es uns nicht verwundern, in der Gesetzgebung so viele Bestimmungen zum Schutz des Patrons gegen den Colonen oder, wie es der eben genannten Thatsache entsprechend öfter heisst, der Bürger gegen die Bauern [3]) zu finden, welche dem Grundbesitzer von Staatswegen gewisse Leistungen von Seite des Colonen garantirten, deren Festsetzung nach moderner Anschauung dem Privatkontrakt zu überlassen wäre. So das Verbot, ohne Erlaubniss des Herrn auf dem Grundstück Bäume zu fällen [4]), Andern für Lohn zu fahren oder die Ochsen zu leihen [5]), die Verpflichtung, Weinstöcke und Bäume zu beschneiden [6]), das Verbot, gewisse Hausthiere ohne Erlaubniss des Herrn zu halten [7]), ohne dieselbe wieder an Andere zu verpachten [8]) oder Lohnarbeit auf fremden Grundstücken zu übernehmen [9]); so die gesetzliche Festsetzung der Zeit für die Weinlese [10]), die Verpflichtung des Colonen, den erzeugten Wein an den Patron auf dessen Wunsch zu verkaufen und zwar zu dem Preis, zu welchem er in der nemlichen Zeit Andern verkauft werden kann [11], und die Sicherung des Vorkaufsrechtes des Herrn, wenn der Colon Getreide und Oel vor der Ernte verkaufen will [12]), endlich das Verbot, noch nach der Kündigung Arbeiten im Weinberge vorzunehmen [13]).

Mit diesen Aeusserungen weitgehender staatlicher Bevormundung verbanden sich gesetzliche Verfügungen, welche zu dem in den Emanzipationsedikten so sehr betonten Prinzip der Freiheit in schroffem Widerspruch stehen. Um für die Bewirthschaftung der Güter einen möglichst zahlreichen Pächterstand zu gewinnen, verbot nemlich das Gesetz jedem unverheiratheten Bauern, der weder im Besitz eines eigenen noch gepachteten Grundstückes war, bei schwerer Geldbusse, sich im Tagelohn zu verdingen und zwang ihn, als Zeitpächter fremden Grundbesitz zu bestellen [14]). Dem Tagelöhnerstand aber, der dem-

---

1) Machiavelli Istorie Fiorentine lib. VIII in fine — lasciate da parte le mercantili industrie, alle possessioni come piu stabili e piu fermi ricchezze si volse.

2) Vergl. das ausserordentlich lehrreiche Tagebuch des florentiner Goldschmiedes Odorigo di Credi. Archivio storico italiano IV. (I) 94. Auch die Zünfte hatten ländlichen Grundbesitz cf. z. B. Statuta della Calimala. (Arch. Rif. Arte della C. Cod. Nr. 5.) fol. 146.

3) Arch. Rif. Provvisioni 1451 fol. 20, Cod. 143 der Registri. Consigli maggiori.

4) Statuta (1415) lib. IV, Tractatus et materia Extraordinariorum, de laboratorum materia Rub. 19.

5) Ib. R. 14.   6) Ib. 20.   7) Ib. 21.   8) 24.

9) Ib. tract. consulum artium et mercatorum Rub. 266.   10) 268.

11) Ib. tract. de lab. R. 16.

12) Ib. R. 17.

13) Provvisioni 1451 l. c.

14) Nullus agricola vel laborator terrae non habens uxorem et non habens proprium praedium vel conductum audeat — locare operas suas ad mercedem vel ad diem in aliquo opere sed teneatur conducere terram ad annos et annum. Statuta (1415) lib. IV, R. 266. tract. cit. Dass die Gesetzgebung diese Richtung nahm, erklärt sich aus der Thatsache, dass in Toskana fast allgemein Eigenthümer und Bewirthschafter des Gutes zwei verschiedene Personen sind, und bei der gartenmässigen Kleinkultur des Bodens nur ein persönlich dabei interessirter Arbeiter die Sicherung der Pflanzungen verbürgt, woraus sich das herr-

nach gesetzlich auf unverheirathete besitzlose Leute beschränkt ward, legte die Gesetzgebung in der freien Verwerthung seiner Arbeitskraft insoferne Fesseln an, als sie ein Maximum des Tagelohns und selbst des Lohnes für einzelne oft vorkommende Akkordarbeiten der unselbständigen landwirthschaftlichen Arbeiter aufstellte, welches auch der freie Wille des Arbeitgebers nicht überschreiten durfte[1]. Im Uebrigen hat man die Regelung des Verhältnisses zwischen Eigenthümer und Colonen der Sitte und freien Vereinbarung überlassen, insbesondere Dauer und Auflösung des Kontraktes. Die italienischen Forscher freilich, welche mit einem gewissen Pathos gegen die Agrikulturpolitik der mittelalterlichen Communen eifern, »die das Motto der Freiheit auf ihren Fahnen, aber den Geist der Unterdrückung in der Brust getragen«[2], sind der Ansicht, dass der Colon das Verhältniss gar nicht einseitig lösen und ohne Einwilligung des Gutsherrn das Grundstück nicht verlassen konnte, und sprechen insofern mit Recht von einer neuen Schollenhörigkeit nach Erstickung der Hydra des Feudalismus und von feudalistisch-absolutistischen Tendenzen des herrschenden Bürgerthums[3]. Diese wie es scheint allgemein angenommene Meinung erscheint schon in Hinsicht auf die politischen Motive der Emanzipationsgesetzgebung unhaltbar, da eine solche Fesselung der persönlichen Freiheit den Bauern in dieselbe Abhängigkeit vom adelichen Grundbesitzer zurückversetzt hätte, die man eben hatte beseitigen wollen; sie ist mit Rücksicht auf die allgemeine wirthschaftliche Lage unwahrscheinlich und endlich nicht in den Quellen begründet.

Worauf sie sich zu berufen vermag, ist höchstens eine Verfügung der Statuten, dass der Colon nicht kündigen und abziehen darf ausser mit Zustimmung des Grundbesitzers, sondern das Grundstück nach den landesüblichen Kontrakten bewirthschaften soll[4]. Wer gegen dies Gesetz das Gut verlässt,

---

schende Mezzeriesystem als wirthschaftliche Konsequenz ergab, und die Tendenz der Gesetzgebung, den Stand der »Métayers« künstlich zu vermehren, cf. Capei: Origine della mezzeria in Toscana in Atti dei Georgofili 1836, 227 und Gino Capponi: Sui vantaggi e svantaggi si morali che economici del sistema di mezzeria. Ib. 1833, 190.

1) Statuta (1415) lib. IV, tract. extraordinariorum : de laboratorum tract. et mat. Rub. 12 : Pro quolibet die seu opera ad rationem dierum quo laboraverint expensis et ferramentis omnibus dicti talis laboratoris operas suas locantis et pro mercede laborantis, 15. Nov. —1. Febr. 6 sold.; 1. Febr. — 15. Jun. 8 s.; 15. Jun. — 1. Sept. 10 s.; 1. Sept. — 15. Nov. 8 s. vergl. die Akkordsätze fürs Fällen von Holz. Ib. Zur Aufrechthaltung der Verordnungen wurde eine genaue amtliche Statistik über die gesammte unselbständige Arbeiterbevölkerung des platten Landes, Colonen wie Tagelöhner und ihre Dienstverhältnisse geführt. Ib. 22.

2) Zobi, Manuale storico delle massime e degli ordinamenti economici vigenti in Toscana, p. 37.

3) Lattes: Studi storici sopra il contratto d'enfitarsi etc. memoria premiata dalla R. Academia delle scienze di Torino 1868, p. 252 : — onde si scorge come gia si sentisse necessità di assicurare con nuove servitù della gleba la coltivazione dei fondi. Ganz in demselben Sinn schon Poggi: Cenni storici delle leggi sull' Agricoltura 175, und Gino Capponi: (l. c.) cercavano sottentrare nei diritti piu estesi nel far piu assoluto dei vinti signori, 198.

4) Statuta (1415) lib. IV, R. 265 tract. cit. Nullus laborator possit renuntiare aliquid praedium vel terram quod vel quam laboraverit ab uno anno citra, nisi de consensu

wird nicht nur zu hoher Geldbusse verurtheilt, sondern zur Rückkehr und Bewirthschaftung von Staatswegen gezwungen. Dieses Gesetz beabsichtigt aber doch wohl weiter nichts, als den Patron gegen Kontraktsbruch von Seite des Colonen zu schützen. Indem es eben ausdrücklich auf die Beobachtung der hergebrachten Pachtverträge besteht, kann es logischer Weise nur etwas verbieten, was gegen diese Verträge ist. Nun ist es aber Angesichts des allgemeinen Mangels an landwirthschaftlichen Arbeitern [1] undenkbar, dass sich die Macht des grundbesitzenden Kapitals in einer Weise fühlbar machen konnte, welche den Colonen gezwungen hätte, vertragsmässig seinen freien Willen so vollständig zu fesseln trotz der entgegenstehenden Gesetze von 1289 bis 1415, oder dass es, wie Poggi will, das Gesetz »der Willkür der Eigenthümer überliess, ihre Zustimmung zur Aufkündigung des Gutes zu verweigern, bevor sie sich nicht in aller Musse mit neuen Colonenfamilien versehen hätten«. Dies wird durch die Praxis entschieden widerlegt, nach welcher das Verhältniss beide Theile nur auf ein Jahr verpflichtete [2] und die Kündigung jedem Kontrahenten freistand [3]. Auch herrschte hinsichtlich des Aufkündigungsrechtes keineswegs Willkür, sondern ein fester durch Sitte und wirthschaftliche Gründe bedingter Rechtsgebrauch, welcher die Termine bestimmte, an denen der Colon auf Verlangen entlassen werden musste [4]. Wenn nun das Gesetz verbietet, dass der Colon ohne Licenz das Grundstück verlasse, und einerseits verlangt, dass dieselbe durch eine öffentliche Urkunde bezeugt werde, ausgestellt von einem Notar oder eigenhändig vom Patron oder von anderer Hand in Gegenwart beider Theile und zweier Zeugen, andererseits, dass ohne eine solche Licenz kein Anderer den Colonen als Pächter annehmen oder ihm Arbeit geben darf [5], so haben wir hier dasselbe Verhältniss wie in

---

domini poderis sed teneatur — terram laborare sub pactis usitatis. Das Gesetz ist den Statuti e leggi dell' Uffizio della grascia 1378 Arch. Rif. Cl. XI. dist. I. Cod. Nr. 39 entnommen. Die hervorgehobenen Worte »ab uno anno citra« fehlen im Text der Statuten von 1415. Man hat sie wohl als überflüssig beseitigt.

1) Man denke nur an die wiederholten Zusicherungen von Schulderleichterungen der eben wegen Schulden flüchtig gegangenen Colonen für den Fall ihrer Rückkehr. Scipione Ammirato. l. c. (ed Fior. 1826). 1424 u. 1427, lib. VII. 15 und 77.

2) Vergl. die Urkunden bei Rumohr 137 u. 145, ferner oben p. 10. Teneatur conducere ad annos et annum.

3) Diese Praxis der republikanischen Epoche hat sich selbst in der Zeit der ärgsten wirthschaftlichen Gebundenheit behauptet, cf. Leges municipales Pistoriensium 1582 rub. 105, wo halbjährige Kündigung erscheint. Wie die Colonen [in wirthschaftlichen Krisen von ihrer Freizügigkeit Gebrauch machten, zeigt der Bericht Matteo Villani's (Storie fior. lib. I, cap. 55) gelegentlich der Pest von 1346: I lavoratori delle terre volevano tutti i buoi e tutto il seme e lavorare le migliori terre e lasciare gli altri poderi che non erano cosi buoni.

4) Arch. Rif. Provvisioni 1451, Cod. Nr. 143, fol. 20: — ogni lavoratore del contado di Firenze, che avra licenza per l'avvenire al debito tempo e consueto dal suo oste; cf. ib.: — anno di consueto che i lavoratori escono da luoghi a di primo del mese d'agosto. Daher konnte auch Borghini, der unter Cosmo I. schrieb, mit Recht sagen, dass der Colonenvertrag nicht sowohl ein Dienst- als ein Societätsverhältniss begründete (Discorsi II, 518) »piu presto usa cotal compagnia che servitu ne' modi e ne' patti«.

5) Lib. IV. rub. 11: De laboratorum tract. et mat. (Statuta 1415).

der gewerblichen Gesetzgebung, welche in ganz analoger Weise dem Gesellen, Lehrling und Handlungsdiener verbietet, »ohne Licenz« den Meister oder Prinzipal zu verlassen, und allen andern Arbeitgebern, dieselben im Uebertretungsfalle bei sich aufzunehmen. Es wäre ungereimt zu behaupten — wie man es in der That am Buchstaben klebend gethan hat — dass hier die Dauer des Verhältnisses von der Willkür der Meister und Fabrikanten abhing, während dieselbe doch kontraktlich durch Lehr- und Dienstvertrag oder durch den Rechtsgebrauch bestimmt war. Die Licenz hat eben, wenn bei Ablauf des Kontrakts verlangt, nur die Bedeutung — und daher die ausserordentliche Betonung der Publizität — eines Attestes über die vollständige Erfüllung aller kontraktmässigen Verpflichtungen von Seiten des abziehenden Arbeiters und konnte, wenn Letzteres der Fall war, unmöglich verweigert werden[1]. Es handelt sich hier also nicht um ein Ausnahmegesetz gegen einen unterdrückten Stand, sondern um eine in allen drei Produktionsgebieten übliche, keineswegs gegen die Freizügigkeit des Arbeitnehmers gerichtete Maassregel, welche nichts weiter bezweckte, als den Kontraktbruch zu bekämpfen und das solidarische Zusammenstehen der Arbeitgeber gegen denselben, wie es das Gesetz vorschrieb, zu ermöglichen. Von einer wirklichen Erlaubniss, die auch verweigert werden kann, war offenbar nur da die Rede, wo der Colon vor Ablauf des Kontraktes das Verhältniss lösen wollte.

Demnach besass der florentiner Colon in Beziehung auf das Verhältniss zum Patron ganz dasselbe Maass von Freizügigkeit, welches in Ober- und Mittelitalien die Regel bildete; nach einer andern Seite aber erscheint die Freizügigkeit des Colonen unter der Aegide communaler Gesetzgebung sogar noch weit besser gewahrt, als anderwärts z. B. unter der Herrschaft des modernen Absolutismus, wie er vor Allem im Mailänder Herzogthum eine gewissermassen typische Durchbildung erhalten hat. Wo fände man in der florentiner Gesetzgebung jene Beschränkung der Freizügigkeit zwischen dem platten Lande und der Stadt, zwischen Bezirk und Bezirk, ja Gemeinde und Gemeinde, welche den Mailänder Bauern in die engsten Kreise gebannt hielt[2]? Mag trotzdem anerkannt werden, dass bei der Regelung der bäuerlichen Verhältnisse, soweit wir sie bisher verfolgt, persönliche und Klasseninteressen städtischer Patrone mitgewirkt haben, eine reinere Ausgestaltung der Idee der Freiheit auf diesem Gebiet zu verhindern, so ist andererseits entschieden zu

---

[1] Sehr klar haben diesen seit alter Zeit allgemein geltenden Standpunkt des Colonenrechtes die Pisaner Statuten (rechtskräftig auch unter florentiner Oberhoheit) formulirt: Si quis cultor aut colonus partiarius seu qui terram ad affictum medium, tertium vel terraticum pro aliquo tenere consuevit a d. I Aug. — XV Sept. quod in culturis prediorum finis anni digne prospicitur, renunciare domino vel ipsius terre possessori et ab ejus cultura abstinere voluerit, hoc sibi ita demum in dicto tempore facere liceat idem publica interveniente scriptura. Bonaini. Statuti Pisani II, 1055. Die Erfüllung des Kontrakts macht den Colonen frei, vergl. die Mailänder Statuten von 1552, tom. II, 129 tit. de locatione et conductione et fictis, und die Statuten in der Ausgabe von 1480 (zu den seltensten Inkunabeln der Ambrosiana und Brera gehörig) fol. 125—128.

[2] Statuta cit. (1480) fol. 104—105 cf. unten pag. 13, Anm. 3.

betonen, in welch' hohem Grade in diesem, wie allen andern Zweigen der florentiner Gesetzgebung, jenes von Knies hervorgehobene Grundprinzip der vom Geiste des klassischen Alterthums genährten wirthschaftlichen Anschauungen Machiavelli's zum Ausdruck kommt: Die Unterordnung der wirthschaftlichen Bestrebungen des Einzelnen unter die Rücksichtnahme auf das allgemeine Staatswohl [1]).

Insbesondere liegt bei den Eingriffen des Staates in die **Freiheit der Bewirthschaftung des ländlichen Grundbesitzes und des Verkehrs mit Grund und Boden** der höhere allgemeine Gesichtspunkt zu Tage, da dieselben nicht bloss den besitzlosen Theilpächter [2]) und bäuerlichen Grundbesitzer, sondern auch den bürgerlichen Landeigenthümer trafen und daher auch dem Einzelnen aus diesem Kreise als gegen sein Interesse gerichtet erscheinen konnten. Der Gesetzgeber selbst hat dies vorausgesehen und gerade dem Widerstand von dieser Seite begegnen zu müssen geglaubt, so in dem Gesetze [3]), nach welchem auf jedem Gute ein Gemüsegarten von bestimmter Grösse angelegt und mit bestimmten, je nach der Bodenbeschaffenheit verschiedenen Küchengewächsen für das Bedürfniss des Pächters und Eigenthümers bepflanzt werden sollte, ohne dass Letzterer dagegen einschreiten konnte. Den allgemein wirthschaftlichen, vor Allem auf eine höhere Bodenkultur [4]) abzielenden Motiven solcher Gesetze entspricht es, dass wir denselben nicht nur in den dem Landwirth oktroirten städtischen Gesetzgebungen begegnen, sondern auch in den aus der Autonomie ländlicher Gemeinden selbst hervorgegangenen Statu-

---

[1]) Tübinger Zeitschrift für Staatswissenschaft 1852, p. 271. Machiavell als volkswirthschaftlicher Schriftsteller.

[2]) Wenn z. B. der Staat, um die Verödung einzelner Gegenden der Maremme zu verhüten 1456 vorschrieb, welche Ländereien dort Weideland, welche bebaut sein sollten, so legte dies in gleicherweise Eigenthümern wie Pächtern Pflichten auf. Pagnini. Sulla Decima etc. II, 34.

[3]) Arch. Rif. Provvisioni Cod. 165, fol. 74. Leider lässt sich aus diesem Staatsbeschluss nicht ersehen, aus welchen Motiven die 57 Stimmen (gegen 164) in der Rathssitzung gegen dies Gesetz abgegeben wurden. Nur insofern erscheint hier der Eigenthümer vor dem Colon begünstigt, als ihm die Wahl des Ortes für die Anlage des Gartens zugestanden wird. Vergl. auch die Statuten (1415) lib. V. tract. IV, rub. 95, wonach alle, die ein Gut bewirthschaften, vom 15—60 Lebensjahre, alljährlich 5 Fruchtbäume pflanzen sollen. Die schon hier ausgesprochene Verpflichtung zur Anlegung eines »ortus de oleribus opportunis« geht noch nicht soweit im Zwang wie das spätere Gesetz, indem der Umfang der Anlage dem freien Ermessen überlassen blieb.

[4]) Dafür bestand auch in den Städten ein reges Interesse, besonders in Florenz. Cosmo und Lorenzo haben die landwirthschaftlichen Fortschritte aufmerksam verfolgt und noch in späterer Zeit ist von Lippo Strozzi dem Aeltern gern erzählt worden, dass er die toskanischen Fruchtgattungen noch um eine vermehrt hatte. Reumont, Lorenzo Magnifico II, 427). Der Ackerbau galt in der That hier schon als eine Kunst und Industrie, nicht wie in Deutschland, vielmehr als Lebensart und Sitte (Roscher, Gesch. der Nationalökonomik in Deutschland 3). Zeuge dessen schon das umfangreiche Compendium der Landwirthschaft von Pier' de' Crescenzii (trattato di agricoltura ed. Sorio I, 60) ursprünglich in lateinischer Form und dann in der klassischen Sprache Villanis und Boccacios schon im 14. Jahrhundert in Toskana verbreitet.

ten[1]), und ganz ebenso unter dem absoluten Regime der Zeit[2]). Dass im Interesse der einheimischen Fabrikation dem Landwirth gewisse Kulturen vom Staate aufgezwungen wurden, wie die Anpflanzung von Maulbeerbäumen zum Vortheil der Seidenindustrie[3]), darf ebenfalls nicht als eine Fesselung des Bauern im Interesse egoistischer Fabrikanten betrachtet werden, wie es vielfach geschehen, sondern als die Konsequenz einer Anschauung, welcher die Hebung von Handel und Industrie als einer der höchsten Staatszwecke erscheint[4]). Dem Handel und der Industrie, heisst es in den Akten der Gesetzgebung wiederholt, verdankt Florenz nicht nur die Bereicherung seiner Bürger, sondern die Erhaltung der Freiheit und Selbständigkeit des Staates und die Ausdehnung seiner Macht[5]). So sehr übrigens die ganze Wirthschaftspolitik von Florenz darauf gerichtet ist, dieser Wurzel seiner Kraft stets neue Nahrung zuzuführen, so hat es doch nie mit solcher Gewaltsamkeit in die Agrikultur eingegriffen, wie es z. B. Venedig im Interesse seiner Handels- und Kriegsmarine gethan oder vielmehr versucht hat[6]).

Indem wir uns der Frage des **freien Verkehrs mit Grund und Boden** zuwenden, tritt uns in der staatlichen Anerkennung eines »**Nachbarrechtes**« und in dem **Ausschluss der Fremden vom Immobilienerwerb** eine Erscheinung entgegen, die aus der Rechtsgeschichte der romanisch-germanischen Völker allgemein bekannt ist[7]). Bei allen Veräusse-

---

1) So legt das von der Gemeinde selbst erlassene Statut von Montagutolo im Sieneser Gebiet (1280—1297) jedem Familienhaupt oder Hofbesitzer die eidliche Verpflichtung auf, einen Küchengarten anzulegen und bestimmt — Florenz noch überbietend — sogar die Zahl der Pflanzen, § 110; ebenso hat jeder Bauer jährlich 10 Fruchtbäume zu pflanzen § 47: Statuti Sienesi tom. II der: Collezione di Operi inedite o rare dei primi 3 secoli della lingua pubbl. per cura della R. Commissione pe' testi di lingua nelle provincie dell' Emilia. Das Statut von Montajone (1405) ed. Angelelli (Memorie storiche di Montajone in Val d'Elsa) verpflichtet jedes Familienhaupt alljährlich im Mai »di fare orto« von mindestens 2 Quart Bohnen und Kohl u. s. w.

2) Mailänder Statuten (1480) fol. 104 de plantis plantandis et allevandis, cf. die herzogliche Verordnung über den Anbau von Hirse 1484 (Mailänder Staatsarchiv: Archivio Panigarola Cod. H, fol. 206).

3) Statut der Seidenzunft. Arch. Rif.: Ars mercatorum porte S. Marie Cod. I (1335—1578), fol. 231. Die Pflanzungen sind solange fortzusetzen, bis auf jedem Gut 50 Maulbeer- und 50 Mandelbäume stehen. Cf. über dies Gesetz von 1440 auch Cantini: Saggi storici d'Antichità Toscane III, 138.

4) Daher steht dieser Gesetzgebung Förderung des öffentlichen Wohls und der Industrie auf ganz gleicher Stufe. Man sprach dies auch ganz offen aus: Arch. Rif. Statuti dell' ufficio della grascia (1378) classe XI dist. I, 39, fol. 44 »pro bono publico et artium et artificum civitatis« werden die Annonargesetze gegeben.

5) Ordini del Consolato della Nazione Fiorentina Arch. Rif. cl. XI d. IV, Nr. 77, fol. 1. Man vergl. die Instruktion Machiavells für die Gesandtschaft an Borgia (opere VI, 187), benefizio conferito a nostri mercanti — reputiamo conferito in noi e come cosa pubblica — la qual cosa si puo dire esser lo stomaco di questa città: der **Handel der Magen der Stadt**!

6) Um Bauholz für dieselbe zu gewinnen, gebot der Staat die Umwandlung von 1.0/0 der gesammten Ackerfläche in Wald, was freilich bald als unausführbar erkannt wurde und bedeutend modifizirt werden musste: Archivio Storico Italiano Nuova Serie IV, 1, p. 108. Poggi: Discorso critico intorno alla storia e collezione delle leggi referibili all' agricoltura del Padovano d'Andrea Gloria.

7) Maurer: Geschichte der Dorfverfassung in Deutschland I, 323.

rungen von Immobilien, also sowohl bäuerlichem wie städtischem Grundbesitz, hat nach Florentiner Recht der angrenzende Nachbar ein Vorkaufsrecht. Einigt man sich nicht über den Preis, so soll derselbe durch zwei oder drei von den Parteien gewählte Schiedsrichter festgesetzt werden. Beachtet aber der Verkäufer das Vorkaufsrecht des Nachbarn nicht, so hat Letzterer drei Jahre lang das Recht des Rückkaufs zum Verkaufspreis. Dies Nachbarrecht erhielt eine in die Rechtssphäre des Individuums tief eingreifende Ausdehnung in Folge jener in der Agrargesetzgebung der italienischen Communen schon seit dem 12. Jahrhundert hervortretenden Tendenz, durch Zusammenlegung aller in der Feldmark zerstreuten Besitzparzellen grössere abgerundete Güter zu schaffen [2]. Rumohr hat darauf hingewiesen, dass nicht dem selbstansässigen Eigenthümer, sondern nur dem Städter der Wunsch nahe lag, wenn er von ferne kommend seine Grundstücke besuchte, sie augenblicklich und ohne Beschwerde übersehen zu können, und mit Recht auf die durch Sacchetti's reizende Novelle (Nr. 88) veranschaulichten Ausrundungsgelüste der Demagogen der neuen Volksherrschaften hingewiesen, die selbst durch rechtswidrige Vergewaltigung Befriedigung suchten [3]. Allerdings erscheint eine Gesetzgebung, welche den Besitzer von Grundstücken, die eine gewisse Grösse nicht erreichen, einfach zur Veräusserung an den kauflustigen Nachbarn zwingt [4], wie gemacht für städtische Podestas, Güterspekulanten und grössere Grundbesitzer, um den kleineren Eigenthümer auszukaufen. Doch hat offenbar auch hier ein höherer Gesichtspunkt gewaltet. Bei der durch kein Gesetz eingeschränkten, durch das städtische Erbrecht immer wieder von Neuem begünstigten Theilbarkeit des Grundbesitzes lag die Gefahr nahe, dass die Landstellen zu klein für die Erhaltung einer Familie und unfähig werden würden, die öffentlichen Lasten zu tragen. Besonders der letztere Gesichtspunkt mag sich den florentiner Staatsmännern aus den Resultaten der umfassenden Katasterarbeiten aufgedrängt haben, aber auch der erstere lag in Toskana nahe genug, da bei dem vorherrschenden Verpachtungssystem das einzelne Gut nicht allein eine Colonenfamilie zu ernähren, sondern auch die Hälfte des Ertrages abzugeben hatte und vom Staate oder der Gemeinde nicht nur mit der Grundsteuer, sondern zugleich mit schweren Diensten und Leistungen fürs öffentliche Interesse belastet war [5].

Trotzdem hat das damalige Florenz das Recht der freien Verfügung über das Grundeigenthum bei weitem nicht in dem Umfang beschränkt, wie es die modernen Gesetzgebungen seit dem 16. Jahrhundert aus ähnlichen Motiven gethan haben. Nie hat es so zu sagen den Grundstock des bäuerlichen Besitzes

---

1) Statuta Flor. (1415) lib. II, rub. 109.
2) Vergl. die in den Statuten von Brescia auftretende Behörde der »ingrossatori od arbitri per arrondar e raddrizzar i confini delle possessioni« (1303). Archivio stor. ital. terza serie 10 tom. (2.) 75 Gabriele Rosa: statuti di Brescia del medio evo cf. Arch. stor. nuova serie tom XIII, 64 Lampertico: degli statuti rurali del Vicentino. cf. über dieselbe und analoge Einrichtungen in Parma (1199) Cremona (1210) Modena (1225) Sugenheim l. c. 198.
3) l. c. 118.   4) Vergl. Seite 19.
5) Statuti della Grascia Cod. cit. (1378) fol. 45. Verpflichtung zur Anlage und Unterhaltung von Wegen, Brücken, Gräben für alle an Verkehrsstrassen grenzenden Grundstücke.

getroffen, wie jene Gesetze, welche — oft höchst unrationell — die freie Theilbarkeit beschränkten oder gar von administrativer Willkür abhängig machten. Einschränkungen der Theilbarkeit begegnen wir gar nicht, und anderen Fesseln, vom Vorkaufsrecht abgesehen, nur an einer einzigen Stelle, die sich aber auch nur auf Gutsparzellen unter einer bestimmten Grösse beschränkt. Sie räumt dem Nachbarn, der das Bedürfniss fühlt, sich zu arrondiren, das Recht ein, den Eigenthümer von angrenzenden Grundstücken, deren Werth 100—200 Lire nicht übersteigt, zum Verkaufe zu nöthigen, vorausgesetzt, dass dieselben von seinem eigenen Grundbesitz bei ersterem Werth auf 2, bei letzterem auf 3 Seiten begrenzt werden, und weder Haus noch Hütte zum Wohnen darauf steht[1]. Der allgemeine Charakter dieses Gesetzes ergibt sich schon daraus, dass neben dem Kaufsrecht auch ein Kaufszwang besteht: will der Besitzer eines Grundstücks bis zu dem angegebenen Werth an den in genannter Weise angrenzenden Nachbarn verkaufen, so ist dieser gesetzlich zum Kauf verpflichtet.

Nur auf eine Frage haben wir in diesem Zusammenhang noch einzugehen: die des Grundbesitzerwerbes durch »Fremde«. Es handelt sich dabei nicht bloss um die ausserhalb der Staatsgemeinschaft Stehenden, sondern ebensogut um Angehörige ein und desselben Staates, die wieder durch kleinere Kreise innerhalb des Staatsgebietes in ihrer Verkehrsfreiheit beschränkt sein konnten. Wie im deutschen Mittelalter unter den Einwirkungen der Feld- und Markgemeinschaft sich bisweilen selbst Dorf gegen Dorf durch das Verbot des Verkaufs von Grundstücken an Nichtdorfangehörige abgeschlossen hat, ist bekannt. In Italien bietet das Herzogthum Mailand ein charakteristisches Beispiel solcher Verkehrschranken innerhalb des Staatsterritoriums, indem dort Niemand in einem andern Gerichtsbezirke, als in dem, welchem er selbst angehörte, Grundbesitz erwerben konnte[3], und dem Verkehrsbedürfniss nur

---

[1] Das Gesetz erleidet übrigens eine weitere bedeutende Einschränkung dadurch, dass es von keinem Magnaten gegen einen Popolanen geltend gemacht werden konnte: Eine Ausnahme, die höchst charakteristisch ist für die Einwirkungen ganz heterogener Motive auf die wirthschaftspolitischen Gesetze, wie sie jene Zeit öfter aufzuweisen hat.
Das Gesetz Statuta Flor. (1415) lib. II, R. 108 ist seinem ganzen Inhalt nach aus den ungedr. Statuten des Podestà von 1324 (lib. II, rub. 42) Arch. Rif. entnommen. Nur die Werthzahlen sind geändert. Statt eines Werthes von 100—200 Liren forderte man ein Jahrhundert früher einen solchen von 60—100 Liren. Ob hier der stetig steigende Kurs des Goldguldens (1303 = 2 Lire 12 Sold. [Villani 8. 68]), 1415 schon = 3 L. 13 S. 4 Den. (Statuta Fior. II, R. 189 cf. Orsini: Storie delle monete della repubblica Fiorentina 1760 XXV) und die sinkenden Silberpreise oder der höhere Bodenwerth oder andere Motive den Ausschlag gegeben, wage ich nicht zu entscheiden.

[2] Maurer, l. c. I, 320.

[3] Nur durch ausserordentliche Concession von Seiten des Herzogs war dies möglich. Archivio Panigarola Cod. L. fol. 110 enthält eine interessante Concession der Art von 1496 für einen Mailänder zum Erwerb von Grundbesitz im Bezirk von Pavia. Eine andere von 1497 gestattet einemMailänder in der Lumellina Güter zu pachten. Auch dies war ja, wie schon früher angedeutet, verboten. Es sind dies die beiden einzigen derartigen Concessionen des 15. Jahrhunderts, die ich im Arch. Pan. fand; Beweis dafür, wie schwer es war, eine Ausnahme von der Regel zu erlangen.

insoweit Rechnung getragen war, als es gestattet wurde, vom Schuldner eines
andern Distriktes Immobilien an Zahlungsstatt zu nehmen freilich wieder
unter Hinzufügung der Bedingung, dass dieselben binnen Jahresfrist an Distriktsgenossen des Schuldners veräussert werden mussten [1]. Die Commune
Florenz hat dem Grundbesitzerwerb diese inneren Verkehrsfesseln nicht auferlegt, wenigstens ist dem Verfasser in den Quellen nichts dergleichen
entgegengetreten. Nur in den Rathsbeschlüssen findet sich ein derartiges
Dokument, welches aber gerade für die Freiheit als Regel zeugt. Als nemlich
Volterra nach dem Misserfolg und der gewaltsamen Unterdrückung des wegen
seiner Alaungruben unternommenen Aufruhrs gegen Florenz (1472) allmälig
zu veröden drohte, indem viele Bürger, wie dereinst die unglücklichen Pisaner
in gleicher Lage, ihre Immobilien zu verkaufen und auszuwandern begannen,
erschwerte der Staat die Veräusserung dadurch, dass er die im Distrikt von
Volterra gelegenen Güter an Nichtvolterraner zu verkaufen verbot [2]. Von da
an nimmt also Volterra eine Ausnahmestellung ein. Doch soll keineswegs geleugnet werden, dass bei der verschiedenen staatsrechtlichen Stellung der
unterthänigen Communen zum herrschenden Florenz die Autonomie einzelner
Gemeinden da oder dort zu lokalen Beschränkungen führen konnte [3]. Nur
dem Fremden in eigentlichem Sinn, dem Ausländer, verschliessen die florentiner Statuten die Möglichkeit des Grundbesitzerwerbes im ganzen Staatsgebiet. Auch »auf lange Zeit«, d. h. auf länger als zehn Jahre an einen Ausländer zu verpachten oder ihm Güter in Erbpacht zu geben (in emphyteusim)
war gesetzlich verboten [4]. Das Motiv wird daraus klar, dass in den Gesetzen
überhaupt ein allgemeines Verbot der Veräusserung von Immobilien an Solche,
welche den öffentlichen Leistungen und Abgaben nicht unterworfen waren,
insbesondere an die Kirche und kirchliche Personen ausgesprochen wurde.
Aus fiskalinischen Gründen sollte der Grundbesitz nicht in die Hände von
Ausländern übergehen; und wenn entgegenstehende wirthschaftspolitische Erwägungen im Jahre 1429 der Freiheit zum Sieg verhalfen, so ist das nicht von
langer Dauer gewesen. »Um das ausländische Kapital, durch welches der Staat

---

[1] Antiqua Ducum Mediolanensium decreta (Mailand 1654) fol. 101 Dekret vom Jahre
1386.

[2] Arch. Rif. Provissioni Cod. Nr. 164, fol. 89, 1472. Eine Ausnahme kann nur die Signorie, deren »Collegien und die Behörde der Achter« gemeinschaftlich mit mindestens 32
Stimmen zugestehen.

[3] Das Einzige, was mir der Art aufgestossen, wäre etwa das in den Statuten von Mantajone l. c. 76) ausgesprochene Verbot, Kastanienbäume aus dem dortigen Walde an Jemand
zu verkaufen »che non ci pagasse datii nè ad alcuno forestiere«. Verkauf von Immobilien an
Auswärtige ist aber auch hier nicht verpönt. Nur der Grundsteuer versichert man sich.
Wenn einer verkauft »durante estimo, sia costretto a pagare il venditore ogni dacio che si
ponesse«.

[4] Statuta (1415) lib. IV, De extimis R. IV. Das Gesetz galt schon seit 1276 cf. l. IV.
R. 50 des Statuts des Podestà v. 1324 Cod. cit. De non alienandis rebus immobilibus alicui
qui non faciat factiones comunis. Diese Ausschliessung der Fremden scheint damals überhaupt Regel gewesen zu sein. Auch in Mailand z. B. war ihnen Besitz, ja selbst Ususfructus an Grund und Boden versagt. cf. Milano e il territorio I, 134.

bereichert und das öffentliche Wohl gemehrt wird«, nach Florenz zu ziehen, wurde damals den Fremden der Immobilienerwerb im ganzen Staat freigegeben unter der einzigen Bedingung, sich in den Kataster eintragen zu lassen und wenigstens die auf den Immobilien ruhenden Lasten und Abgaben zu tragen[1]. Schon 1451 lenkte aber die Gesetzgebung, die in diesem Punkte ein von uns bisher noch nicht beobachtetes Schwanken zeigt, wieder in die alte Bahn ein, indem sie jeden Kontrakt, der den Verkauf von Immobilien an die »den Lasten der Commune nicht Unterworfenen« enthielt, mit einer Steuer von 25 % des Kaufpreises oder Schätzungswerthes belegte[2]. Nachdem man so die immer noch zu Recht bestehende Freiheit illusorisch gemacht, wurde sie 1454 durch Erneuerung des vor 1429 bestehenden Verbotes auch rechtlich beseitigt[3] und ist dies auch, wie eine Randglosse zu dem Gesetz besagt, bis in die grossherzogliche Zeit geblieben. Wenn wir trotzdem auch später noch Ausländer im Besitz von Grundstücken finden[4], so war dies nur durch besondere Konzession von Seite des Staates möglich.

Ein Irrthum des modernen Sozialismus veranlasst uns noch, einen Blick auf die hypothekarische Gebundenheit des Grundbesitzes zu werfen. In Saint-Simonistischen Schriften und in der französischen Presse ist seiner Zeit als ein Mittel zur Hebung der »industriellen Klasse« die Beseitigung aller »Privilegien«, des Immobilienbesitzes wie der Hypotheken, und gleiche juristische Behandlung von Mobilien und Immobilien gefordert worden. Es braucht nicht bemerkt zu werden, dass die Hypothek nicht den Immobilienbesitz fesseln, sondern dem Besitzer die Behauptung desselben erleichtern will und daher eigentlich ausserhalb unserer Darstellung liegt. Da aber einerseits die genannte Forderung auch im Interesse agrarischer Verkehrsfreiheit gestellt und andererseits von beachtenswerther Seite die Behauptung ausgesprochen wurde, dass dieselbe bereits im mittelalterlichen Florenz praktisch verwirklicht ge-

---

[1] Arch. Rif. Provvisioni Nr. 121, fol. 5 (12. Febr. 1428 stil. flor.). Advenarum opes, quibus locupletatur civitas et publica utilitas augetur, in suam urbem conducere cupientes. In demselben Jahr wurde ein Kataster für die in den Besitz von Fremden übergegangenen Güter angelegt. Vergl. Canestrini: La scienza e l'arte di stato desunta dagli atti officiali della repubblica Fiorentina e dei Medici: Ordinamenti economici della Finanza. Parte I, L'imposta sulla ricchezza mobile ed immobile.

[2] Arch. Rif. Provvisioni Nr. 143, fol. 217.

[3] Arch. Rif. Provvisioni Nr. 146, fol. 6. Merkwürdig ist der völlige Umschlag gegen den Standpunkt von 1429. Während damals im Rathe für die Freiheit 235 Stimmen gegen nur 35 abgegeben wurden, erklärten sich 1454 von 185 Stimmen gegen dieselbe nicht weniger als 143.

Der Mailänder Gesetzgebung scheint ein solches Schwanken fremd gewesen zu sein; wenigstens nach der 1481 vollzogenen Bestätigung des gegen den Grundbesitzerwerb von Fremden gerichteten »decretum olim editum« zu schliessen. Dagegen ist das Verbot der Verpachtung auf kurze oder lange Zeit an Fremde eine Neuerung von 1481. Arch. Panigarola Cod. H, fol. 119.

[4] Arch. Rif. Tom. XIX der Atti pubblici Quaderno membranaceo: Vertrag mit Siena von 1498, welcher die Verhältnisse der beiderseitigen im Gebiet der andern Partei begüterten Unterthanen regelt.

wesen sei[1]), so kann diese Frage hier nicht ganz umgangen werden. Cosimo
Vanni, der Verfechter der genannten Ansicht, stützt dieselbe durch die Behauptung, dass beim Fallissement eines florentiner Kaufmanns alle Gläubiger
in gleicher Weise befriedigt wurden ohne Rücksicht auf die Priorität oder den
Charakter ihrer Forderungen[2]), also auch ein Vorzug eines Gläubigers in
Beziehung auf den Grundbesitz des Schuldners nicht anerkannt worden sei.
Zugegeben, dass sich vielleicht für Florenz die Ausbildung des Hypothekenwesens nicht so charakteristisch belegen lässt, wie es die Statuten ganz unbedeutender Communen ermöglichen[3]), so genügen doch die Quellen, um die
Gründe für Vanni's Meinung völlig zu beseitigen. Nicht nur erkennen die
Statuten zwischen den Forderungen der Gläubiger an die Güter eines insolventen Schuldners in Beziehung auf Priorität und Natur derselben einen Unterschied von rechtlicher Wirkung ausdrücklich an[4]), sondern es finden sich
auch, eben um den hypothekarischen Gläubiger in seinem Rechte zu schützen,
Reformen des bestehenden Rechtes, wo dasselbe die Handhabe bot, unter dem
Vorwand eines Pacht- oder Colonenvertrages den Ansprüchen des Hypothekengläubigers Abbruch zu thun[5]). Auch aus den Satzungen des Florentiner Handelsgerichtes ergiebt sich die Verschiedenheit der juristischen Behandlung von
Immobilien und Mobilien schon daraus, dass das Konkursverfahren bei Immobilien als ein gesonderter Theil ausgeschieden und für sich dargestellt ist[6]).
Auch hier ist dem Richter vorgeschrieben, sofort an das Erscheinen der Gläubiger die Prüfung der Priorität und Potiorität ihrer Forderungen zu knüpfen.
Wie weit man von den modernen Ideen übertriebener Mobilisirung entfernt

---

1) Cosimo Vanni in den Atti dei Georgofili, tom. XI, p. 8.

2) Per contributo e senza che si avesse alcun riguardo all' anteriorità o alla natura del
credito. Nur die Dos, Tutel und die Forderungen ausländischer Gläubiger seien ausgenommen gewesen.

3) Vergl. das Statut von Sassari (1316) mitgetheilt von Sclopis: Storia della legislazione
Italiana II, 151.

4) Arch. Rif. Cod. membr. statutorum populi Flor. nomine Potestatis (1324). Nach
Geltendmachung der Forderungen hat der Podestà dieselben zuerst zu befriedigen »primo
creditori habenti potiora jura de praedictis bonis deinde satisfaciat sequenti et sic per
ordinem donec bona sufficiunt. Lib. II, rub. 9.

5) Liber legum artis lanae cod. cit. fol. 90, Gesetz von 1381. Die Priorität der hypothekarischen Ansprüche (potioritas juris et hypotheca) erscheint durch die genannten Verträge mit Andern dadurch bedroht »quod non obstante quod posteriores sint tempore creditores antedicti, privilegio et praeferri et anteponi consueverunt creditoribus quibuscunque
etiam tempore prioribus quod nec juri nec aequitati consimile est. Providetur igitur,
quod dicta instrumenta affictuum, locationum seu pensionum, quae in futurum conficerentur,
creditoribus prioribus tempore habentibus expressam hypothecam non
praejudicent, ubi primorum creditorum consensus non interveniret, de quo appareat per
ipsum locationis instrumentum, et hoc nisi dumtaxat in bonis locatis et fructibus exinde
perceptis et in aliis rebus mobilibus in ipsas res locatas invectis seu illatis tempore dictarum
locationum vel etiam postea.

6) Statuti della Mercanzia Biblioteca Marucelliana Cod. sec. XV, Nr. 206, fol. 46.
Das fol. 14 dargestellte Verfahren bei Mobilien ist bei weitem summarischer.

war[1]), wie entschieden man vielmehr dem Einzelnen die Behauptung des Grundeigenthums erleichtern wollte, geht aus dem in denselben Satzungen enthaltenen Prinzip hervor, nach welchem der Immobilien besitzende Schuldner noch zwei Monate nach Verkauf oder Ueberlassung derselben an die Gläubiger, in den Besitz der Immobilien wieder zurückkehren kann, wenn er binnen dieser Frist die Schuld noch zu zahlen vermag.

Nicht eine grössere Entfesselung der Zirkulation des Grund und Bodens lag im Interesse der Freiheit, nicht in dieser Richtung war ein Kampf um die Freiheit zu führen, sondern vielmehr auf dem Gebiete des Verkehrs mit den Erzeugnissen dieses Bodens; und um so tiefer war hier jenes Interesse, je mannigfaltigere Formen gerade auf diesem Gebiet der Zwang angenommen hat.

II.

Der Verkehr mit den Erzeugnissen der Landwirthschaft unter den Einwirkungen der Annonar-Politik.

Die allgemeine Lage des italienischen Ackerbaues war durch die nur selten unterbrochenen verheerenden Kriegswirren des 14. und 15. Jahrhunderts in einer Weise verschlechtert worden, dass sein Ertrag nicht nur bedeutend hinter der natürlichen Leistungsfähigkeit des Bodens zurückblieb, sondern — die Lombardei etwa ausgenommen — kaum mehr dem Bedarf des Landes genügte[2]). In Toskana insbesondere musste sich bei der grösseren Kargheit des Bodens die Ungunst der Zeit in verschärftem Masse geltend machen, wie uns denn auch das Memoire eines florentiner Getreidehändlers aus dem 14. Jahrhundert belehrt[3]), dass der Ertrag der florentiner Landschaft nur den Bedarf von 5 Monaten zu decken pflegte und die Lebensmittel hier immer theurer waren als im übrigen Italien; und es ist gewiss nicht zu viel gesagt, dass

---

[1]) Nicht eine Anwendung der für Mobilien geltenden Grundsätze auf Immobilien, sondern gerade das Umgekehrte ist vorgekommen. Als in Folge der ungünstigen Kreditverhältnisse 1467 die Fallimente überhandzunehmen drohten, räumte man denen, welche im laufenden Jahre kreditbedürftigen Kaufleuten auf Mobilien leihen würden, dieselben Rechte ein, wie sie das hypothekarische Darlehen an Immobilien besass: — chi avesse preso tal sicurtà — non sia tenuto a concorrere a lira e soldo, ma sia satisfacto con tale sicurtà insino nella intera quantità se tanto valesse la sicurtà data, ma valendo meno, per quello resto concorra a lire a soldo cogli altri creditori dell fallito, e valendo più, quello più si distribuisca tra gli altri creditori per lira e soldo. Arch. Rif. Provvisioni Nr. 159, fol. 108.

[2]) Targioni hat in seiner 316 Jahre umfassenden »Chronica georgica« nachgewiesen, dass auf je 100 Jahre durchschnittlich 33 Theuerungsjahre kamen. cf. Osservatore Fiorentino V, 175 (2. Ausgabe).

[3]) Das sogen. »Diario« des Domenico Lenzi, gedr. bei Vincenzo Fineschi: Storia compendiata di alcune antiche carestie e dovizie di grano occorse in Firenze cavata da un mscr. del sec. XIV, p. 18. Man vergleiche die offizielle Schilderung des an sich fruchtbarsten Theiles des florentiner Staats aus dem Jahre 1475. Arch. Rif. Classe 12, Cod.Nr. 124.

sobald die überseeische Zufuhr gehemmt war, Theuerung oder Hungersnoth herrschte. Bedenkt man vollends, wie sehr jene Zeit gewohnt war, sich von dem Eingreifen des Staates in den natürlichen Gang des Fruchthandels womöglich Alles zu versprechen, ja die Staatsverwaltung geradezu für Theuerung und Mangel verantwortlich zu machen[1]), so erklärt es sich leicht, dass gerade in der florentiner Gesetzgebung eine überaus bedeutende, bis ins Einzelnste eindringende Thätigkeit auf diesem Gebiete sich bemerklich macht. Während bei der Regelung der bisher betrachteten agrarischen Verhältnisse die Freiheit entschieden in den Vordergrund trat und die Gebundenheit, wenn auch in mannigfaltigen Formen auftretend, immerhin mehr als Ausnahme erscheint, so begegnet man auf dem weiten Felde der Theuerungspolitik nur vereinzelten Thatsachen, die man als Verwirklichung moderner Freiheitsgedanken betrachten könnte, trotzdem schon im Florenz des Trecento die Idee der Freiheit an dem praktischen Verstand und dem persönlichen Interesse des Geschäftsmannes[2]), wie der reflektirenden Beobachtung des denkenden Historikers[3]) beredte Bundesgenossen gefunden. Auf Florenz hat es nicht zurückgewirkt, dass schon damals gerade auf toskanischem Boden, wenn auch nicht in Bandini's Vaterstadt, wie man seit dessen epochemachendem Traktat ohne Prüfung angenommen, so doch in nächster Nähe Siena's das Prinzip der Freiheit des Verkehrs mit den Erzeugnissen des Ackerbaues wie vielleicht nirgends in Italien in so reiner Form verwirklicht, ja merkwürdiger Weise, die völlige Freigebung dieses Verkehrs sowohl im Innern, wie mit dem Ausland gerade mit dem geringen Ertrag der heimischen Landwirthschaft motivirt worden ist[4]).

»Die ganze Pisaner Grafschaft ist so steril geworden, dass sie wenig oder gar keine Frucht trägt, und in den Niederungen ist fast Alles zu Sumpf geworden, die Abzugsgräben sind gefüllt, die Brücken und Wege ruinirt«. In einem Statut von 1312 erscheint als Grund für die Verordnungen über die Ausfuhr von Korn, Oel und Wein aus dem Florentinischen: »l'esser quel territorio scarso dei generi di prima necessità.« Fabbroni. Dei provvedimenti annonari, pag. 172 flgd. Vergl. auch Sismondi: Tableau de l'agriculture toscane, p. 105.

1) Ne ex mala administratione penuria existat! vergl. über diese Idee und die für die italienische Gesetzgebung so bedeutungsvollen Bestimmungen des römischen Rechtes, die dem Entstehn von Theuerungen vorbeugen sollten, Endemann, Beiträge zur Kenntniss des Handelsrechts, in der Zeitschrift für das gesammte Handelsrecht V, 338.

2) Vergl. Lenzi's (l. c. 51—57) anschauliche Bemerkungen über die verderbliche Wirkung der obrigkeitlich festgesetzten Maximalpreise des Getreides und Brodes, sowie der wohlthätigen Folgen ihrer Aufhebung.

3) Matteo Villani (Historie Fiorentine — 1363) III, 76. In tali casi occorrono diversi gravi accidenti e spesso contrari l'uno all' altro. Si grandi compere in cosi fatta carestia fanno pericolo di disordinata perdita, e certezza non si puo avere di grano che di Pelago si aspetta; ma utilissima cosa è dare larga speranza al popolo; che si fa con essa aperire i serrati granai dei cittadini e non con violenza; chè la violenza fa il serrato occultare e la carestia tornare in fame: e di questo per ipscrienza più volte occorsa nella nostra città in LV anni di nostra ricordanza possiamo fare vera fede.

4) Vergl. das Statuto del Vescovado des Tribunalarchivs von Montalcino, mitgetheilt von P. Fabbroni im Arch. Stor. Ital. Nuova Serie VII (1.) 190: Di un singolare documento annonario del 1323; lettera al direttore dell' Archivio Storico Italiano.

Wir müssen uns die Schranken, in welche der Staat den Lebensmittelhandel eingeengt hat, in ihrer ganzen Ausdehnung veranschaulichen, da nur die Erkenntniss, wie weit der Zwang gegangen, ein Urtheil über die grössere oder geringere Weite des Abstandes ermöglicht, welcher die Gesetzgebung jener Zeit von den befreienden Thaten unseres Jahrhunderts scheidet.

Kaum waren dem Boden seine Früchte abgewonnen, so traten, wenn sie überhaupt in den Verkehr übergingen, jene Ordnungen ein, welche denselben nach bestimmten Gesichtspunkten zu leiten suchten. Vor Allem verhängnissvoll für die Freiheit ward jenes von den Anschauungen des römischen und kanonischen Rechtes noch genährte populäre Vorurtheil gegen den Kornhandel[1] und die daraus entspringende Tendenz der Gesetzgebung die Produkte aus den Händen des Produzenten möglichst ohne Vermittlung in die des Konsumenten gelangen zu lassen. Daher die Gesetze gegen **Aufkäufer** und **Zwischenhändler**, die man übrigens in Florenz nicht so sehr auf die Spitze trieb, dass man, wie es z. B. in England unter Eduard VI. geschah, jeden Ankauf von Korn behufs Wiederverkauf für ungesetzlich erklärt hätte[2]. Allerdings verbot das Gesetz, mehr Korn und Weizen, Oel, Most und Wein zu kaufen, als für den Bedarf eines Jahres, den eigenen wie den der Familie[3], und Keiner sollte dergleichen Vorräthe aufspeichern in der Absicht, ein Steigen der Preise abzuwarten und dann erst wieder zu verkaufen[4]. Allein der Handel ist doch, wenn auch unter den grössten Beschränkungen ausdrücklich von dem Gesetz anerkannt, indem es Jeden, der über den genannten gesetzlich erlaubten Bedarf gekauft, verpflichtet, den Ueberschuss alsbald auf den Markt zu führen und zu den von der Behörde festgesetzten Preisen zu verkaufen[5]. Unter dieser Bedingung ist Kauf zum Wiederverkauf straffrei; die Absicht jedoch, die Preise durch Aufkauf in die Höhe zu treiben, ist mit

---

[1] Vergl. die Wuthausbrüche des florentiner Pöbels gegen die Kornhändler bei Lenzi (l. c. 48) Morremo di fame dappoichè il vogliono questi ladri scannadei grassi che fanno l'endiche del grano. Man bedenke, dass die Ansicht der Pandekten, dass eigentlicher Kornhandel Wucher sei, noch von unseren Reichspolizeiordnungen und selbst vom preussischen Landrecht getheilt wird. R o s c h e r : Kornhandel und Theuerungspolitik, 70.

[2] R o s c h e r (ib.). Bei Theuerungen kam es wohl ausnahmsweise vor, dass man jeden Handel beseitigen wollte. 1329 z. B. verbot man auf einige Zeit den Kornhändlern, Getreide auf den Märkten der Grafschaft zu kaufen (Lenzi l. c. 51), und im Staatsbeschluss von 1464, jeden Kornkauf über den eigenen Bedarf. Arch. Rif. Provvisioni Nr. 156, fol. 109.

[3] Statuta (1415) lib. IV, tract. et mat. consulum artium et mercatorum: rub. 165, 183 (ebenso schon im Statut von 1324, lib. V, 14, de endicis non faciendis, vergl. das Verbot, über 2 Lasten Holz und Kohlen aufzuspeichern (Statuta [1415] ib. 253, ohne obrigkeitliche Erlaubniss über 2 Starien Kastanien zu kaufen, sowie das Verbot, zum Verkauf bestimmte Fische in Wasserbehältern aufzubewahren. Dieselben müssen vielmehr sofort direkten Weges nach dem Fischmarkt gebracht werden. Ib. 131.

[4] Pro eo tenendo vel reponendo seu de eo endicham faciendo, Statuta (1415) ib. rub. 182, oder wie es Arch. Rif. Provvisioni 1464, Nr. 156, fol. 109 heisst: »faciendo congregationem frumenti et bladi pro revendendo illud postea ad tempus quo pretium ejus excreverit, quae congregatio vulgariter appellatur endica.

[5] Statuta (1415) ib.

schwerer Strafe an Hab und Gut bedroht[1]), obgleich man freilich um nur Getreide für den Markt zu bekommen, öfter Straffreiheit auch dafür zusichern musste[2]).

Die gegen den Zwischenhandel gerichteten Gesetze führten zu weiteren Beschränkungen, insbesondere zu einer förmlichen Lokalisirung des Marktes. Wer Getreide oder Mehl nach Florenz zum Verkauf führt, darf es nirgends als auf dem städtischen Markte abladen und nur dort verkaufen[3]). Die Wirthe sind angewiesen, ihre Gäste darauf aufmerksam zu machen, und Korngeschäfte in den Herbergen nicht zu dulden, noch Getreide dort abladen zu lassen[4]). Bis auf 6 Miglien im Umkreis ist den Viktualienhändlern verboten, auf den Strassen oder im Hause den Bauern oder sonst Jemandem Lebensmittel abzukaufen, ausser auf dem öffentlichen Markt, und auch hier vor der vom Gesetz vorgeschriebenen Tageszeit[5]). Am Ende der Periode ist dieser

---

[1]) Causa faciendi carestiam, ib. lib. IV, tract. Extraordinariorum, rub. 143.

[2]) Arch. Rif. Provvisioni l. c. Die gegen den Kornhandel gerichteten Gesetze enthalten mitunter die willkürlichsten, jede Sicherheit im Verkehr in Frage stellenden Eingriffe in die Rechtssphäre der Privaten. Charakteristisch ist der Staatsbeschluss von 1457 (ib. Nr. 149, fol. 250). Im Jahre 1456 heisst es in demselben, hätten Viele Angesichts der bevorstehenden Theuerung Getreide aufgekauft; als aber im Frühjahr 57 die günstigen Ernteaussichten befürchten liessen, dass sie die aufgespeicherten Vorräthe mit Verlust verkaufen müssten, wenn sie dieselben länger zurückhielten, hätten sie an Leute, die zu kaufen gezwungen waren, besonders an Grafschaftseingesessene (contadini oder Bauern?) Korn zu übertriebenen Preisen auf Kredit verkauft. Die Käufer seien darum jetzt trotz der guten Ernte in grosser Noth, da sie sich gezwungen sähen, jene Forderungen zu befriedigen. Der Staat verfügte nun ohne Weiteres, dass Alle, welche vom 1. Jan. bis 7. Juli 57, auf Kredit, Korn theurer verkauft hätten, als zu dem jeweiligen gesetzlichen Marktpreis, nur Bezahlung dieses letzteren beanspruchen könnten, ausser einem Zuschlag von 2 Soldi für den Starius, der den Gläubigern noch neben dem »wahren und gerechten« Preis zugestanden wurde, »damit sie sich nicht beschweren könnten«!

[3]) Statuta (1321) Arch. Rif., Classe II, dist. 1, Nr. 23, rub. 21, 36. Statuti dell' uffizio della grascia, Cod. cit. (1378), f. 47. Wie sehr diese Bestimmungen Ausfluss der volksthümlichen Anschauungen über ökonomische Dinge sind, bezeugt die Zusammensetzung der Kommission, welche jene Annonarstatuten redigirte. Sie bestand 1378 aus einem Pflasterer, Riemer, Gewürzkrämer, Waffenschmied, Eisentrödler und Fettkrämer. Der Standpunkt ist ganz der gleiche, wie der unter der Herrschaft der höheren Zünfte geltenden Statuten. Von den ältesten bis zu den jüngsten derselben kehren die Annonargesetze wieder, mochte nun die Handelsaristokratie oder das Handwerk am Ruder sein. cf. Statuta (1415) lib. IV, tract. cons. rub. 164. Auffallend ist die Forderung der revolutionären Arbeiter im Jahre 1378, der Ciompi: »che gli Uffiziali dell' abbondanza della carne si levino e non si facciano più (Delizie degli eruditi Toscani XVII, 170). Dieselbe Konzentrirung des Marktes wie in Florenz (für den dortigen Mehlhandel vergl. Statuto degli Ogliandoli, Cod. 1 des Archivs dieser Zunft, fol. 23) war auch in Mailand durchgeführt. Arch. Panigarola Cod. A (1390), fol. 142.

[4]) Statuta (1324) lib. V, 15 und (1415) l. c. rub. 168 »Recto et continuo itinere« ist das Korn zur Schranne zu führen, ib. rub. 166. Auch die Fische dürfen nur nach dem Fischmarkt und in kein Privathaus gebracht werden, salvo quodsi nox occurrerit venienti et janua esset firmata. Statuti (1415) l. IV, tr. de officialibus turris rub. 26. Nur einige Gattungen sind ausgenommen.

[5]) Statuta 1321, r. 32 und 1415 ib. tr. cons. r. 230 und 232 »ante nonam« (2—3 Nachm.), vergl. das Verbot, innerhalb 4 Miglien Stroh und Heu zum Wiederverkauf zu kaufen (Statuta ib. r. 249, 251), oder Fische in Stadt und Vorstädten (ib. r. 133) Eier, Käse, Geflügel, Wildpret innerhalb 5 Miglien (ib. r. 95).

Rayon um die Hälfte — auf 9 Miglien — erweitert und die Zeit für den Kauf am Markte weiter eingeschränkt[1]). Gewisse Dinge, vor Allem Getreide, dürfen die Händler zum Wiederverkauf auch auf dem Markt nicht kaufen[2]), für andere z. B. einzelne Getreidesorten ist ihnen ein Maximum vorgeschrieben, welches sie beim Einkauf nicht überschreiten dürfen[3]). Auch andern Gewerben ist die Quantität genau vorgeschrieben, die sie je an einem Tag kaufen können, z. B. den Bäckern[4]). Müller dürfen überhaupt kein Korn kaufen, ausser wenn sie eigenen Feldbau treiben, und auch dann nur zur Aussaat und nach eingeholter Erlaubniss[5]). Für geringere Getreidesorten und Gemüse aller Art ist in der Stadt der Handel wohl auch ausserhalb des Marktes gestattet, aber die freie Bewegung durch die Bestimmung des Maximalvorrathes, der im Hause gehalten werden kann, auch hier wieder gehemmt.[6])

Analog sind die Ordnungen über den Viehhandel. Kein Wirth oder Fleischer der Stadt Florenz darf anderswo, als auf den städtischen Wochenmärkten, sei es in Florenz oder irgendwo im ganzen Gebiete, keiner an einem Nichtmarkttage Schlachtvieh kaufen; auf dem Markte selbst aber darf er nur so viel auf einmal kaufen, als er in den nächsten 8 Tagen zu schlachten gedenkt. Nur einzelne Gattungen konnten auch anderwärts gekauft werden, jedoch, um auch dabei keinen Zwischenhandel aufkommen zu lassen, nur unter Ausschluss des Wiederverkaufes[7]). Eine spätere Verordnung bezeichnet allerdings insofern einen freiheitlichen Fortschritt, als sie jenes allgemeine Verbot auf einen Umkreis von 20 Miglien beschränkte und auch innerhalb dieser Grenze, wenigstens auf den öffentlichen Märkten, dem Fleischer den Kauf, freilich nur für sein eigenes Geschäft, gestattete; sie enthält jedoch zugleich eine neue Verkehrsfessel, indem sie innerhalb dieses Umkreises auch dem Händler jeden Kauf von Vieh zum Wiederverkauf an die Fleischer untersagt[8]), also den Landwirth zwingt, selbst den Markt zu beziehen[9]); zugleich ist dieser wieder dadurch beengt, dass er nur sein eigenes Vieh zum Verkauf bringen kann und keines

---

1) Arch. Rif. Provvisioni 1504, fol. 22 dal tocco delle 20 ore (3 Uhr Nachm.) per infino alle 3 ore di notte (10 Uhr). In Mailand durften die Geflügelhändler nicht vor der Nona, Obst- und Gemüsehändler nicht vor der Sexta kaufen, Statuta Mediol. (1480) 170. Vergl. das Verbot, nach Mailand bestimmtes Getreide auf dem Weg dorthin zu kaufen (Arch. Pan. J, f. 54, 1488) oder innerhalb 20 Miglien einem Verkäufer entgegenzugehen und ihm Oel, Käse, Pöckelfleisch, Butter u. dergl. zum Wiederverkauf abzukaufen, ib. B, f. 142 (1410).

2) Statuta (1415) tr. cit. r. 167, ebenso 1324, l. V, 33 und 1355, IV 49.

3) Ib.   4) Statuti dei fornai. Arch. Rif. Cod. 1 des Archivs der Bäckerzunft (1345—1526) fol. 16, cf. Statuta (1321) r. 18 und (1415) l. c. r. 197.

5) Statuta (1415) ib. r. 207.

6) Statuta (1321) r. 35 und (1415) r. 244 l. c.

7) Statuta (1415) l. c. r. 105, cf. ib. r. 101. Nach den Statuten der Fleischerzunft (Arch. dei beccai Cod. 1 [1346—1477] rub. 50) darf keiner vor die Stadt gehen um denen, welche Vieh zu Markte bringen, abzukaufen.

8) Arch. Rif. Provvisioni 1504, f. 20.

9) In Siena, wo man diesen Missstand würdigte, ist daher von dem auch hier geltenden Verbot, Vieh in der Umgebung der Stadt — hier 8 Miglien — zu kaufen, das in der Grafschaft selbst gezüchtete ausgenommen. Statuti dei carnaiuoli di Siena (1288—1361) cap. 35, ed. Polidori in der gen. Collektion.

von Andern zum Wiederverkauf kaufen darf[1]). Nur fremdes Vieh, das von fremden Händlern aus dem Ausland eingeführt wird, darf auch hier zum Wiederverkauf gekauft werden, aber nicht in Stall oder Haus, sondern nur auf den öffentlichen Märkten.

Indem man so künstlich den Verkehr nach gewissen Punkten leitete, glaubte man zugleich das Mittel in der Hand zu haben, dem Markte von Staatswegen seine Preise vorzuschreiben. Die Annonarbehörde konnte die meisten Lebensmittel einem »Maximum« unterwerfen[2]), und in der Absicht, dieses möglichst günstig für den Käufer festsetzen zu können, schrieb man vor, dass die wichtigsten zu Markte gebrachten Produkte hier vollständig verkauft und nicht wieder weggeführt wurden[3]). Man bildete sich ein, durch diese Prohibition das Korn im Lande zu halten! In einer Verordnung von 1458 heisst es: »In Anbetracht, dass die Pisaner Landschaft gleichsam verlassen ist, von Colonen entblösst und unbebaut, und das wenige dort geerntete Getreide zur See aus dem Lande geht, und da uns der lebhafte Wunsch beseelt, dass diese Landschaft angebaut werde und Getreidevorräthe vorhanden seien für etwaige Nothfälle, so verordnen wir, dass Jeder, der nach der Stadt Pisa oder nach Campiglia oder andern von der Signorie zu bezeichnenden Orten der Pisaner Grafschaft Korn führt, das in derselben oder der Maremme geerntet ist, dies im Oktober ohne Zoll thun kann, aber das eingeführte Korn nicht wieder ausführen darf ohne Zustimmung der Signorie, die aber erst nach Ablauf des März gegeben werden kann«. Aber auch in diesem Falle war die Wiederausfuhr aus jenen Orten nur gegen Entrichtung des exorbitanten Zolles von einem Goldgulden für den Modius möglich[4]). Und dies alles hielt man mit der Absicht für vereinbar, die Zufuhr nach den Märkten jener Orte zu steigern, die heimische Landwirtschaft überhaupt zu ermuthigen! Nichts könnte bezeichnender sein für den Kontrast zwischen dem Standpunkt jener Zeit und den modernen Prinzipien.

Es ist selbstverständlich, dass alle Verbindungen und Abmachungen zwischen den Verkäufern, die darauf berechnet waren, die Preise in die Höhe zu treiben, strenge verpönt waren, und es erklärt sich leicht, dass die Furcht vor

---

[1]) Statut der Fleischerzunft aus derselben Zeit. Arch. Rif. Cod. cit. f. 141.

[2]) Debeat tam venditor quam emtor observare pretia ordinata seu ordinanda per officiales grascie (Statuta l. IV. de off. turris r. 53) »pretia convenientia et honesta« wie es in der »Provision« von 1465 heisst (A. Rif. Nr. 157, f. 216), vergl. die in Beziehung aufs Taxenwesen ganz identischen Mailänder Statuten fol. 177. Ueber die Florentiner Taxen cf. Statuta (1415) tr. cons. r. 107 u. 133 für Fleisch, r. 135 für Fische, r. 233, 236, 237 für Geflügel und Wildpret, r. 198 Brodtaxen, r. 182 Korntaxen. Für Mailand vergl. Arch. Pan. A. f. 103 (1385, 86) und Statuten (1480) f. 162, 167, 177. Arch. Pan. A. f. 86 (1408). Analoge Tendenz haben die Tarife, welche man in Florenz den Müllern (Statuta l. c. r. 208), den Fuhrleuten für den Transport von Lebensmitteln (ib. r. 261), den Nudelmachern (ib. 214) und Köchen (ib. 216) vorschrieb.

[3]) Rückfuhrverbot für Getreide l. c. 166, cf. Statuta (1324) II, 57, Stat. della grascia (1378) fol. 47; für Wein Statuta (1415) l. V, tr. 3, r. 5; für Fische ib. r. 53, vergl. Statuto dei beccai l. c. fol. 61.

[4]) Arch. Rif. Balie Cod. Nr. 19, f. 42. 1470 setzte man dann allerdings, aber nur aus fiskalischen Gründen den Zoll auf 10 Soldi, für den Sack zu 3 Starien herab. Provvisioni (1470) f. 241.

der Auflehnung des Privatinteresses gegen die aufgezwungenen Fesseln zu bedeutenden Eingriffen in die Koalitionsfreiheit geführt hat. Genossenschaften, wie z. B. die »Companie des heil. Antonius«, deren sich die Fleischer zu Abmachungen über die Fleischpreise bedienten, wurden schonungslos beseitigt[1]). Den Müllern war überhaupt verboten, sich nach dem Vorbild der andern Gewerbe zu einer Korporation mit eigenen Vorständen und Ordnungen zusammenzuthun[2]). Im Fischhandel war jedes Societätsverhältniss zwischen Einheimischen und den Fremden, die den städtischen Markt bezogen, verboten[3]). Kein Fleischer sollte Geschäftstheilnehmer eines Viehhändlers sein oder in seinem eigenen Geschäfte mehr als einen Compagnon haben, womit sich zugleich eine empfindliche Beschränkung des Gewerbebetriebes selbst verband[4]). Letzteres dem Ende der Epoche angehörende Gesetz beweist, dass auf diesem Gebiete die gegen die Freiheit gerichteten Tendenzen sich eher verschärften, statt milderten. Früher war dem Einzelnen weder die Ausdehnung seines Betriebes durch Anlage verschiedener Verkaufsstellen noch die Verbindung mit einem Händler verboten, wenn auch letztere, wie die mit einem Zunftgenossen, auf einen Theilnehmer beschränkt. Auch konnte früher Jeder so viele fremde oder nicht der Zunft unterworfene Theilnehmer haben als er wollte[5]).

Wie wenig man die Freiheit des Einzelnen achtete, wo es galt, die Ausführung des Systems zu sichern, bezeugt eine zum Gesetz erhobene Eingabe der Fleischerzunft vom Jahre 1374[6]). »Da die Fleischpreise in der Stadt viel höher seien als sie sollten, aus dem Grunde, weil man bisher in der Nähe des Marktes Thiere verbergen konnte und andere ‚Machinationen' möglich waren, um eine Preissteigerung herbeizuführen, so sollte fortan sowohl ausser- wie innerhalb des Thores von Santa Croce, wo der Markt war, unter einer Entfernung von 500 Ellen kein Fleischer oder Viehhändler wohnen können«! Wenn man nur gegenüber all' dieser Fesselung des Geschäftsbetriebes selbst wenigstens den Zugang zu demselben möglichst erleichtert hätte! Aber so glaubte man sich der Unterwerfung unter das Zwangssystem von vorneherein dadurch versichern

---

1) Arch. Rif. Provvisioni 1504 f. 21. Der Annonarbehörde stand bei Untersuchungen gegen die der Uebertretung der Annonargesetze Beschuldigten die Folter zu Gebote! Statuta (1415) l. IV tract. cons. artium et merc. r. 280.

2) Statuta (1415) l. V, tr. III, r. 209. Cf. die Statuten v. 1324 II, 89.

3) Statuta (1324) V 32, und (1415) r. 127, l. c. Daher das Verbot »cum forensibus ad discum morari pro piscibus vendendis« cf. r. 130. Verbot der Conventicula, posturae seu monopolia inter vendentes pisces. Dasselbe in Bezug auf die Fleischer, Statuta (1355) IV, 48 und (1415) l. c. r. 102. Das Motiv ergiebt sich klar aus Arch. Rif. Provvisioni 1452 fol. 152: »Attento quod in praesente anno accidit, quod propter societates et participationes lucri super tali materia piscium conducendorum et vendendorum in civitate habitas per quosdam cives ut dicitur cum forensibus venerunt pisces in magna carestia et paucitate et vix haberi poterant.

4) Volendo-porre qualche conveniente freno e regola ai beccai e altri mercatanti di bestiame — si provvide — che nessuno possa tenere aperto e far tagliare più che a uno discho solo ne aver che una sola compagnia al detto exercitio. A. Rif. Provvisioni 1504, fol. 20.

5) Statut der Fleischer-Zunft, Arch. Rif. l. c., fol. 39, »de forensibus seu aliis quibuscunque arti non suppositis possit quilibet habere socios quos volet 1374«, vergl. ib. f. 95 (1415).

6) A. Rif. Statut der Fleischerzunft Fol. 39.

zu müssen, dass man die Ausübung einer grossen Zahl der für den Lebensmittelverkehr in Betracht kommenden Gewerbe von oft recht bedeutenden Bürgschaften abhängig machte[1]), welche für die Freiheit der Bewegung um so bedenklicher waren, als es mitunter der Willkür der Beamten anheimgestellt wurde, die Höhe derselben zu bestimmen[2]). Zudem ist die spätere Praxis, wie einzelne bedeutende Erhöhungen der Bürgschaften beweisen, entschieden eine strengere geworden, geschweige denn, dass die in den Statuten von 1415 ausgesprochene Beseitigung derselben für einige der niedrigeren Gewerbe dieser Art[3]) eine spätere Ausdehnung auf andere gefunden hätte.

Wer sich die ganze Reihe dieser bis zum Ende der Republik stets von Neuem wiederholten Gesetze vergegenwärtigt, wird kaum erwarten, auf solchen Pfaden den Spuren der Freiheit zu begegnen. Und doch! Sollte die Erkenntniss der verhängnissvollen Wirkungen eines fast auf die Spitze getriebenen staatlichen Zwangssystemes und der Unmöglichkeit, die natürlichen im Verkehrsleben thätigen Kräfte mit solcher Gewaltsamkeit unter die Kurzsichtigkeit menschlicher Gesetzgeber zu beugen, in einer Stadt, wo man über wirthschaftliche Dinge nachgedacht hat, wie kaum sonstwo im damaligen Europa, nirgends in der Gesetzgebung zum Ausdruck gekommen sein? In der Gewerbe- und Handelspolitik finden wir allerdings auf bedeutsamen Punkten eine freiheitliche Reaktion gegen zu fühlbare Fesselung des Verkehrs, auch in der Agrargesetzgebung werden wir dem Gedanken der Freiheit noch an hochwichtiger Stelle begegnen, allein innerhalb des Rahmens der eben dargestellten annonarischen Bestimmungen zeigt die Gesetzgebung eine Stabilität der Ideen, welche zu der seit Dante sprichwörtlich gewordenen Wandelbarkeit der öffentlichen Ordnungen von Florenz[4]) einen scharfen Kontrast bildet. Kaum dass sich

---

1) Viktualienverkäufer, Köche, Wirthe, Müller je 50 Lire. Statuta l. c. (1415) r. 205, 222, 240. Korn-, Viktualien-, Viehhändler 200 Lire. Statuta (1324) V, 13. Letzteren erhöhte man 1457 die Bürgschaft auf 300 Gulden und forderte zugleich mindestens 3 Bürgen! A. Rif. Provvissioni Nr. 149, fol. 347. Die Fleischer, die früher auch nur für 50 Lire Bürgschaft zu stellen hatten (Statuta 1415, l. c. r. 108) wurden 1503 auf 100 Lire gesteigert. A. Rif. Statuto dei beccai l. c. f. 140, cf. Provvisioni 1504, fol. 20: »volendo porre qualche conveniente freno e regola ai beccai«.
2) A. Rif. Provvissioni ib. fol. 22 für Geflügel-, Fisch- und Gemüsehändler.
3) Statuta (1415) l. c. r. 154 für Höcker, Obsthändler u. dgl.
4) Purgatorio VI, 142:
— fai tanto sottili
Provvedimenti, che a mezzo novembre
Non giunge quel che tu d'ottobre fili.
Quante volte del tempo che rimembre
Legge, moneta, e ufficio e costume
Hai tu mutato, e rinnovato membre!
cf. Giannotti: della repubblica Fiorentina p. 147, I der Opere politiche e letterarie: Legge fiorentina fatta la sera, e guasta la mattina. Der wirthschaftspolitischen Gesetzgebung der Commune kann dieser Vorwurf nicht gemacht werden. Nur insoweit behält das Sprichwort auch hier Recht, als der Geist der Bevormundung massenhaft Gesetze schuf, deren rechtliche Geltung man allerdings festhielt, über die aber in Wirklichkeit der Drang eines hochentwickelten Verkehrslebens oft genug unbekümmert hinweg ging, was durch die nie endenden Klagen über die Missachtung der Reglements in allen drei Produktionszweigen klar bezeugt ist.

einmal eine Ahnung der Irrationalität des Taxenwesens kundgiebt, wie wir sie in der Literatur gefunden! Und doch ist dieselbe durch die Gesetzgebung selbst so drastisch als möglich beleuchtet worden. So ist z. B. einmal die durch die Taxen verschuldete abnorme Thatsache constatirt, dass die Fische vom »Lago nuovo« denselben Preis hatten, wie die von Perugia, während erstere nicht nur von geringerer Qualität, sondern auch geringeren Transportkosten und Zöllen unterworfen waren! [1]) Man suchte den Grund solcher Erscheinungen eben nur in der Kurzsichtigkeit der Annonarbeamten und nicht zugleich im System; daher war auch in dem genannten Fall die praktische Folge die, dass man die betreffenden Maximaltaxen »für die ganze Zukunft« in sehr detaillirter Weise regulirte und eine Erhöhung derselben von einer Abstimmung in den verschiedenen Räthen abhängig machte. Freilich kam man schon in den nächsten vierzehn Tagen zur Einsicht, dass es unmöglich sein würde, den wechselnden Konjunkturen des Marktes auch nur einigermassen gerecht zu werden, wenn man der Exekutive nicht freiere Hand liess und immer erst den schwerfälligen Apparat mehrerer Rathsversammlungen in Bewegung setzen wollte. Man vermochte sich jedoch zu keiner weiteren Konzession zu entschliessen, als dass man für 10 Tage des Jahres (20—30. Juni) der Behörde die Erhöhung des Maximums wieder freigab [2]), »weil am Johannisfest in Folge des Zusammenströmens der vielen Fremden die Preise immer höher zu sein pflegten als gewöhnlich«; als ob nicht zu jeder anderen Zeit aus anderen Gründen ganz der nemliche Fall eintreten konnte!

Bei dieser Zähigkeit, mit der die Gesetzgebung an dem einmal angenommenen Grundprinzip festhielt, ist es erklärlich, dass man selbst da, wo man ausnahmsweise die Freiheit zur Verwirklichung der Zwecke der Annona zu Hilfe rufen zu müssen glaubte, auf halbem Wege stehen blieb und Freiheit und Zwang in wunderlicher Weise verquickte. So gestatteten die Statuten Jedermann, Einheimischen wie Fremden, Brod zu backen und zu verkaufen von der Qualität, dem Gewicht und dem Preis, der Jedem beliebte [3]), unterwarfen aber daneben die zünftigen Bäcker den Taxen! [4]) Den Fleischverkauf gab man auch einem Jeden frei, hielt aber die Taxen für Alle, auch die ausserhalb der Fleischerzunft stehenden Verkäufer aufrecht! [5]) Jener Sieg der Gewerbefreiheit ent-

---

[1]) Arch. Rif. Provvisioni (1472 stil. flor. 9. Febr.) Nr. 164, f. 178.

[2]) Ib. f. 202 (19. Febr.).

[3]) Pro uberiori copia panis cocti habenda in civitate liceat unicuique — facere panem venalem ejus qualitatis et ponderis pro eo pretio et modo et forma et prout et sicut et quamadmodum sibi placuerit. Qui sic facientes panem qui non sint matricolati in arte fornariorum civitatis Fl. vel panem ad pretium non coquant — non possint — inquietari — per consules dictae artis fornariorum. (Statuta (1415) l. c. r. 186.

[4]) Ib. r. 197: Liceat dictis officialibus (sc. plateae) constituere pondera — panis venalis quoties eis vel duo partibus eorum videbitur secundum qualitatem et conditionem temporis et insuper quilibet fornarius vel fornaria panatterius vel panatteria panem venalem de grano vel blado facientes faciant ipsum panem ad pondus secundum quod constituerunt dicti officiales, vergl. r. 198: Quilibet fornarius — vendat ad dictum pondus et pro eo pretio dando et determinando per officiales jam dictos.

[5]) Ib. rubr. 103, 104.

sprang dem Misstrauen der Regierung gegen die zunftmässige Organisation der Arbeit auf diesem Gebiete, da in der That innerhalb der bei der Annonarpolitik interessirten Zünfte Ordnungen über Kauf und Verkauf von Lebensmitteln erlassen wurden, die, wenn auch gesetzlich ohne Verbindlichkeit, bei einmüthigem Zusammenstehen der Mitglieder, der Theuerungspolitik der Regierung ernstliche Schwierigkeiten in den Weg legen konnten[1]). Ist es doch selbst in einem Staatsbeschluss ausgesprochen[2]), dass »durch den Betrug, welchen die Fleischer begehen, indem sie sich vereinigen in Bezug auf Kauf und Verkauf zu ihrem Nutzen und zu Schaden und Täuschung des Publikums, die Fleischpreise immer zu hoch waren. Allein trotzdem man in der freien Konkurrenz ein Gegenmittel erkannt hatte, legte man am Ende doch wieder die polizeiliche Fessel an, indem man die von der Gewerbefreiheit erwarteten, aber von der Fortdauer des Taxenwesens natürlich beeinträchtigten Resultate künstlich dadurch herbeizuführen suchte, dass man die Freiheit von Matrikel und Zunftzwang auf diejenigen beschränkte, welche um 4 Denare unter den offiziellen Preisen der zünftigen Fleischer verkaufen würden[3]). So wurde die Freiheit bei diesem Gewerbe gewissermassen ein Privileg, während sie bei der Bäckerei allgemein zugänglich bleibt; so tritt uns bei einem Gewerbe fast[4]) völlige, beim andern sehr bedingte Aufhebung des Zunftzwanges entgegen, bei Aufrechthaltung desselben, wenn die Marktverhältnisse die Erfüllung der Bedingung unmöglich machten; andererseits Taxenfreiheit und Taxenzwang gleichzeitig in ein und demselben Gewerbszweig; ein haltloses Nebeneinander mittelalterlicher Geschlossenheit, polizeistaatlichen Zwanges und moderner Freiheit! Wenn der Detailverkauf des Weines allgemein freigegeben und der Preis durch keine obrigkeitliche Taxe beeinflusst war[5]), so kann natürlich auch hier bei dem prinzipiellen Standpunkt der Gesetzgebung ein wahrhaft freiheitliches Motiv nicht vorausgesetzt werden, zumal der Verkehr mannigfachen polizeilichen Fesseln unterworfen blieb[6]). Es scheint hier vielmehr ein fiskalischer Gesichtspunkt die Quelle der Freiheit gewesen zu sein, da der Fiskus deswegen ein unmittelbares Interesse an den Weinpreisen hatte, weil die ganz

---

1) A. Rif. Provvisioni (1465) Nr. 157, fol. 216.
2) Ib. 1504, fol. 21.
3) 1504 A. Rif. Provvisioni l. c.
4) Ich sage: fast, weil es in Folge der Klagen über den häufigen Verkauf schlechten Brodes der Bäckerzunft 1483 gelang, eine Modifikation des bisherigen Rechts zu erwirken. Die Brodverkäufer sollten nemlich seitdem der Gerichtsbarkeit der Bäckerzunft unterstehen. Aber weder dies, noch die Verpflichtung zur Zahlung einer ganz unbedeutenden Matrikelgebühr von 20 Soldi, dieselbe, welche die von der Bezahlung der Matrikel selbst (5—25 Lire) befreiten Meistersöhne zahlten, bedeutet einen Abfall von dem Standpunkt, welchen die Statuten hinsichtlich des Brodverkaufes einnehmen. A. Rif. Statuto dei fornai Cod. 1, fol. 132.
5) Liceat cuilibet vendere et vendi facere vinum ad minutum undecunque sit quantoque pretio sibi videbitur solvendo gabellam, nämlich die Hälfte des Verkaufspreises. Statuta (1415) l. V, tr. III ordinamento vini ad minutum, r. 23.
6) Kein Weinwirth soll z. B. mehr als 2 Fässer haben von bestimmtem Gehalt, eines für weissen, das andere für Rothwein. Vergl. l. c. r. 3—5, r. 28—34, tract. IV, r. 113.

exorbitante Weinsteuer eben nach dem Verkaufspreis normirt war (50 %/0 desselben).

Von einer prinzipiellen Anerkennung der Freiheit kann vollends da keine Rede sein, wo man unter dem Eindruck der äussersten Noth, nachdem alle Reglements und Zwangsmittel wirkungslos geblieben, sich gewissermassen aus Verzweiflung der Freiheit in die Arme wirft, wie man es in Florenz bei Theuerung und Hungersnoth wiederholt gethan hat[1]), freilich nur um sofort nach Beseitigung des Nothstandes wieder in die alten Bahnen einzulenken.

Es bleibt uns noch übrig, den Verkehr über die Mauern der Hauptstadt hinaus, sowohl innerhalb des Staatsgebietes wie in seinen Beziehungen zum Ausland zu verfolgen. Im florentiner Staatsgebiet, wie in dem der andern Städterepubliken Italiens hatte die Art der Entstehung und Zusammensetzung des Territoriums nicht allein politische, sondern eminent wirthschaftliche Bedeutung. Wie das städtische Weichbild, frei geworden von der Jurisdiktion der im Namen des Reiches gebietenden Grafen oder Vikare, als ein politisch und ökonomisch selbständiges Einzelwesen innerhalb des Comitats erscheint, so ist die Grafschaft, nach Beseitigung der gräflichen Gewalt und Vereinigung mit der Republik, von dem übrigen Staatsgebiet, welches sich im Laufe der Zeit unter dem Namen des Distriktes als ein Komplex ehemals selbständiger Communen und Herrschaften ringsum angeschlossen hatte, nicht nur politisch, sondern auch wirthschaftlich getrennt geblieben. Wie das Staatsgebiet nach Aussen, so ist die Grafschaft gegen den Distrikt, die Stadt gegen die Grafschaft durch Zollgrenzen, Aus- und Einfuhrprohibitionen und andere Verkehrsschranken abgeschlossen. Wir werden bei der Darstellung der Zollpolitik auf diese Verkehrsschranken zurückkommen, welche sich noch dadurch vervielfältigten, dass die ehemals freien Territorien ihre Zollgrenze mit in die neue Staatsgemeinschaft hinüberretteten. Hier soll nur ihre Bedeutung für die Frage der agrarischen Verkehrsfreiheit erörtert werden.

Im Interesse des städtischen Consums war nicht nur, wie schon bemerkt, denen, welche den florentiner Markt bezogen, die Rückfuhr ihrer Produkte verboten, sondern überhaupt jede Ausfuhr von Getreide und Gemüse aus Stadt und Vorstädten untersagt, wenn nicht ausnahmsweise die Annonarbehörde die Erlaubniss dazu ertheilte[2]). Aber auch in diesem Fall war die Ausfuhr dadurch erschwert, dass die am Thore von allen Viktualien erhobenen Ausfuhr-

---

[1]) Cf. Lenzi l. c. p. 55 zu 1330. Giov. Villani (storie fiorentine XII, 73) zu 1347: ciascuno potea fare e vendere pane senza ordine o di peso o di pregio. Cf. Fabbroni l. c. 30. Disperato il Commune (1329) di non poter ottenere quel che non era possibile non ostante la minaccia di tagliar piedi e mani, dovette rinunziare alle sue prescrizioni e dire ai fornai: Andate, fate pane e vendetelo più che potete. — 1331. Anche in questo anno li Ufficiali abbandonarono i loro provvedimenti dicendo ai fornai: Togliete grano e fatene cio che vi piace. — 1497: A rovescio del sistema dei regolamenti furono esortati li speculatori a far venir grano di fuori e poi lo vendessino quello pareva loro. — 1534: Restituita ai Granajuoli e fornai la libertà di fare come pareva a loro, abbassò il grano di più della metà.

[2]) Statuti della grascia (1378) f. 46, Statuta (1415) l. IV, tr. cons. merc. rub. 156 cf. die analogen Verbote der Ausfuhr von Korn, Mehl, Gemüse, Wein aus Mailand und seinen

zölle keineswegs unbedeutend waren[1]). Nur den Colonen und Grafschaftseingesessenen im Umkreis von 5 Miglien war die Ausfuhr bis zu einem Betrag von 2 Starien allgemein gestattet, sowie denjenigen, welche Getreide zur Mühle schickten, jedoch nur unter der Bedingung, dass es als Mehl wieder zurückgeführt wurde. — Dieser Verkehrsschranke zwischen Stadt und Landschaft entsprach eine zweite noch schroffere zwischen der letzteren und dem übrigen Staatsgebiet, indem die Ausfuhr sämmtlicher Produkte des Ackerbaues und der Viehzucht aus der Grafschaft in den Distrikt der Regel nach verboten war[2]). Allerdings konnte auch hier die Behörde die Erlaubniss ertheilen, war jedoch selbst an polizeiliche Fesseln und die oberste Entscheidung der alle zwei Monate wechselnden Regierung gebunden[3]), ja der Händler und Bauer, der nach der Grafschaft Thiere eingeführt hatte, konnte die Wiederausfuhr nur von der Signorie zugestanden erhalten[4]). Ueberhanpt hat sich gerade bei diesem Verkehr die Freiheit der Bewegung am wenigsten behaupten können. Hier war ja der Staat in dreifacher Weise betheiligt: mit seinem Interesse für den hauptstädtischen Markt, seinen Bemühungen um die Hebung einzelner Gewerbszweige, z. B. der Gerberei, und der lebhaften Sorge, der Bodenkultur das nöthige Arbeitsvieh zu erhalten; eine Sorge, die so weit ging, dass der städtische Konsum sich Schranken auferlegte[5]). Sogar die freiheitlichen Ordnungen, zu denen letzterer Gesichtspunkt führte, sind vom Geist der Regulative und des Zwanges durchdrungen. So musste man 1475 die Ausfuhr von Ackerochsen aus der Grafschaft nach dem Distrikt unter gleichzeitiger bedeutender Verminderung des Zolles freigeben[6]); eine Freiheit, deren

---

Vortädten, Statuta 1480, f. 146, cf. Arch. Pan. E (1450) f. 11. Freier war man in Florenz insofern, als das Gesetz die Gewährung der Erlaubniss nicht wie in Mailand davon abhängig machte, dass der Ausführende sich verpflichtete, das Getreide u. s. w. nicht über eine bestimmte Grenze (8 Miglien von der Stadt) hinauszuführen.

1) Cf. den Tarif in der Pratica della mercatura des Giovanni di Antonio da Uzzano von 1442 bei Pagnini: Della decima IV, 36.

2) Statuta (1415) l. c. rub. 174, ausdrücklich genannt sind Getreide, Oel, Gemüse, Ochsen, Hammel, Schweine, überhaupt alles Vieh, Fleisch, Felle, ungegerbte Häute; ausserdem »alle Viktualien überhaupt«, cf. R. 204 Wein, Pöckelfleisch, über 100 Pfd., Fische, gebackenes Brod, über 1 Starius, Schmalz »et quae sunt de genere grasciae«.

3) Nulla licentia seu apodixa concedi possit per dictos officiales (sc. grasciae) quae contineret extractionem aliquarum salmarum de comitatu vel districtu Florentiae ultra tres salmas pro apodixa, ib. r. 279, ähnliche Beschränkung der Licenz für die Ausfuhr des Oeles aus der Grafschaft, ib. r. 239, cf. liber legum artis lanae fol. 35, cf. statuta (1324) II, 55 und 60. In oberster Instanz entscheiden Signorie und Collegien »super deveto bladi, grani et alterius cujuscunque rei et de his non extrahendis extra comitatum et districtum Fl. et circa licentiam dandam vel non dandam. Statuta (1415) l. IV, tr. extraord. r. 144.

4) Abgesehen von den Zöllen musste dann noch eine Taxe für die Licenz bezahlt werden, ib. r. 279.

5) Vergl. rub. 111 welche verbietet, in Florenz und 3 Miglien im Umkreis und in allen ummauerten Orten des Staates Ochsen unter 8 Jahren und Ochsenkälber zu schlachten oder zum Schlachten zu verkaufen.

6) A. Rif. Provvisioni Nr. 167, fol. 65 die Motive sind sehr bezeichnend für die damaligen Zustände: Atteso i magnifici — signori priori di libertà e gonfalonieri di giustizia del popolo fiorentino, come molti del contado di Firenze per esser circumdati da altri luoghi

Wirkungen man jedoch durch den Zusatz einschränkte, dass die Ausfuhr nur zum eigenen Gebrauch und für die eigenen Besitzungen des Ausführenden und bei Leibe nicht für den Handel gestattet sein sollte [1]). Eben damals gab man für Kühe den Verkehr im ganzen Staatsgebiete frei und verminderte gleichzeitig die Binnenzölle, die nicht nur eine unübersteigliche Verkehrsschranke gebildet, sondern dem Landwirth, nach dem ausdrücklichen Geständniss der Regierung, sein Eigenthum oft thatsächlich werthlos gemacht hatten [2]) War doch der Bauer, welchen Zölle und Prohibitionen den Zugang zu den Märkten verschlossen, gezwungen gewesen, Kühe, die nicht mehr kalbten, einfach verenden zu lassen und sich mit der Haut allein zu begnügen [3])! Ohne Zweifel waren damit die Symptome des Uebels nicht erschöpft; man begnügte sich aber in Florenz damit, wenigstens den grellsten Missständen abzuhelfen. Mit wie kärglicher Hand man die Freiheit spendete, bezeugt die Einschränkung, welche man der zuletzt genannten Verfügung gab. Man beschränkte nicht nur das Recht auf die Ausfuhr und den verminderten Zoll auf die genannten unfruchtbaren Kühe, sondern knüpfte daran auch noch die Bedingung, im Fall des Verkaufs dieser Kühe, binnen Jahresfrist ebensoviele andere und zwar junge zurückzubringen und ausserdem die Kälber, welche die aus der Grafschaft ausgeführten Kühe etwa doch noch werfen würden [4])!

Ein analoger Zwang lag auf dem Landwirth, welcher sein Vieh nach entfernteren Gegenden auf die Weide schicken musste. Bei den toskanischen Verhältnissen kam dafür besonders die Maremme in Betracht. Er hatte nicht nur Bürgschaft dafür zu stellen, dass er das dorthin geführte Vieh wieder nach Hause zurückbrachte, sondern auch mindestens den dritten Theil der Stückzahl noch darüber. Allerdings ermässigte man einmal die letztere Zahl, kehrte aber später wieder zur ältern strengern Vorschrift zurück [5]), trotz der Klagen der Bauern und der vom Gesetzgeber ausgesprochenen Absicht, die-

---

che contado, e quegli del distretto per esser differente dal contado ricevano per diversità delle gabelle molti sinistri. Ma uno intra gli altri loro molto dannoso è questo che, volendo per lavorare la terra buoi, non gli possino dal contado di Firenze condurre a luoghi loro, perchè uscendo dal contado ed andando nel distretto o toccando altro luogo che contado di F., che in certi luoghi del contado non si può ire che non se ne tocchi, sono richiesti di pagare quella gabella, che pagar si debbe a cavargli dalla giurisdictione del comune che è di fuor. Il larg. per bestia.

1) Immerhin ein Fortschritt gegenüber den Statuten, die nur die Ausfuhr von 1—2 Stück Arbeitsvieh aus der Grafschaft zuliessen. r. 181, tract. cit.

2) Ib. fol. 112 daher die charakteristische, das herrschende System genugsam verurtheilende Motivirung: »per dare aptitudine ai subditi di valersi delle loro mercatantie«.

3) Ib. »lasciarle morire e trarne solo il cuoio«!

4) Ib. tante dell' altre e giovani quante ne mancassi e più ogni allievo se alcune tali vacche pur facte havessino, sotto le pene ordinate.

5) A. Rif. Provvisioni (1504) fol. 18 — perche chi conduce il bestiame in maremma è tenuto di rimettere il quarto più, e per gli altri tempi era obligato di rimettere il terzo più, volendo alle provvisioni antiche ritornare si provvide etc. Motive sind nicht genannt.

selben »von unnöthiger Belastung und Ausgabe« zu befreien [1]). Wie schwer mussten gerade vom Landwirth die Binnenzölle empfunden werden, da es bei der Natur der florentiner Landschaft eine sehr weit verbreitete Nothwendigkeit war, Vieh auf entfernten Weiden zu überwintern [2]). Nun bedenke man, dass auf dem Verkehr mit dem grossen Weidegebiet der Maremma allein folgende Zölle lasteten: für die Ausfuhr aus der florentiner und Einfuhr in die pisaner Grafschaft und eben so umgekehrt bei der Rückkehr für die Ausfuhr aus der pisaner und Einfuhr in die florentiner Grafschaft. Allerdings hat man wenigstens diesen Verkehr — wenn auch spät genug, erst 1514 [3])! — durch eine bedeutende Zollermässigung erleichtert. Allein eine allgemeinere Ausdehnung solch' befreiender Massregeln findet sich nicht [4]), geschweige, dass man eine förmliche Beseitigung der Binnenzölle in Angriff genommen hätte, für welche die Neuzeit so energisch und siegreich eingetreten ist. In Florenz hätte sich mit einer solchen Reform eine völlige Aenderung des Steuersystems verbinden müssen, da die Zölle den grössten Theil der Staatseinnahmen ausmachten, abgesehen von andern Gründen, auf die wir noch zurückkommen werden. Hier sei nur noch darauf hingewiesen, dass der fiskalinische Gesichtspunkt damals so sehr vorwaltete, dass selbst die im Interesse der Verkehrsfreiheit dem Staate unterbreiteten, ihrem Inhalt nach in die Motive der Staatsbeschlüsse übergegangenen Vorstellungen und Gutachten häufig die fiskalinische Seite der Sache weit mehr als die wirthschaftliche betonen [5]).

Indem Florenz den unterthänigen Communen ausdrücklich verbot, ihre Territorien in ähnlicher Weise abzusperren, insbesondere wo es sich um die **Ausfuhr nach der Grafschaft der herrschenden Stadt** handelte [6]), übertrug es auf die inländischen Verhältnisse dieselbe für die Freiheit verhängnissvolle Politik, welche die italienischen Staaten im Ausland gegen einander befolgten, wo man der Freiheit huldigte, wenn man sie nur als ein

---

[1]) Di liberargli da noia e spesa superflua. A. Rif. libri XVII Riformatorum (1491) fol. 114, balie Nr. 52.

[2]) Cf. A. Rif. Provvisioni (1478) fol. 71. — Per la strettezza dei nostri luoghi apti a tener bestiame non si può conservare venendo la vernata.

[3]) Die Folge jener Zölle war, dass vieles zur Weide aus der Grafschaft geführte Vieh gar nicht mehr zurück, sondern ins Ausland ging. Erst diese Erkenntniss brachte dem Verkehr die im Text genannte Erleichterung, volendo dare cagione che la grascia non esca dal dominio Fior. come s'intende farsi per la asprezza di tali gabelle. A. Rif. Provvisioni dei XVII, Riformatori delle Commune 154, fol. 25.

[4]) Wenn man dem Vieh des damals volksreichen aber weidearmen Casentino für den Weg nach verschiedenen Weideplätzen eine ähnliche Zollermässigung zugestand (1462), so geschah dies nur provisorisch, auf 3 Jahre, trotz des lebhaft empfundenen Bedürfnisses. A. Rif. Provvisioni Nr. 154, fol. 102.

[5]) So wird z. B. die Vorstellung, man möge dem Casentino durch Ermässigung der Zölle fernere Weiden zugänglicher machen und die Vermehrung seines Viehstandes ermöglichen, mit dem Nutzen des Viehes für die Einnahmen der Duane motivirt. Ib.

[6]) Statuta (1415) r. 176 l. c. Schon in den Statuten von 1324 II 59 heisst es: Jedermann kann aus dem Distrikt und überall her nach Florenz bringen Lebensmittel und alles was zur Bekleidung nöthig ist; und Niemand kann ihn daran hindern. Cf. auch Capitoli di Firenze fol. 110 1385 Vertrag mit Arezzo.

Monopol für sich gewinnen konnte, und nichts lieber sah, als Fesselung aller Andern. Diese Tendenz zeigt sich besonders bei der Einverleibung neuer Gebiete in den Staat, wo man sich stets die freie Zufuhr nach Florenz sicherte, ohne die entsprechende Gegenleistung zuzugestehen. So schliesst sich in den Statuten unmittelbar an die Prohibition der Viktualienausfuhr aus der Grafschaft Florenz eine Verordnung an, welche jede derartige Prohibition der Ausfuhr aus dem ehemaligen Staatsgebiet von Arezzo nach Grafschaft und Stadt Florenz oder eine Erhöhung der Zölle für diese Ausfuhr strenge verpönt [1]. Charakteristisch ist für den bezeichneten Standpunkt unter Anderem, dass man z. B. dem markgräflichen Gebiet von Monte Santa Maria, das sich 1424 unterwarf, im Fall einer Theuerung Zollfreiheit für die Ausfuhr von Korn aus dem übrigen Staatsgebiet versprach, die Ausfuhr selbst jedoch von der Erlaubniss der Signorie abhängig machte, während umgekehrt bei hohen Kornpreisen in Florenz, und niedrigen im markgräflichen Gebiet, nach dem Vertrag jeder Florentiner zollfrei ausführen sollte, ohne die Erlaubniss der Lokalbehörde zu bedürfen, nur dass es der Diskretion der Florentiner anheimgestellt wurde, durch die Ausfuhr keine Theuerung in der Markgrafschsft zu erzeugen [2].

Dem Verkehr, der sich von der Peripherie des Staates nach dem Centrum hin bewegte, sollte von keiner Seite ein Hinderniss in den Weg gelegt werden, während man das Zurückströmen vom Herzen nach den Gliedern auf alle Weise zu unterbinden suchte. Unter den von der Staatsgewalt zu diesem Zweck ergriffenen Maassregeln, die, ohne einen direkten Zwang zu enthalten, zu den modernen Grundsätzen über die Freiheit des Verkehrs in schroffem Widerspruch stehen, sind die innerhalb des Staates nur zu Gunsten der Hauptstadt geschaffenen Differentialzölle zu nennen. »Damit die Stadt Florenz reichlicher mit Fleisch versorgt sei und wegen der Menge der Zölle und Duanen der Verkehr sich nicht anderswohin wende«, denkt man nicht etwa auf eine Vereinfachung, wenn nicht Beseitigung des inländischen Zollsystems überhaupt, sondern gewährt — allerdings erst in der letzten Zeit der Republik — nur dem auf gewissen Strassen nach der Stadt Florenz geführten Vieh die Wohlthat eines mässigen, nur an Einer Stelle zu entrichtenden Zolles [3]. Aehnlich betrug der Zoll für die Einfuhr von Oel, Getreide, Mehl, Landwein, Flachs,

---

[1] L. c. rub. 174, cf. Capitoli di Firenze l. c. p. 76 in Beziehung aufs Valdinievole (1353) ferner Santa Maria a Monte p. 87 (1348) vergl. p. 568, wo man den Herren Manfredi di Faenza als Entgelt für das Zugeständniss der Ausfuhr nach Florenz nur das Versprechen eines diskreten Gebrauches gab, facendo questo discretamente, perche non ne segua carestia nelle terre di quei Signori (1425).

[2] Solamente avvertendo che la estrazione non porti carestia nel territorio del marchese. Ib. p. 566. Vergl. die Accomandigia dei Signori di Pietramala (1383) p. 471, der Donna degli Uberti (1384) p. 461. Vergl. die Befreiung der aus Arezzo und Anghiari nach Stadt und Grafschaft Florenz ausgeführten Waaren von den dortigen Zöllen.

[3] A. Rif. Provvisioni 1511, fol. 18. Aehnlich hatten nach den Mailänder Statuten (f. 187) die Kohlen bei der Einfuhr in die Grafschaft einen geringeren Zoll zu zahlen, wenn sie nach der Stadt gingen, einen höheren, wenn sie in der Grafschaft blieben.

Vieh und Fischen aus dem ehemaligen Pisaner Gebiet nach Stadt und Grafschaft Florenz nur den dritten Theil desjenigen, welcher für die Einfuhr von dort in den Distrikt bezahlt wurde [1]; am Ende wurde sogar die Einfuhr von Getreide aus der Pisaner nach der Florentiner Grafschaft ganz von Zöllen befreit, während dieselben fürs übrige Staatsgebiet bestehen blieben [2]. In dieselbe Kategorie gehört die dauernde [3] oder vorübergehende [4] Befreiung der hauptstädtischen Zufuhr von den Binnenzöllen. Auch da erscheint die Freiheit als Monopol des hauptstädtischen Marktes. Und was war der Sache der Freiheit selbst damit gedient, dass die Einfuhr der meisten Lebensmittel aus dem Distrikt nach der Grafschaft von allem Grenzzoll befreit war [5], so lange die Grafschaftsgrenze für den Verkehr in entgegengesetzter Richtung eine förmliche Absperrung bedeutete?

Die Tendenz, dem Herzen des Staates möglichst zahlreiche Nahrung zuzuführen, führte nun aber auch den Staat so weit abseits vom Pfade der Freiheit, dass man sogar davor nicht zurückscheute, verschiedenen Bezirken für den Absatz ihrer Bodenerzeugnisse den **florentiner Markt geradezu aufzuzwingen**. So verpflichtete man z. B. 1385 Monte Sansavino, seine Produkte, mit Ausnahme von Arezzo, nur nach Stadt und Grafschaft Florenz zu Markte zu bringen [6]. Ja es findet sich ein analoger Zwang aufs ganze Gebiet ausgedehnt. Als sich im Jahre 1443 die Fleischerzunft über die heimliche Schweineausfuhr aus Volterra und anderen Orten nach Bologna und Forli beklagte, weil dadurch Theuerung auf dem florentiner Markt erzeugt würde, so erging das Gebot, dass Jeder, der über 10 Stück dieser Thiere besässe, dieselben nirgends verkaufen könne, wenn er sie nicht vorher auf die Märkte der Hauptstadt gebracht hätte [7]. Die Neigung, von diesem Gesichtspunkt aus in die Freiheit des Verkehrs einzugreifen, wurzelte so tief, dass man sich nicht scheute, die eben anerkannte Freiheit im hauptstädtischen Interesse wieder zu vernichten. Veranlasst durch verschiedene Missgriffe der Annonarbehörde, welche »Theuerung, Unzufriedenheit und wenig Nutzen für die Commune zur Folge gehabt«,

---

1) Arch. Rif. libri XVII Riformatorum. Balie Nr. 52, cap. 30 (1491).
2) Ib. cap. 46.
3) Vergl. die Exemtion von den Zöllen im Gebiet von Samminiato für dort erzeugten Wein, Korn, Oel, Feigen, wenn dieselben nach der Stadt Florenz gingen, während Ausfuhren von dort mit anderer Bestimmung der dortigen Duane zollpflichtig waren, Statuta (1415) l. V, tr. III, r. 28.
4) Für Getreide (1475) auf ein Jahr, A. Rif. Provvisioni f. 107. Für Getreide und Oel, 1416 Febr.—Juni, dann für die Oelzufuhr verlängert bis December. Provvisioni 1515 (Stil. flor.) f. 116; ebenso für die Dauer der Anwesenheit des Papstes in Florenz und 14 Tage darnach. 31. Oktober 1515, ib. fol. 95.
5) Pagnini l. c. IV, 3. Genannt sind: Getreide, Mehl, Oel, Pöckelfleisch bis zu 10 Pfd., Gemüse aller Art, Geflügel, Landwein. In Mailand hat man eine ähnliche Zollbefreiung der Einfuhr in die Grafschaft an die Bedingung geknüpft, dass die eingeführten Gegenstände in Stadt und Grafschaft consumirt und nicht wieder ausgeführt wurden, Statuta Mediol. (1480) f. 180.
6) Capitoli di Firenze l. c. 140.
7) »Damit Abundanz in unserer Stadt entstehe«, A. Rif. Statuti dei beccai Cod. cit **92**.

gab man 1473 den Fischhandel im ganzen Gebiete frei[1]). Allein schon nach wenig Tagen kam man zu der Ansicht, dass die Fische vom Lago nuovo und einigen anderen Punkten in Folge der Neuerung nach fremden Märkten gehen und dadurch in Florenz Theuerung entstehen würde; daher gebot man im schroffen Widerspruch mit der eben erlassenen Verordnung, dass der Fischertrag der betreffenden Orte ohne Erlaubniss der florentiner Behörde nirgends anderswohin als nach Florenz gebracht werden dürfe; zugleich erschwerte man den Verkehr auch im Fall der Erlaubniss durch eine Erhöhung der Fischzölle für die Ausfuhr aus der Grafschaft [2]).

Wer der Freiheit vor Allem auf den Bahnen zu begegnen hofft, auf welchen sich die Entwicklung desjenigen Standes vollzog, der in erster Linie zum Träger des modernen Geistes bestimmt erscheint, dem dürfte es schwer fallen, einer Gesetzgebung gerecht zu werden, in welcher sich das Bürgerthum einer Stadt, wo gerade der dritte Stand in den grossartigsten, vielseitigsten Formen sich aus sich selbst heraus entwickelte, so ganz vom Geiste der Bevormundung und polizeistaatlichen Zwanges durchdrungen zeigt. Soll man diese Erscheinung auf einseitige Interessenpolitik der im Regimente sitzenden Industriellen zurückführen? Allerdings war sich ein so berechnender Kopf, wie der Florentiner Fabrik- und Handelsherr, völlig klar, dass bei Wohlfeilheit der nothwendigen Lebensbedürfnisse die Arbeitslöhne sich niedriger halten liessen, die hauptstädtische Industrie wohlfeiler produziren konnte und dadurch auf dem Weltmarkt konkurrenzfähiger wurde; und ohne Zweifel war die Vergewaltigung des Verkehrs zu Gunsten des grossen industriellen Mittelpunktes des Staates von diesem Gesichtspunkt mitbedingt. Allein wer die eigenthümliche politische Stellung der herrschenden Commune und die Bedeutung des wirthschaftlichen Uebergewichtes derselben zur Behauptung dieser Stellung innerhalb des unterthänigen Territoriums ins Auge fasst; wer sich den ganzen Ernst der Annonarfrage für eine Stadt mit einer gewaltigen Arbeiterbevölkerung voll unruhiger, gährender Elemente vergegenwärtigt, deren Versorgung durch die ungünstigen Verhältnisse der heimischen Landwirthschaft und die bei der ringsum herrschenden Prohibitivpolitik bedenkliche Kleinheit des Staates erschwert wurde; wer ferner bedenkt, dass die einseitige Begünstigung der grossen städtischen Centren sich in dieser Epoche in ganz analoger Weise nicht nur in den übrigen bürgerlichen Republiken Italiens wiederholt, sondern ebensosehr in den Staaten, wo bürgerliche Freiheit längst fürstlichem Absolutismus zum Opfer gefallen, der wird nicht verkennen, dass die verschiedensten geschichtlichen Faktoren zusammenwirkten, die Richtung gegen die Freiheit des Agrarverkehrs mächtig zu fördern. Von dem so ausserordentlich prägnanten Beispiel Neapel's ganz zu schweigen, bedarf es, um die Stellung der Florentiner Wirthschaftspolitik innerhalb des Rahmens der ökonomischen Gesetzgebung der italienischen Renaissance überhaupt zu würdigen, nur eines Hinweises auf die unter der Aegide des ab-

---

[1]) Arch. Rif. Provvisioni (1472 stil. flor. 9. Febr.) fol. 177.
[2]) Ib. fol. 202 am 19. Febr.

Pöhlmann, Wirthschaftspolitik.

soluten Fürstenthums zu Stande gekommene Mailänder Gesetzgebung, die nicht nur, wie in den Noten angedeutet, in den annonarpolitischen Ordnungen im Allgemeinen und insbesondere in der Begünstigung der Hauptstadt sich als ein getreues Ebenbild der Florentiner darstellt [1], sondern dieselbe in der Fesselung des inländischen Verkehrs entschieden noch überboten hat [2]. Wenn auch Florenz, wie wir sahen, den Verkehr von den Binnenzöllen nur theilweise und meist einseitig befreite, wenn es auch den Kern des Staates von der Grafschaft und diese von dem erweiterten Staatsgebiet, dem Distrikt, durch Prohibitionen künstlich abschloss und den Verkehr zum Theil mit Gewalt in die Richtung nach der Hauptstadt hineinzuzwängen suchte, so bleibt das Alles doch weit zurück hinter einem System, welches wieder innerhalb dieser grössern geschichtlich erwachsenen Kreise aus den kleinen Verwaltungs- und Gerichtsbezirken, ja selbst den einzelnen Gemeindemarken eben so viele Verkehrsschranken gemacht hat. Die Ausfuhr von Getreide und Wein von einem Bezirk zum andern, ja selbst von einem Ort zum andern, ist nach den Mailänder Statuten nur mit Bewilligung der Behörde möglich. Ja innerhalb der Grafschaft kann die Behörde die Licenz nur dann geben, wenn der Bestimmungsort **der Hauptstadt näher** gelegen und ihr nicht verdächtig ist! [3] Nur zur Zeit der Aussaat ist der Transport von Ort zu Ort freigegeben, jedoch nur auf eine Entfernung von drei Miglien und unter der Bedingung, dass man sich dabei keinem »verdächtigen« Orte, d. h. besonders Punkten an der Bezirksgrenze nähere. Soweit hatte man jede Freiheit der Bewegung unterbunden, dass man in Consequenz jener Prohibitionen sich gezwungen sah, dem Bauer das Recht, die Ernte vom Felde ohne vorhergehende staatliche Erlaubniss nach seiner Scheune zu führen, erst förmlich durch das Gesetz zu garantiren [4]. Völlig durchzuführen vermochte man

---

[1] Man vergl. z. B. auch die Erklärung Franz Sforza's im Jahre 1450, worin die reichliche Versorgung der Hauptstadt mit Lebensmitteln als Hauptsorge der herzoglichen Regierung hingestellt wird. Arch. Panigarola Cod. E, f. 11.

[2] Man vergl. nur das nach der schlechten Ernte von 1482 an alle im Herzogthum ansässigen Grundbesitzer erlassene Gebot, binnen 2 Monaten alle ihre, den eigenen und ihrer Familien Bedarf überschreitenden Kornvorräthe nach Mailand zu bringen! Ib. Cod. H, fol. 158. Man sieht, aufs **wirthschaftliche** Gebiet lässt sich die Ansicht Guicciardini's über die Stellung von Republik und Monarchie zu den verschiedenen Bevölkerungsklassen nicht übertragen. »Essendo il costume delle repubbliche non partecipare i frutti della sua libertà e imperio a altri che i suoi cittadini propri — questa ragione non milita in un **regno il quale è più comune a tutti i sudditi:** Considerazioni sui discorsi del Macchiavelli. Opere ed Canestrini I, 28.

[3] — Si terra vel locus quo ducitur est propinquior civitati et non sit suspectus vel suspecta fol. 159 der Statuten. Cf. Arch. Panigarola (1413) B, f. 196: »Obgleich wir verboten haben, dass Getreide, Gemüse oder Viktualien überhaupt ohne unsere spezielle Erlaubniss von einem Ort zum andern geführt werde, so ist es doch unsere Intention, dass nach unsern Städten Mailand und Pavia diese Dinge von Jedermann eingeführt werden können.

[4] Statuta Mediol. l. c. Uebrigens machte man hier wieder einen Unterschied zwischen dem frisch geernteten Getreide, welches ausgedroschen und consumirt und jenem, das aufgespeichert werden sollte. Bei jenem macht der Wohnort des Eigenthümers keinen Unterschied, »auch wenn er an der Grenze eines andern Bezirks gelegen«. Bei diesem gilt die Beschränkung: dummodo non conducatur sine licentia de una terra ad aliam ultra miliaria tria — et de uno loco ad alium pro incanevando intra loco suspecto.

freilich dieses System auf die Dauer keineswegs. Schon die Statuten gestatten — allerdings eine kärgliche Konzession — wenigstens nach den Märkten der Grafschaft an den Markttagen selbst Korn und Gemüse bis zu zwei Starien zu führen [1]. Trotzdem wäre eine wahrhaft freiheitliche Entwicklung kaum eingetreten, wenn nicht das Licenzenwesen von den Beamten zu willkürlichen Erpressungen aller Art ausgebeutet worden wäre [2]. Diesem Uebel, welchem keine Regierung zu steuern vermochte, ist in erster Linie die Reform von 1494 zu verdanken, durch welche am Ende der Binnenverkehr doch insofern freigegeben wurde, als die Licenzen zwar noch nachgesucht werden mussten, aber von der Behörde nicht mehr verweigert werden konnten, wenn der Bestimmungsort des betreffenden Getreidetransportes mehr als 4000 Schritte von der Staatsgrenze entfernt war [3].

Indem wir uns wieder Florenz zuwenden, tritt an uns noch die Frage heran, in welchem Umfang der Staat dem Verkehr zwischen In- und Ausland freie Bewegung zugestanden hat. Dass auch hier die Abschliessung die Regel bildet, erscheint schon als nothwendige Consequenz des im Inland durchgeführten Prohibitivsystems, dessen Endzweck zum Theil vereitelt werden musste, wenn die Schranken, welche Grafschaft und Distrikt trennten, sich nicht an der Staatsgrenze wiederholten. Dieselben Verbote, welche die Ausfuhr von Korn, Vieh und Lebensmitteln aus der Grafschaft beschränken, gelten auch für die Ausfuhr aus dem Distrikt [4], sie werden bei jeder Vergrösserung des Staates auf die neuen Grenzen ausgedehnt [5]. Trotzdem machte sich hier eine stärkere freiheitliche Strömung bemerklich. Natürlich! In der Grafschaft mit ihrer volkreichen industriellen Hauptstadt und einer Bodenproduktion, die den Bedarf nicht zu decken pflegte, musste der Verkehr an sich schon eine so starke centripetale Tendenz erhalten, dass die Abschliessung der Grafschaft nach Aussen — um mit Roscher zu reden — nur der juristische Ausdruck einer Thatsache ist, die sich ohnehin — zum grossen Theil wenigstens — von selbst gemacht hätte [6]. Je weiter aber bei der im 14. und 15. Jahrhundert stetig zunehmenden Ausdehnung des Gebietes die Staatsgrenzen von der Hauptstadt sich entfernten, desto kräftiger musste in den Grenzgebieten die centrifugale Strömung hervortreten, zumal sich in einem so hochentwickelten industriellen Lande wie dem damaligen mittleren Italien überall Absatzgebiete

---

1) Ib. 2) Arch. Panigarola D (1444) fol. 87.
3) Ib. K, fol. 15 — »ut circa bladam de loco ad locum conducendam commodemus subditis nostris quantum fieri possit«!
4) Statuta (1415) l. c. rub. 181 u. 280.
5) Die Capitoli di Firenze bieten lehrreiche Beispiele dafür. Vergl. den Vertrag mit Arezzo (1385), dessen Angehörige jede Ausfuhr von Korn, Wein, Oel, Fleisch, Käse, Pöckelfleisch, Wildschweinen, Rehen aus dem florentiner Territorium, wozu jetzt auch das Aretinische gehörte, unbedingt verbot (f. 410). Vergl. dieselbe Bestimmung für alle florentiner Unterthanen, Statuta l. V, tr. IV, r. 22. Wurde im einzelnen Fall auch die Licenz ertheilt, so lasteten doch auf dem Verkehr noch die hohen Ausfuhrzölle, cf. z. B. A. Rif. Provvisioni Nr. 157, 1465, f. 240.
6) Cf. Kornhandel und Theuerungspolitik 109.

in grösserer Nähe eröffneten. Eine konsequente dauernde Absperrung hätte hier geradezu zerstörend auf den Ackerbau einwirken müssen. Am meisten musste das Bedürfniss nach Freiheit in Gegenden empfunden werden, wie in dem seit 1406 einverleibten Pisaner Gebiete, da hier einerseits der Ackerbau überwog und andererseits die Verödung Pisa's den Kornhandel des Marktes einer seemächtigen Handelstadt beraubte. So erklärt sich, dass die erste bedeutsame Konzession, welche die Wirthschaftspolitik der Commune auf dem Gebiete des Kornhandels mit dem Ausland dem Prinzip des freien Verkehrs gemacht hat, eine Maassregel zu Gunsten der Pisaner Landschaft gewesen ist. Neun Jahre bevor England in derselben Richtung die Bahn der Freiheit betrat, am 18. December 1427, verordnete Florenz[1]: »Jeder kann in Zukunft frei aus der Stadt Pisa, der Maritima und dem ganzen Pisaner Gebiete nach allen Theilen der Welt jede Quantität Korn ausführen, ohne einen Zoll zu bezahlen ausser 5 Soldi für den Starius (6 Lire den Modius); und der Ausfuhr soll kein Hinderniss in den Weg gelegt werden. Doch gilt dies nur für die Zeit, in welcher der Preis des Starius in der Maremma und der ehemaligen Grafschaft von Pisa 15 Soldi nicht übersteigt. Und wenn die Preise noch tiefer sinken, so kann die Signorie, die Capitane der Welfenpartei, die Acht der Custodia und die Räthe der Merkanzia und der Universitas Mercatorum den Zoll von 6 Liren herabsetzen, aber nicht unter 4 Lire für den Modius. Die letztere Minderung soll aber nur für die Zeit gelten, für welche sie gemacht wird, und darf in keinem Fall auf den nächstfolgenden Mai ausgedehnt werden. Bevor aber eine solche Zollherabsetzung beschlossen werden kann, müssen alle die an Berathung und Abstimmung theilnehmen, einen Eid aufs Evangelium ablegen, dass sie keine schwarze Bohne für Verminderung abgeben wollen, ausser wenn sie mit ihrem Gewissen bezeugen können, dass dieselbe für die Commune Florenz heilsam sei und ihr Votum nicht durch die Rücksicht auf den Nutzen von Privaten bestimmt werde«. Schon im Mai 1428 überschritt man jedoch die hier mit einer gewissen Aengstlichkeit gesteckten Grenzen, indem man das in dem Gesetze von 1427 prinzipiell festgehaltene Minimum des zulässigen Ausfuhrzolls aufgab und denselben gleich auf 2 Lire für den Modius herabsetzte [2].

Damit war nun aber auch im Wesentlichen das Maass der Zugeständnisse erschöpft, die man dem Verkehr machen zu dürfen glaubte, und die Bedächtigkeit, mit der man den ersten Schritt zur Freiheit verklausulirt hat, ist auch später von dieser Politik nie verleugnet worden, wo es sich darum handelte, den Verkehr gewissermassen aus der Hand zu geben. 1442 machte man sogar den grossen Rückschritt, die Ausfuhr nur dann gestatten zu wollen, wenn Signorie und Collegien und die Beamten der »Abundanz« mit 36 Stimmen sich dafür erklärten, und im letzteren Fall ausser dem Zoll für die Ausfuhr aus dem Pisaner Gebiet einen Zuschlag von einem Goldgulden für den Modius zu erheben! Die Folge war, dass die Getreideausfuhr auf ein Minimum reduzirt

---

[1] Ordini del Consolato della nazione Fiorentina. Arch. Rif. Classe XI, dist. IV, Nr. 77, fol. 24.

[2] Ib. fol. 25. [3] Arch. Rif. Balie Nr. 44, fol. 82.

wurde, »weil man auf diese Weise nicht viel weniger an Zoll bezahlte, als das Getreide selbst werth war«[1]). Für unsere Frage aber hatten die schlimmen Wirkungen der neuen Sperre die Bedeutung, dass man sich schon 1444 entschliessen musste, »mit freigebigerer Hand die Getreideausfuhr zuzugestehen«[2]), wenn diese Freigebigkeit auch zunächst nur darin bestand, dass man den ausser den Zöllen erhobenen Zuschlag auf 44 Soldi erniedrigte. Die spätere Praxis lenkte dann noch entschiedener in die frühere freiheitliche Richtung ein. Sie erkannte wieder ein Preisminimum an, bei welchem die Ausfuhr freigegeben wurde[3]). Allerdings war dasselbe um den dritten Theil höher angesetzt als früher, doch verband sich damit andererseits eine Erniedrigung des Zolles. Derselbe betrug seitdem bei einem Preis von 20 Soldi für den Starius 4 Soldi, also bei einem solchen von 15 Soldi nur 3 Soldi = 20 %, während der frühere Zoll 30 % betragen hatte. Ein Fortschritt über diese in der letzten Hälfte des Jahrhunderts herrschende Zollpraxis hinaus, d. h. eine fortschreitende Verminderung der Zölle, ist nicht eingetreten. Das fiskalinische Interesse hat eben auch hier, abgesehen von den Gesichtspunkten der Theuerungspolitik, hemmend eingewirkt. Was sollte nicht allein der Zoll für die Kornausfuhr aus der Pisaner Landschaft alles leisten! Alljährliche Beiträge zur Tilgung der Staatsschulden, zu Kanal- und Festungsbauten, zur Begründung und Unterhaltung eines Reservefonds für Getreideaufkäufe von Staatswegen und andere Maassregeln in theurer Zeit! Das starke Hervortreten der fiskalinischen Interessen führte zu den widerspruchsvollsten Erscheinungen. Während man z. B. die Pisaner Grenzzölle in liberalem Sinne regelte, hielt man daneben bis zum Jahre 1470 für die Kornausfuhr aus der Stadt Pisa nach der Landschaft einen Zoll fest, der von Einsichtsvollen als ganz übermässig bezeichnet wurde, und doch verstand man sich erst dann zu einer Verringerung, als der Ertrag dieses Zolles auf den 3. Theil herabgesunken war[4]).

Auf das Gesammtstaatsgebiet haben die Gesetze, die unter der Voraussetzung eines gewissen Preises die Kornausfuhr prinzipiell freigaben, keine Ausdehnung gewonnen. Wo ausserhalb des Kreises, für den wir sie bestimmt sahen, dergleichen vorkommt, ist es als vereinzelte Ausnahme zu betrachten[5]). Kein Wunder, nachdem selbst auf jenem begrenzten Gebiete die freiheitliche Tendenz so bedenklichen Rückfällen ausgesetzt gewesen und eine rechte Ent-

---

1) Ib. 2) — Ut largiori manu dicta grani extractio concedetur, ib.

3) Arch. Rif. Provvisioni 1466, Nr. 158, fol. 59. Vergl. Beilage I.

4) Atteso che la gabella della tracta del grano è mancata assai e da due mesi in qua non a gittato il terzo dell' usato, e stimasi dagl' intendenti e pratichi questo procedere dalla ingorda gabella, la quale riducendosi a meno pregio gitterebbe più e seguirebbene grande utile del comune. Arch. Rif. Provvisioni 1470, fol. 241.

5) Mir ist nur Eine solche Ausnahme bekannt. Bei Gelegenheit der Einverleibung Valiano's (1426) versprach Florenz, die Ausfuhr des Kornes aus dessen Bezirk ins Ausland zuzulassen, »senza pregiudizio e pena veruna«, wenn die **Kornpreise in Florenz** 30 Soldi für den Sextar nicht überschritten. Nur dann, wenn die Preise höher waren, sollte eine besondere Erlaubniss der Signorie nöthig sein. Capitoli di Firenze 649. Schon aus der Bestimmung, dass die Ausfuhr gleichzeitig ganz zollfrei sein soll, wird klar, dass es sich um eine privilegirte Ausnahmestellung dieses Bezirkes handelt.

wicklungsfähigkeit auch auf die Dauer nicht bewährt hat. So blieb es, was das Gesammtgebiet betrifft, immerdar den Exekutivbehörden anheimgestellt, die Freiheit zeitweilig zu gewähren, die gewährte wieder zurückzunehmen, die Termine der freien Ausfuhr — oft nur Gnadenfristen von ein Paar Wochen — zu verlängern, zu kürzen, die Zölle zu erhöhen, zu mindern, je nachdem es die verschiedene Einsicht und Ansicht der durch den raschen Wechsel der obersten Behörden so sehr vervielfältigten Zahl der zur Entscheidung berechtigten Individuen für gut fand, dem Verkehr mehr oder minder freien Lauf zu lassen. Prinzipiell hielt die Gesetzgebung an dem Prohibitivsystem fest. Mochte die Exekutive der Freiheit noch so oft grössern Spielraum gönnen, es blieb dies doch immer nur eine ephemere Erscheinung, so ephemer, wie die Amtsgewalt der Exekutivbeamten selbst. Die Entscheidungen einzelner erleuchteter Behörden mögen immerhin von modernem Geiste eingegeben gewesen sein, ein geringeres Ernteergebniss des Folgejahres, veränderte Anschauungen alsbald an die Stelle tretender völlig neu zusammengesetzter Behörden verhalfen nur zu rasch der entgegengesetzten Tendenz zum Sieg [1]. Aus diesem wechselvollen Spiel einer der rechten Kontinuität entbehrenden Verwaltung, deren Leiter kamen und gingen, wie die Abschnitte des Jahres, ist kein festbegründetes Erfahrungsprinzip hervorgegangen, welches die Praxis auf die Dauer beherrscht hätte oder als allgemeinverbindliche Norm in die Gesetzgebung übergegangen wäre. Das Dauernde, immer Wiederkehrende ist die Gebundenheit, die Freiheit ein sporadisches Erzeugniss zufälliger Umstände, ein Experiment, das selbst in den Akten der öffentlichen Verwaltung der Republik nur selten eine greifbare Spur seines Daseins hinterliess [2].

Was die Einfuhr aus dem Ausland betrifft, so erkannte man in Florenz sehr wohl die günstigen Verhältnisse, welche dem Getreideverkehr von selbst die Richtung nach seinem Gebiete wiesen. Da in den benachbarten Gebieten, heisst es in einem Staatsbeschluss, die Kornpreise niedriger zu sein pflegen, als im Territorium von Florenz, und da es naturgemäss ist, dass die Waaren dorthin gehen, wo sie höhern Werth haben, so wird Getreide in bedeutenden Quantitäten eingeführt, obgleich in Folge der fast allerwärts bestehenden Ausfuhrverbote ein grosses Risiko damit verbunden ist [3]. Man sah auch, wie es in demselben Gesetze heisst, das geeignetste Mittel zur Ermuthigung der Einfuhr darin, die Zölle, welche an der Landesgrenze und im Innern vom Getreide erhoben wurden, zu beseitigen. Allein trotz dieser Einsicht und obgleich

---

[1] Es kam wohl vor, dass man die Befugniss der Behörde zur Ertheilung von Licenzen oder allgemeiner Freigabe der Ausfuhr suspendirte, indem man durch Gesetz eine völlige Sperre verfügte. Cf. das absolute Verbot jeder Kornausfuhr vom 25. Aug. 1464. — Ende Juni 1465. A. Rif. Provvisioni Nr. 156, fol. 109.

[2] Bezeichnend für die zeitweiligen Konzessionen der Kornausfuhr sind Notizen, wie die Scipione Ammirato's zu 1423 (VI, p. 434). Seguitando l' abbondanza del grano fu allungato per tutto il giugno il tempo dell' estrazione.

[3] Arch. Rif. Provvisioni (1464) Nr. 156, f. 176 — benchè chi lo conduce, lo fa con gran rischio di lui per le prohibizioni che sono comunemente in ogni luogo che di quello non se ne possa trarre.

die **Kornzölle** nach dem Ausspruch desselben Gesetzes **niedrig und wenig zahlreich** waren, hat es doch das fiskalinische Interesse — denn nur dieses und nicht etwa die Absicht eines Schutzes der heimischen Landwirthschaft kam hier in Frage — nie dazu kommen lassen, dass der Verkehr auf die Dauer von demselben befreit wurde. Man begnügte sich stets mit einer nur vorübergehenden Aufhebung der Binnen- und Einfuhrzölle [1]. Nur für Vieheinfuhr hat man im Laufe dieser Periode nicht nur eine dauernde Zollermässigung eintreten lassen [2]), sondern auch Schafe, die mit Lämmern, Kühe, die mit Kälbern eingeführt wurden, völlig vom Zoll befreit, Letzteres allerdings nur für den Fall, dass sie nicht im Inlande verkauft wurden. Geschah dies, so musste der Zoll doch noch nachgezahlt werden.

Ein Verbot der Wiederausfuhr von eingeführtem Korn und Vieh, wie es für die Grafschaft galt, findet sich nicht. Für das Vieh wurde sogar, wenn es binnen 8 Monaten wieder ausgeführt wurde, zollfreie Ausfuhr aus dem Staatsgebiet zugestanden [3]). Neben der Freigabe und theilweisen Zollbefreiung der Wiederausfuhr, womit man einer Lebensfrage des internationalen Verkehrs in freiheitlichem Sinne gerecht wurde und zugleich die Zufuhren zu den heimischen Märkten ermuthigte, kommen für unsere Frage nur noch zwei in der Praxis dieser Epoche immer wiederkehrende Maassregeln in Betracht: Prämiirung der Korneinfuhr bei hohen Preisen [4]) und grosse Getreideaufkäufe im Ausland von Seiten des Staates [5]). Beides gemahnt uns wieder an den weiten Abstand zwischen der Richtung der Zeit und jenem modernen Standpunkt, der die Einmischung des Staates als eine Beeinträchtigung der Verkehrsfreiheit grundsätzlich verwirft, auch wo sich kein Zwang damit verbindet. Die staatlichen Kornaufkäufe insbesondere erinnern uns an einen originellen Gebrauch, dessen wir Erwähnung thun, weil er ein charakteristisches Zeugniss für den zähen konservativen Sinn ablegt, welcher auf diesem Gebiete vorherrschend war. Seit alten Zeiten bestiegen alljährlich am 3. Februar die »Offizialen der Abundanz« den ragenden Thurm von Orsanmichele — der damaligen Schranne —

---

[1]) Cf. ib. Suspension der Binnen- und Einfuhrzölle für Korn von December 1464 bis Ende Juni 1465, ebenso 1483 vom 22. März bis 31. Okt. Provvisioni 1482 (stil. flor.) Nr. 174, f. 182. Cf. Suspension des Einfuhrzolls im December 1419, Pagnini l. c. IV, p. 44. Venedig war Florenz insofern voraus, als die Korneinfuhr aus der Levante zollfrei war, cf. ib. Pratica della mercatura di Balducci Pegolotti III, 138.

[2]) Arch. Rif. (1448) balie Nr. 19, f. 54.

[3]) Ib. Ein bedeutsamer Fortschritt gegen früher, wo das Vieh nur binnen 20 Tagen zollfrei ausgeführt werden konnte und — vor 1433 — gar nur binnen 10 Tagen. Arch. Rif. Balie (1433) Nr. 42, f. 17.

[4]) Vergl. dafür schon den Discorso intorno al governo di Firenze (1280—92) bei Capponi: Storia di Firenze I, 559. Damals prämiirte man den Starius ausländischen Getreides, das auf den Markt nach der Stadt Florenz kam, mit 12 Denaren. — 1465 die Einfuhr nach Porto Pisano aus einer Entfernung von mindestens 100 Miglien mit einem Gulden für den Modius. A. Rif. Provvisioni (1465) Nr. 157, f. 83. — 1482 die überseeische Einfuhr ins Staatsgebiet mit der Verpflichtung, daselbst zu verkaufen und nicht wieder auszuführen, mit derselben Prämie. Provvisioni Nr. 174, f. 95.

[5]) Dieselben waren mit kolossalen Verlusten für den Staat verbunden. Cf. Giov. Villani X, 118, M. Villani III, 76.

um die Campagna ringsum zu überschauen, und je nachdem sich deren Grün mehr oder minder kräftig dem Auge darstellte, bestimmten sie den Umfang der staatlichen Kornkäufe des laufenden Jahres! [1] Wenn man im 15. Jahrhundert auch längst über die Ursprünglichkeit der Kindheitsepoche wirthschaftlicher Erkenntniss hinaus war, welcher dieser Gebrauch entstammt, wenn es auch sicherlich Leute genug gab, für welche derselbe kaum mehr als eine altehrwürdige Ceremonie war, so beweist doch schon die Thatsache seines Fortbestehens in einer Zeit hochentwickelter Reflexion, wie sehr sich die öffentliche Meinung auf annonarischem Gebiete in den alten Geleisen gefiel, wie wenig doch im Allgemeinen der Boden für jene tiefere Erkenntniss vorbereitet war, aus welcher der Gedanke der Freiheit erblühen kann.

III.
Die industrielle Verkehrsfreiheit unter den Einwirkungen des Zunft- und Polizeizwanges.

So lange die zunftmässige Organisation der Arbeit die gesammte Industrie regelte und beherrschte, war es neben der Stärke der ethisch-religiösen Triebe des Volksgeistes oder der engherzig egoistischen Neigungen, wie sie den Verfall des Zunftwesens charakterisiren, neben den Einflüssen der die Zeit beherrschenden ökonomischen Anschauungen, von der grössten Bedeutung, welche Stellung innerhalb des Staatsganzen die gewerblichen Innungen eingenommen haben. So war es für den Geist, der das korporative Leben bestimmte, durchaus nicht gleichgiltig, dass z. B. in Venedig die Zünfte das einzige Organ darstellten, durch welches sich das Streben des Bürgers nach einer selbständigen Theilnahme an der Entscheidung über seine Geschicke noch bethätigen konnte, und dass zugleich die herrschende Aristokratie diese kleinen Kreise in ihrer wirthschaftlichen Gesetzgebung allzu frei schalten liess, weil sie in den staatlich ohnmächtigen kleinen Zunftrepubliken ein Hauptmittel sah, das aller politischen Rechte beraubte Volk durch das Spiel einer ungefährlichen Selbstregierung zu befriedigen und zu beschäftigen [2]). Daher tragen die Venezianer Zünfte überwiegend den Charakter für sich bestehender Interessentengruppen, ohne die nothwendige enge Fühlung mit den grossen allgemeinen Interessen der Gesammtheit; und es erklärt sich leicht, dass seit dem 14. Jahrhundert, um dieselbe Zeit, als die Abschliessung der herrschenden Aristokratie sich vollendete, in den Zünften, die sich bis dahin in den Bahnen einer gesunden Freiheit bewegt, der Geist des Monopols und der Absperrung mächtig zu werden begann.

---

1) — Dal verdeggiare più meno della medesima regolavano le loro compre di Grano. Cantini: Legislazione del foro toscano III, 60.

2) Vergl. den ausgezeichneten historisch-kritischen Bericht zur Reform des venezianischen Zunftwesens von 1773 bei Sagredo: Sulle consorterie delle arti edificative in Venezia p. 219.

In welch' ganz anderer Stellung als in den Lagunen treten uns die Zünfte in Florenz entgegen! Die zünftige Organisation des Volkes die Wurzel seiner Kraft, Ausgangspunkt und Stütze aller bürgerlichen Freiheit, die Grundlage der gesammten Verfassung der Republik! [1]) Daher der Eintritt in die Zunft ein politisches Glaubensbekenntniss, abgelegt für Volksregiment und Welfenpartei, und ohne Zunftmatrikel kein politisches Recht [2]). Daher in den Innungen neben den eigentlichen Gewerbsgenossen die Vertreter der freien unzünftigen Geistesarbeit, die Träger der universellen geistigen Grösse von Florenz. Wer einmal in dem stolzen Saale, der die Archive der Zünfte birgt, zu den Bildnissen der grossen Männer emporgeschaut, die dereinst den Zünften als einfache Genossen angehört, der wird einen unverlöschlichen Eindruck von der Bedeutung dieser wahrhaft nationalen Institution mit fortgenommen haben. Kurz die Zünfte waren hier nicht wie in Venedig Korporationen zur Pflege rein wirthschaftlicher, kirchlicher und mildthätiger Zwecke, sondern neben allem dem zugleich wahrhaft politische Institute. Eben das Eingreifen in die Verfassung ist es gewesen, durch welches — um mit dem geistvollsten der neueren Darsteller Florentinischer Geschichte zu reden — den Florentiner Zünften ein Geist umsichtiger Weisheit mitgetheilt wurde, der sie vor spiessbürgerlicher Versauerung aufs Glücklichste bewahrt hat [3]).

Das war kein Boden für das Ueberwuchern monopolistischer Tendenzen, die dem Wohl des Ganzen widerstrebten, dessen Interesse in diesem Punkte ja zugleich das der Freiheit war; und zwar um so weniger, als der Staat die aus der korporativen Autonomie der Zünfte hervorgehende Gesetzgebung stets in engster Beziehung zum Allgemeinen zu erhalten wusste. Für Florenz, wie für die italienischen Staaten der Zeit überhaupt, ist die Ansicht Endemann's, dass die Statuten der Innungen durch sich selbst volle Geltung hatten, ohne einer Konfirmation von Seite der höhern Gewalt zu bedürfen, durchaus unhaltbar [4]). Hier bestand sogar für die staatlich vorgeschriebene Bestätigung [5]) eine

---

[1]) Cf. Statuta (1415) l. V, tract. I, r. 4—7, 17,185.

[2]) Wer nicht einer Zunft angehörte, hatte nach den »Ordnungen der Gerechtigkeit« weder aktives noch passives Stimmrecht; er war, wie man damals sagte, nicht »statuale« d. h. nicht fähig zu den öffentlichen Aemtern.

[3]) Sieveking, Geschichte von Florenz. Studien aus den Lehrjahren eines unzünftigen Freimeisters; in den Schriften der Akademie von Hamm 1844, Band I, Abtheilung 1, p. 58. Vergl. Varchi's treffliche Schilderung des florentiner Bürgerthums der letzten Zeit der Republik (Storia Fiorentina II, 122), woraus hier nur (nach Reumont's Uebersetzung in seinem »Leben Lorenzo Magnifico's« II, 440) folgende Stelle angeführt sei: »Ich theile die Ansicht solcher nicht, die, weil die Florentiner Kaufleute sind, ihnen Adel der Gesinnung absprechen und sie für niedrig und plebejisch halten. Oft habe ich mich im Stillen gewundert, wie Leute, die sich von Kindheit an mit Wollenballen und Seidensträngen umherzuschleppen oder gleich Sclaven den Tag und einen Theil der Nacht am Webstuhl und am Farbkessel ihre Arbeit zu verrichten pflegen, häufig, wo es noth thut, solche Hochherzigkeit und Seelengrösse bekunden, dass sie so schön reden wie handeln« u. s. w.

[4]) Zeitschrift für das gesammte Handelsrecht V, 352.

[5]) Statuta (1415) lib. IV, tract. cons. artium etc. r. 35, cf. Statuten v. 1321 r. 9 und Liber legum Palatii artis lanae Cod. cit. fol. 20. »Keine Zunft darf ein Statut haben, das

besondere Kommission, »die Approbatoren der Zunftstatuten«, die, in der Regel aus sieben Repräsentanten der sieben »obern« und einem der 14 »untern« Zünfte zusammengesetzt, das Interesse der Gesammtheit gegenüber dem einzelnen Gewerbe vertrat und in den Zunftbüchern viele Hunderte von Zeugnissen ihrer allenthalben eingreifenden Thätigkeit hinterlassen hat. So ist es gelungen, in den Statuten der Zünfte eine so grosse Uebereinstimmung in den Prinzipien aufrecht zu erhalten [1]).

Fragen wir nach der Bedeutung dieser Prinzipien für die Frage der Verkehrsfreiheit, so müssen wir zunächst den in allen Zunftstatuten wiederkehrenden Grundsatz hervorheben, dass Jeder der sich zur dauernden Ausübung eines Gewerbes niederlässt, zur Immatrikulation in diejenige Zunft verpflichtet ist, der dasselbe zugehört. Natürlich! Die Zunft übernahm ja für den Staat die wichtigsten öffentlichen Leistungen. Durch die von ihr selbst besoldeten Beamten, die mit öffentlicher Autorität ausgestattet als Staatsbeamte fungirten [2]), übte sie Gerichtsbarkeit in Handels- und Gewerbesachen in weitem Umfang und eine sehr ausgedehnte Oberaufsicht und Kontrole über Güte und Realität der gewerblichen Arbeit im Interesse des guten Rufes der heimischen Industrie. Sie war eine militärische Korporation »zum Schutz des Friedens und der Ruhe« in der Stadt [3]), sie schützte die Genossen vor Gewaltthat und trat für den Verletzten auch vor Gericht ein [4]), sie sorgte für die Schadloshaltung desjenigen, der in Folge des herrschenden Repressaliensystems an seinem Gut gekränkt ward [5]), und griff mit helfender Hand dem verarmten

---

nicht approbirt ist« bei Strafe von 500 Liren für die Zunft, von 200 für die Konsuln und 50 den Notar, der sich bei der Abfassung betheiligt. Siehe denselben Grundsatz im Breve Pisani Comunis ed. Bonaini l. c. I, 290 und II, 254. Cf. Arch. Panigarola Cod. H, fol. 186: In hac urbe Mediolani viget statutum quod nisi tales ordines (sc. artium) in termino triennii fuerint approbata, quod non valeant (1483).

1) Keineswegs eine völlige, wie Emiliano Giudici in seiner Ausgabe der Statuten der Calimala (Storia politica dei municipi Italiani Appendice 207) behauptet. Noch weniger kann ich seine Ansicht theilen, dass »es genügt, eines der Statuten zu studiren, um alle andern kennen zu lernen«. Auch die Cruska scheint dieser Ansicht zu sein; wie könnte sie sonst diese hochwichtigen Testi di lingua so beharrlich ignoriren, während sie doch sonst ungedrucktes Material nicht verschmäht. Wie prinziplos, dem Forscher für die genannten Statuten der einen Zunft die sprachlich technische Erläuterung zu bieten, weil sie zufällig und noch dazu unkritisch gedruckt sind, während man ihn bei den übrigen, ebenso wichtigen und der Erklärung noch mehr bedürftigen Statuten im Stiche lässt?

2) Liber legum artis lane Cod. cit. (1414) Consulatus artium sunt officia comunis et populi et civitatis Florentiae.

3) Sie besteuerte die Mitglieder zur militärischen Ausrüstung der Zunft. Cf. Statuten der Schmiede (fabbri Cod. 1 des Archivs dieser Zunft fol. 86 u. 92) »ut ars fulciatur armis« und die Urkunde von 1292 (bei Cantini l. c. I, 105), wo es nach Aufzählung aller Zünfte heisst: quae vexilla habent a comuni Florentiae et quorum praesidio certum est Civitatem et Comune Florentiae defensari.

4) Statut der Tuchkrämer und Leinenhändler Cod. 5 des Archivs der »arte dei rigattieri e pannaioli (1340—1529) rub. 58. Arch. Rif.

5) Statut der »Calimala«, die den Handel mit französisch-flandrischen Tüchern und deren Verfeinerung in Florenz betrieb. Ed. Giudici 106.

oder bedrängten Gewerbsgenossen unter die Arme [1]), sie vertrat, wenn es noththat, auf eigene Kosten das Interesse der vaterländischen Industrie im Ausland. Für den Staat übernimmt sie die Verwaltung kirchlicher und wohlthätiger Institute, ist selbst grossartige Unternehmerin auf diesem Gebiete [2]) und fügt, indem sie die bildende Kunst in ihren Dienst nimmt, zu der einen grossen Errungenschaft des mittelalterlichen Zunftwesens, der **Ehre** der Arbeit, noch einen zweiten Ruhmestitel, dessen Glanz nie verblassen wird, auch wenn die gewaltigen Kunstschöpfungen von Sanmichele, der herrlichen Ruhmeshalle der florentiner Zünfte, dereinst nicht mehr von ihrem Geist und ihrer Grösse zu allem Volke sprächen.

Angesichts dieser universellen Aufgaben, welche trotz der regelmässigen Besteuerung der Genossen die finanziellen Kräfte der Zünfte nicht selten überstiegen, begreifen wir, dass der Einzelne sich unmöglich der Pflicht entziehen konnte, der Zunft beizutreten und zu steuern. Denn es ist billig — heisst es in den Statuten der Tischler — dass der, welcher am Genuss theilnimmt, auch die Lasten tragen helfe [3]). — Die wirthschaftliche Freiheit des Einzelnen erscheint durch diesen von der Natur der Dinge selbst geforderten Zunftzwang an und für sich nicht gefährdet. Allerdings taucht einmal am Ende der Periode ein vereinzeltes Symptom auf, welches beweist, dass wenigstens im Kreise der niedern Gewerbe der Versuch gemacht wurde, das Zwangsrecht in einseitig extremer Weise auszubeuten, zu gleicher Zeit aber auch, wie energisch die Gesammtheit für die Freiheit gegen eine unberechtigte Ausdehnung des Zunftzwanges eintrat. Auch in Florenz kamen wohl Erscheinungen vor, wie die, dass z. B. die Holzarbeiter und Tischler einen zur Zahlung der Matrikel zwingen wollten, der sich einen Pflug oder Tisch zum eigenen Gebrauch gezimmert [4]),

---

[1]) Arch. Rif. Statuti dell' arte dei medici spetiali e merciai di porta s. Maria (1349—1558) Cod. 2 des betr. Archivs r. 36.

[2]) Cf. z. B. die Oberaufsicht der Calimala über San Giovanni, ungedr. Statut dieser Zunft. Cod. 5 (1339—1564), f. 134. Vergl. die Inschr. über der Pforte von Santa Maria del Fiore, wonach der Staat der Tuchmacherzunft die Vollendung dieser Kirche übertrug. Cf. Scipione Ammirato VI, 418 über den Spitalbau der »Kaufleute vom Marienthor« 1421.

[3]) Arch. Rif. Statuti dei Legnaiuoli, Cod. 4 ihres Archivs, cap. 1. Wenn Endemann (l. c. 355 und 356) behauptet, dass »die mittelalterlichen Zünfte keine Zwangsgenossenschaften waren« und »keine Spur davon ersichtlich sei, dass ein gesetzlicher Zwang zum Beitritt geherrscht hätte«, so wird dies durch die vielen gegentheiligen Bestimmungen der Statuten von Florenz, Mailand, Venedig und anderer Städte, die ich eingesehen, hinreichend widerlegt. Vergl. übrigens v. Maurer: Geschichte der Städteverfassung in Deutschland II, 446. Wilda: Das Gildenwesen des Mittelalters, pag. 253 flgd. Böhmert: Beiträge zur Geschichte des Zunftwesens p. 21 u. A.

[4]) Arch. Rif. Provvisioni (1491) Nr. 183, fol. 3. Perchè molte arti stringono tutto di diversi subditi o forestieri dicendo esser obbligati a pagare la matricola per fare qualche cosa appartenente a tali arti, come è all' arte di legnaiuoli uno per aver fatto uno aratro o una cassa o uno discho; agli ogliandoli per fare cascio da mastrice dicendo fare il pizzicagnolo, et è sempre stato giudicato membro dei legnaiuoli perchè ad altro exercitio non serve; ai vinattieri qualcuno chi una volta due oltre l'anno condurra qualche soma a Firenze e quale vende in grosso e non a minuto; ai beccai per ammazzare due vicini uno porco a mezzo o uno agnello o uno castrone per una festa; ai maestri per rassettarsi qualche contadino un poco la casa sua o dell' oste o d'uno vicino o ricoprire un poco il tetto etc.

oder die Maurer einen Colonen, der sein, des Patrons oder Nachbars Haus ausgebessert, die Fettkrämer den Tischler, der sich seinen Lack selbst zubereitet u. dergl. mehr; doch haben die im Regimente sitzenden Handelsherren und Meister der obern Zünfte dem kleinen Gewerbsmann dies Unterfangen mit gebührender Ironie verwiesen, und sind alsbald mit der Mahnung dazwischen getreten, man möge doch nicht so »subtil« verfahren, was der Zunft selbst wenig Nutzen, den Bürgern aber grossen Schaden brächte [1]. Alle Arbeit sollte den Zunftansprüchen entzogen sein, welche nicht auf die Dauer oder zum Verkauf des Produkts an Andere geübt wurde, also alle gewerbliche Arbeit, die z. B. der Colon für den Patron oder den Nachbar, oder der Einzelne für den eigenen oder seiner Familie Bedarf treibt [2]. Von grosser Bedeutung für die Verkehrsfreiheit war es, dass ferner die Fremden, welche, ohne sich förmlich niederzulassen, auf längere oder kürzere Zeit in Florenz arbeiteten, wie z. B. die von der grossartigen Bauthätigkeit der Florentiner Renaissance massenhaft angezogenen Steinmetzen, Maurer, Zimmerleute [3], jedoch auch alle andern fremden Handwerker [4] nicht zur Matrikel, sondern bloss zu einer geringen jährlichen Steuer an den Staat oder die Zunft verpflichtet waren; allerdings unter der Bedingung, dass sie keinen Laden hielten [5]. Wenn z. B. in den Statuten der Schlosser und Kupferschmiede von der grossen Anzahl der Fremden die Rede ist, welche dies Gewerbe, »öffentlich« ausübten, ohne immatrikulirt zu sein, gegen die geringe jährliche Zunfttaxe von einer Lira [6]; wenn ferner die Steinmetzen die »Taxe der Fremden« alljährlich um mindestens 100 Lire verpachten konnten [7], so ergiebt dies deutlich, in welchem Umfang neben der zunftmässigen Arbeit des eingesessenen Handwerks die unzünftige der zugewanderten Fremden Eingang gefunden hat.

Was die zünftigen Gewerbe betrifft, so erleichterte dem Einzelnen die freie Entfaltung seiner Kräfte der allgemeine Grundsatz, dass Jeder alles, was für die eigene Werkstatt und den eigenen Gewerbsbetrieb nöthig war, pro-

---

1) Ib. — non si proceda si subtilmente come s'è introdotto fare con poco utile delle arti e danno assai dei subditi. Gegen Missbrauch des Matrikelzwangs schützte den Einzelnen das Handelsgericht: — nullus capi possit ad petitionem consulum pro eo quod diceretur quod debeat se matriculare, nisi prius declaratum fuerit per VI consiliarios mercantiae an debeat matriculari necne, et quidquid in contrarium fieret, sit ipso jure nullum. Statuta (1415) l. IV tract. cit. rub. 30.

2) A. Rif. Provvisioni l. c. vergl. auch Statuta (1415) ib. r. 92. — quaelibet persona non matricolata in arte vinatteriorum — ipsam artem non exercens continue, possit libere vendere — vinum etc.

3) Statuta (1415) l. c. r. 66 und 69.

4) 1473 betrug die Taxe 40 Soldi jährlich für die »artefici maggiori«, 20 für alle andern. Canestrini l. c. 132. Die fremden Gewerbsleute sind auch dadurch gegen die Zunft geschützt, dass sie deren Gerichtsbarkeit nicht unterstehen. Statuta (1415) l. IV. tr. cit. r. 140.

5) Non tenendo bottegam. Diese mir allerdings bloss aus den Statuten der Schlosser (Statuti dell' arte dei chiavaioli, ferraiuoli e calderai 1329—1529 Cod. 1, f. 56) bekannte Einschränkung galt unzweifelhaft ganz allgemein.

6) Ib. (1395).

7) A. Rif. Provvisioni e partiti del corpo dell' arte dei maestri di pietra e di legname della città di Firenze (1466—1534) f. 4. Cod. Nr. 3.

duziren konnte, ohne desswegen in eine andere Zunft immatrikulirt zu sein, in deren Bereich er etwa damit eingriff[1]). Dies konnte übrigens nicht häufig der Fall sein, da die gesammte industrielle und merkantile Bevölkerung, soweit sie überhaupt zunftmässig organisirt war, sich auf nur zwanzig Zünfte vertheilte, und die meisten unter sich verwandten Gewerbe zu Einer Zunft vereinigt waren, wie denn z. B. die Wollenzunft allein 25 Gewerbe umfasste [2]). Jeder, der sich in eines der Kollegien (membra), in welche die Zünfte, den ihnen zugehörigen Gewerben entsprechend, zerfielen, immatrikulirt hatte, wurde ohne weitere Leistung zum Gewerbsbetrieb aller andern Kollegien zugelassen, vorausgesetzt, dass deren Matrikel nicht höher war, als jene des ursprünglich von ihm gewählten Kollegiums; war Letzteres der Fall, so zahlte er einfach den fehlenden Betrag darauf, um den die eine Matrikel die andere übertraf[3]). So kann z. B. der Wammsschneider und Färber der Seidenzunft ohne Weiteres in die Mitgliedschaft der Seidenfabrikanten eintreten, wenn er nur der durch den höhern Gewerbsbetrieb gerechtfertigten grössern Steuerpflicht zu genügen vermag[4]). — Uebrigens waren keineswegs alle zu einer Zunft gehörigen Gewerbe zünftig organisirt, d. h. zünftige Kollegien innerhalb der Hauptzunft mit mehr oder minder gleichem Recht auf Theilnahme an der gemeinschaftlichen Zunftverwaltung und Gesetzgebung, sondern, wie viele der den grossen Handelszünften unterthänigen Gewerbe, z. B. die Wollkämmer und andere Hilfsarbeiter der Wollenzunft, ohne alle zünftigen Einrichtungen. Allerdings war in diesen Kreisen das lebhafte Streben nach zünftiger Selbständigkeit verbreitet, allein die herrschenden Handelszünfte wachten sorgfältig darüber, dass weder die abhängigen zünftigen Mitgliedschaften zu selbständigen Zünften wurden, noch die unzünftige Menge, mochte dieselbe einer Zunft unterworfen sein oder nicht, sich zunftmässig organisirte[5]); sei es nun, weil die Vermehrung der niedern Zünfte ihre

---

1) Cf. Statut der Schlosser Cod. cit. fol. 93, 94 (1405). Die Schmiede können keine Ordnungen machen, durch welche die Schlosser an der Vollendung einer ihrer Arbeiten gehindert würden, und umgekehrt. (Quibus non possint dare omnibus supradictis ministeriis integrum complementum). Cf. Statut der Tischler, Cod. IV, f. 26, 27. — Statut der Schmiede. Cod. cit. r. 18. Possint a se ipsis eorum laboreria complere et perficere, cf. Cod. II, r. 102 (Statuti 1344—1544); vergl. die Verfügung zu Gunsten der Schuster gegen die Gerber (1439), Statuti della Arte dei Calzolai. Frammenti saec. 14, 15, 16, fol. 20.

2) Capponi l. c. I, 341.

3) Jeder immatrikulirte Meister kann, wie sich die Schlosser und Eisenarbeiter ausdrücken, »facere artem totam et de quolibet membro« (Cod. cit. f. 38). Cf. Statut der Schwertfeger und Harnischmacher (ars Corazzariorum et Spadariorum 1410—1504), Cod. Nr. 2, f. 5; der Seidenzunft (ars mercatorum portae S. Mariae), Cod. Nr. 1, fol. 161 (1335—1578); der Wollenzunft (arte della lana), Cod. Nr. 7 (1428), lib. III, 5; der Tuchkrämer, Cod. Nr. 5, fol. 44 (1369).

4) Davon, dass, wie Cantini (Saggi istorici di antichità toscane tom. III, 141) behauptet, der Besitz eines bestimmten Kapitals — 12000 Gulden — nöthig gewesen wäre, um Seidenfabrikant und Grosshändler in Seide zu werden, finde ich in den Statuten der republikanischen Zeit nichts.

5) Statuta (1415) l. IV, tr. cit. r. 48: Omnes qui faciunt artem lanae seu qui de dicta arte faciunt vel exercent, sub dicta arte et consulibus, qui pro tempore fuerint, respondeant et

politische Machtstellung beeinträchtigt oder eine Vertheuerung der heimischen Produktion herbeigeführt hätte [1]). Es wurden sogar Vorschläge laut, die eine Verminderung der bestehenden Zünfte befürworteten [2]), während man umgekehrt in Venedig die Vermehrung derselben begünstigte [3]), was hier ebenso sehr zur Fesselung der Verkehrsfreiheit beigetragen hat, wie die entgegengesetzte Strömung in Florenz der freien wirthschaftlichen Bewegung günstig war.

Es ist bekannt, wie der Zunftzwang in der Zeit des Verfalles des Zunftwesens missbraucht worden ist, um durch tendenziöse Erhöhung der Matrikel den Zutritt zu erschweren und den Kreis der Gewerbsgenossen möglichst zu beschränken. In Florenz hat während der ganzen Dauer der Republik die **Matrikel** nie den Charakter einer **Besteuerung für die öffentlichen Zwecke eines staatlichen Instituts** verleugnet und ist nie zu einem Werkzeug gegen die Freiheit geworden. Einerseits konnte ja keine Zunft einseitig vorgehen und andererseits schrieb der Staat selbst ein Maximum der Eintrittsgebühren vor, welches nicht überschritten werden durfte [4]). Im letzten Jahrhundert der Republik sind die Zunftmatrikeln durchweg auf der in der ersten Hälfte des 15. Jahrhunderts erreichten Höhe stehen geblieben; und die Steigerungen, welche dieselben in den letzten Jahrzehnten des 14. und den ersten des 15. Jahrhunderts erfuhren [5]), sind theils auf die Veränderung des Geldwerths und die gesteigerten finanziellen Bedürfnisse der Zünfte [6]),

---

consistant ita, quod nullum membrum dictae artis ut sunt tinctores et conciatores et battitores ad arcum vel camatum et tonditores boldronum et omnes qui exercent de ministerio dictae artis lanae, quocunque nomine censeantur, et quilibet alii per se suum corpus vel collegium non audeant ordinare, et ordinatum sit cassum et irritum ipso jure.

1) Dass hiebei übrigens auch in wirthschaftlicher Beziehung egoistische Motive vorlagen, ist nicht zu verkennen. Man hat dieselben auch offen ausgesprochen; vergl. die Beschwerde der Mailänder Barchenthändler (»nobiles artis fustaneorum mercatores«) über die herzogliche Verordnung, durch welche den früher abhängigen Webern die Bildung einer selbständigen Zunft mit eigenen Ordnungen gestattet ward, »ob que non modicum honoris detrimentum et private utilitatis jacturam pati asserunt«. Arch. Panigarola Cod. H, f. 107 (1482).

2) Machiavelli, Istorie fiorentine IV, 9 (1426).

3) Cf. den angezogenen Bericht bei Sagredo (217) »si comincio (seit dem Ende des 14. Jahrh.) a secondare le istanze di tutte quelle sc. arti, che in separati corpi lo (sc. il consiglio dei Dieci) supplicarono di esser chiuse.

4) Ich kenne allerdings nur eine einzige generelle Verfügung der Art aus der ersten Hälfte des 14. Jahrh. (undatirt), welche die Matrikel für die 7 obern Zünfte auf 20 Lire, für die 14 niedern auf 10 Lire festsetzte, doch ist dies sicherlich nicht die einzige geblieben. Arch. Rif. Liber legum artis lanae Cod. 12, f. 5. Vergl. die Specialbestimmungen: Statuta (1415) l. c. r. 68 für Steinmetzen und Zimmerleute; und Statuten der Seidenzunft Cod. 1, f. 175, wonach die »Approbatoren« 1411 derselben verboten, von den Tuchdruckern eine höhere Matrikel als 5 Lire zu erheben.

5) Vergl. die statistische Uebersicht über die florentiner Zunftmatrikeln dieser Epoche in Beilage II.

6) Cf. die ausschliessliche Betonung des finanziellen Motivs bei der Erhöhung der Matrikel der Schmiede (Cod. cit. Nr. I, f. 52) v. 1385: Inprimis quidem augere introitus dicte artis cum quam minoribus incommodis artificum potest modis omnibus cupientes, ut ex hoc universalia aliaque cotidiana onera minuantur, providerunt etc. Die Leinenhändler klagten 1434, dass »die nothwendigen Ausgaben und unerträglichen Lasten der Zunft so gross und drückend sind, dass, wenn nicht vorgesorgt wird, dieselbe mit der Zeit in äusserste

theils auf den ausserordentlichen Aufschwung einzelner Gewerbe zurückzuführen. War ja doch überhaupt diese Zeit nach dem Urtheile Guicciardini's die glücklichste für Florenz: eine Zeit machtvollen Auftretens nach Aussen und innerer, nach den Wirren der »Ciompi« allgemein ersehnter Ruhe [1], für Handel und Industrie die Epoche der höchsten Blüthe [2]. Wo nicht diese allgemeinen Verhältnisse, sondern mehr singuläre Umstände zu einer Erhöhung der Matrikel geführt haben, ist dann wohl auch wieder eine Herabsetzung derselben eingetreten [3]. Besonders richtete sich die aufmerksame Fürsorge der Gesetzgebung darauf, dass derjenige, der den Betrieb verschiedenen Zünften angehöriger Gewerbe in seiner Person vereinigen wollte, nicht durch den Zunftzwang in der möglichst freien Entfaltung seiner wirthschaftlichen Kräfte gehemmt wurde. Wenn der Einzelne auch die Matrikel aller Zünfte zu lösen hatte, in deren Umkreis seine Thätigkeit eingriff, soweit ihn nicht die schon angeführte Ausnahme davon befreite, so sollte er doch die zünftigen Umlagen und Leistungen nur in einer einzigen Zunft zu tragen haben [4]. Dieselbe Tendenz verfolgen mehrere Zunftstatuten, welche denen, die bereits einer Zunft angehörten, die Immatrikulation in andere Zünfte durch Herabsetzung der Eintrittsgebühren zu erleichtern suchten [5], während z. B. in Venedig umgekehrt schon früh das Bestreben hervortritt, die Vereinigung mehrerer Gewerbe in Einer Hand zu verhindern [6]. Eine ganz vereinzelte Erscheinung jedoch musste es bleiben, dass man in Gewerben, für welche eine zunftmässige Organisation bestand, aus besondern Gründen Zunftfreiheit gewährte. In Beziehung auf Bäcker und Metzger haben wir diese Thatsache

---

Armuth und Noth gerathen wird«. Die Zunft hätte bisher nur durch ausserordentliche Auflagen und Collekten von den Mitgliedern in Ehren aufrecht erhalten werden können, daher genehmigten die Approbatoren die Matrikelerhöhung, weil es billig sei, dass die Neueintretenden »aliquid sentiant de expensis praeteritis et ad hoc ut dicta ars in futurum quam habilius est possibile sustentetur (Cod. cit. c. 137).

[1] Guicciardini: Opere inedite III, p. 5. Storia di Firenze.
[2] Cf. z. B. die Aufzeichnung v. 1422 bei Fabroni: Magni Cosmi vita, adnot. 34.
[3] Cf. z. B. die Leinenhändlerstatuten Cod. cit. f. 99 und Beilage II.
[4] Vergl. die undatirte Urkunde (wahrscheinlich vor 1360) in den Statuten der Schlosser, Cod. cit. fol. 48.
[5] Vergl. das Statut der Steinmetzen etc. v. 1482 zu Gunsten der mit Ziegelsteinen und anderm Baumaterial handelnden zünftigen »pizzicagnoli«. »Perchè la matricola pare alquanto ingorda e di troppa somma, fanno resistenza a volere immatricularsi«. Die Zunft erkennt dies Motiv als berechtigt an und gesteht die Verminderung zu »acciochè sia più unione e pace che sia può, nè s'abbia a contendere con loro e per l' utile e bene dell' arte e di chi si volesse matricolare sendo di decta qualità. Archiv der Steinmetzen Cod. cit. f. 35. Vergl. das analoge Statut der Leinenhändler zu Gunsten der Schneider; Cod. cit. (Nr. 5) f. 42 (1368) der Tischler (Cod. cit. Nr. 4, f. 1) zu Gunsten der Zimmerleute; der Oelverkäufer (Cod. cit. r. 75) zu Gunsten der Materialienhändler; der Holzarbeiter (Cod. cit. IV, f. 270) 1455 zu Gunsten der in die Schusterzunft immatrikulirten Pantoffelmacher.
[6] Sagredo. l. c. pag. 294. Statuto degli scarpellini (1307) r. 30, wonach in Venedig Keiner zugleich Maurer und Steinmetz sein soll, »perciò che ciascuno possa viver dell' arte sua e che alcuna persona del suo mestier non toia (tolga) lo inviamento del altro. Ein derartiges Motiv finde ich in den florentiner Zunftstatuten nirgends ausgesprochen.

schon erwähnt[1]); hier wäre nur noch auf die Exemtion hinzuweisen, welche der Staat Allen, die Pelzwerk nach der Stadt einführten um es dort zu bearbeiten[2]), und vorübergehend den Bauhandwerkern zugestand[3]).

So sympathisch uns diese Gesetzgebung mit ihrer Tendenz, aus dem Zunftzwang keine Fessel des gewerblichen Verkehrs werden zu lassen, berühren mag, so sehr bleibt dieselbe hinter moderner Anschauungsweise zurück durch die ungleiche Behandlung, welche sie dem neu eintretenden Zunftgenossen angedeihen liess. Des Meisters Söhne und nächste Verwandte sind auch nach den Florentiner Statuten regelmässig von der Bezahlung einer Matrikel ganz oder theilweise befreit. Dieselbe Befreiung wird dem Eidam, wie es heisst als Mitgift der Meisterstochter, zu Theil. Wer der Zunft als Lehrling oder Geselle gedient hat und nicht durch die Liebe der Steuerpflicht ganz entledigt worden, erfreut sich wenigstens bedeutender Ermässigungen gegenüber dem, der auswärts seine Dienstzeit durchgemacht[4]) oder nicht die hergebrachte Zeit gedient; dasselbe Privileg geniesst der Staatsangehörige vor denen, die aus dem Ausland eingewandert. Dass es sich dabei keineswegs um Absperrung gegen den Zuzug fremder Arbeitskraft handelte, ist bei einer Industrie, die nicht für den beschränkten Lokalmarkt von Stadt und Weichbild, sondern für die Welt arbeitete, an sich wahrscheinlich, auch wenn man nicht eine so bedeutsame wirthschaftliche Einsicht in die schädlichen Wirkungen einer künstlichen Beschränkung der Produzentenzahl und monopolistischer Zunftneigungen gehabt hätte, wie in Florenz. Man muss den Pisaner Zünften dankbar sein, dass sie durch Erschwerung des Eintritts und andere Verkehrsschranken Signorie und Räthen von Florenz zu einer so sehr von modernem Geist getragenen offiziellen Erklärung im Interesse gewerblicher Freiheit Veranlassung gegeben haben, wie sie in dem Staatsbeschluss von 1475 enthalten ist[5]). Derselbe erklärt derartige

---

1) Seite 25.

2) Einheimischen wie Fremden ist dies erlaubt non obstante quod non sint suppositi arti pellizariorum, Statuta (1415) rub. 56.

3) Statuta (1415) l. c. rub. 66 — quilibet possit exercere dictam artem sc. magistrorum lignaminis vel petrae, non obstante quod non sit suppositus dictae arti. — Quod nulli magistri lignaminis vel petrae aut manuales vel discipuli cives vel districtuales Florentiae seu forenses possint gravari — vel per artem magistrorum vel per consules ejus artis, nec ipsi arti teneantur inviti subesse. Vergl. dagegen rub. 69, wo der Zunftzwang anerkannt ist, der entschieden spätere Praxis war, Cod. cit des Steinmetzenarchivs f. 35. Ein neuer Beweis dafür, dass keineswegs alle in der Sammlung von 1415 enthaltenen Bestimmungen gleichzeitig geltendes Recht waren.

4) Cf. Beilage II. Nicht alle Zünfte nahmen positive Bestimmungen darüber ins Statut auf, sondern überliessen für den einzelnen Fall die Regelung der Matrikel in angedeutetem Sinne der Zunftbehörde. Die öffentlichen Leistungen der Zünfte nahmen die Mitglieder so sehr in Anspruch, dass der Gedanke an die durch eine Vermehrung ihrer Zahl gesteigerte Konkurrenz ganz zurückgetreten zu sein scheint hinter dem einer grössern Theilung der Lasten. Man vergl. nur die Klagen über die Abnahme der Mitgliederzahl in einzelnen Zünften. Ars Corazzariorum et Spadariorum Cod. Nr. 2 (1410—1504) r. 25 und Fornai Cod. cit. Nr. 1, f. 98 (1429). Arch. Rif.

5) Arch. Rif. Provvisioni (1475) Nr. 167, f. 118 — molte arti di Pisa — hanno fatto statuti pe' quali fanno alcune prohibitioni a certi exercitanti tali arti, o che non vendino in

Beschränkungen für unvereinbar mit dem öffentlichen und Privatinteresse: denn für das Publikum ist es durchaus nicht gleichgiltig, dass sich die Zahl der Handel- und Gewerbetreibenden vermindere; eine solche Verminderung führt nur zu einer Steigerung der Preise der gewerblichen Erzeugnisse, und der damit verbundene Rückgang der Bevölkerung macht sich durch die Abnahme der Steuererträgnisse für den Staat fühlbar. Daher soll kein Innungsstatut »Prohibitionen« enthalten, bei deren Zustandekommen nicht alle Interessen zum Worte gelangt sind. Das allgemeine staatliche Interesse vertreten durch Capitan, Podestà und die Approbatoren der Statuten, der Fiskus speziell durch die oberste Steuerbehörde, und Handel und Gewerbe durch die »Consuln des Meeres«[1]). Insbesondere wollte man in Florenz nichts von der bekannten Zunftpraxis wissen, welche die Aufnahme neuer Genossen von gewissen »Eigenschaften« derselben, wie sich der genannte Staatsbeschluss ausdrückt, abhängig machte, einer Praxis, die zur Forderung eines Meisterstücks, von Prüfungen oder andern lästigen »Sollennitäten« geführt hätte. In Florenz meinte man: »Keiner soll Richter und Notar oder Arzt sein, der nicht die gebührenden Prüfungen abgelegt, weil er mit seiner Unwissenheit die Privaten sehr schädigen könnte. **Anders beim Gewerbe! Hier schadet schlechte Arbeit nur den Produzenten selbst«**[2]). Darum wollte der Staat nicht, dass der Betrieb eines Gewerbes von etwas Anderem als der Matrikel abhängig gemacht werde. »Jeder Staatsangehörige kann frei ausüben jedes Gewerbe, welches er will, und die Consuln der Zünfte müssen ihn zu denselben zulassen, wenn er die herkömmliche Matrikel bezahlt hat[3]).

certi tempi e modi o che quelle non exercitino, se non habendo certe qualitate, o observando certe sollennità come a pieno in tali statuti si contiene; di che nasce danno universale et ai privati et al publico perchè si toglie commodità per scemare il numero dei venditori e di manefactori, onde crescono i pregi delle manifacture e le gabelle si dannificono, perchè scema il numero delle bocche. E desiderando porre a tali inconvenienti debito rimedio — qualunque prohibitione facta da due anni in qua per alcuna arte o università di Pisa contro ad alcuno exercitante o volendo exercitare decti arti o alcuno exercitio di quelle, per la quale sia impedito alcuno tale non potere vendere o comprare o lavorare o exercitarsi nella sua arte o exercitio come e dove volessi, et ogni statuto, che quella continessi, s'intenda esser — rivocato per tutto. Allerdings ist zu bemerken, dass die hier aufgehobenen Prohibitionen früher von Florenz approbirt worden waren.

1) Ib. Letztere waren eine Oberaufsichtsbehörde nicht nur für den gesammten Seeverkehr, sondern für Handel und Industrie überhaupt. Sie hatten, wie es bei der Einsetzung dieser Behörde hiess, die Gründe zu untersuchen, durch welche Niedergang, Gedeihen und Fortschritte der Industrie bedingt sind, und andere gewerbepolitische Aufgaben, auf die wir zurückkommen. Ordini del consolato del mare Arch. Rif. Classe XI, dist. IV, Nr. 77, fol. 4. Cf. Provvisioni (1423) Nr. 114, f. 194.

2) Legge fatta pei XVII di balia (1491) contro a tutte le 20 arti enthalten in den Provvisioni del corpo dell' arte di maestri di pietra etc. Cod. Nr. 3, f. 55. Cf. Statuta (1415) lib. IV, tr. cit. r. 53.

3) Item quod quilibet de civitate comitatu et districtu Fl. possit et ei liceat exercere artem quam voluerit etc. Liber legum artis lanae Cod. Nr. 12, f. 5 (um 1344) und Statuta (1415) ib. r. 30.

Pöhlmann, Wirthschaftspolitik. 4

Keine Zunft kann Jemand ausschliessen, oder ihm die Ausübung eines Gewerbes untersagen [1]), ausser in dem Fall, dass er sich unehrliche betrügerische Arbeit zu Schulden kommen liess.

Ganz rein durchgeführt erscheint freilich dieser Standpunkt der Statuten nicht. Lassen doch diese selbst schon zu Gunsten der »Calimala«, welche den Handel mit ultramontanischen, d. h. französisch-flandrischen Tüchern und deren Verfeinerung in Florenz betrieb, zu Gunsten der Tuchmacher- und der Seidenzunft eine Ausnahme zu. Diese Zünfte sollten die Faktoren, Färber, Drucker, Appreteure und Walker zwingen können, ihnen für die unversehrte Rückgabe der Jenen anvertrauten Tücher und alles dessen, was sie von der Zunft zur Ausübung ihres Gewerbes erhalten, Bürgschaft zu leisten [2]). Auch in den Zunftstatuten begegnen uns analoge Modifikationen der Sätze der allgemeinen Gesetzgebung. Auch die Kürschner [3]), die Drucker und Färber, welche von den Leinenhändlern Tücher zur Bearbeitung erhalten wollen [4]), Letztere selbst [5]), ferner die Schlosser [6]) und die Riemer [7]) haben für rechtmässigen Gewerbebetrieb ihrer Zunft zu bürgen. Erwähnt sei auch, obwohl nicht unmittelbar in diesen Zusammenhang gehörig, die Wechslerzunft, welche aus nahe liegenden Gründen die meisten Garantieen forderte. Keiner konnte das Wechslergewerbe üben, der nicht durch die Geburt dem Staate angehörte oder wenigstens in Stadt oder Grafschaft eigenen Besitz im Werth von mindestens 500 Liren besass und seit 20 Jahren alle realen und persönlichen Staatsleistungen getragen. Alle aber hatten Bürgen für eine Summe von 200 fl. zu stellen [8]). Die andern, also die grosse Mehrzahl der Innungen, haben ihren Angehörigen eine derartige Verpflichtung nicht auferlegt. Die Schuster und Oelhändler sahen darin »eine ganz unnütze und überflüssige Sache, welche den Handwerkern nur schwere Ausgaben verursache« [9]). Diese Anschauung kam theilweise wenigstens selbst da

---

1) Nulla ars possit interdicere alicui de ipsa arte seu alicui, qui non sit de tali arte, quod ipsam artem vel ejus ministerium faceret — quod ars seu aliquis vel aliqui de ipsa arte non habeant facere seu mercari cum eo seu de mercantiis suis, nisi pro falsitate. Ib. r. 31.

2) Ib. Cf. Statuten der Calimala II, 6, ed. Guidici, welcher die Drucker und Tuchbereiter Bürgen für 300 L. stellen müssen! cf. über die Bürgschaft der Hilfsarbeiter der Seidenzunft Cod. cit. Nr, I, f. 84. Die Wollkrempler bürgen der Tuchmacherzunft für 200 L. Cod Nr. 7, Statut v. 1428, l. III, 17; In Mailand verfuhr man gleichmässiger, indem man nicht bloss die Hilfsarbeiter der Tuchmacherzunft, sondern auch die Tuchmacher selbst Sicherheit leisten liess, de fideliter exercendo laborerium dicte lane; Letztere sogar für 100 Goldgulden! Statuta mercatorum lane cap. 35 und 99, 108 in den Mailänder Statuten (gedr. 1480) fol. 206 flgd. Vergl. über die Pisaner Walker und Weber: Bonaini l. c. III, 707.

3) Ars vajariorum et pellipariorum Cod. Nr. 1, r. 12 bis zu 100 fl.

4) Cod. cit Nr. V, r. 32, 33. Nur Solchen, welche gebürgt, dürfen die Mitglieder Tücher zum Drucken und Färben geben.

5) Ib. r. 59.

6) Cod. cit. fol. 29. 10 Lire.

7) Statuta correggiariorum, tabulacciariorum et scudariorum (1342 etc.) Nr. I, r. 31. 100 Soldi.

8) Arte del Cambio. Statuta Cod. V, r. 79 u. 127.

9) Bittschrift an die Signorie, enthalten in den Provvisioni (1480) fol. 9 und (1485) Nr. 177, f. 111.

zur Geltung, wo der Staat durch Kaution und Bürgschaft die Ehrlichkeit und Gesetzmässigkeit des Gewerbebetriebes erzwingen zu müssen glaubte. Wir sehen da, wo das Gesetz den Zwang enthält, die Praxis der Freiheit huldigen. So ist das Gesetz von 1378 über die Bürgschaftspflicht der Schuster und Oelhändler nur ganz kurze Zeit wirklich gehandhabt worden und dann ein ganzes Jahrhundert lang in Vergessenheit gerathen, bis es plötzlich einer Behörde einfiel, dasselbe wieder aufleben zu lassen, was aber nur, in Folge des energischen Auftretens der betroffenen Gewerbe, alsbald zur Beseitigung des Gesetzes von Staatswegen geführt hat [1]. Angesichts dieser Thatsache dürfte es immerhin sehr fraglich erscheinen, ob die Bestimmungen der genannten Zunftstatuten über die Bürgschaft wirklich von durchgreifender praktischer Bedeutung gewesen sind, und ob nicht auch hier, wie so vielfach in der wirthschaftspolitischen Gesetzgebung, die Praxis freier war, als das Gesetz.

Was die Forderung gewisser **persönlicher Qualitäten** für den Eintritt in die Zunft betrifft, so ist die ablehnende Stellung, welche die Statuten und verschiedene Staatsbeschlüsse gegen dieselbe einnehmen, zwar im Allgemeinen für die Zunftgesetzgebung des 15. Jahrhunderts maassgebend gewesen, jedoch ist es auch hier zu gewissen Modifikationen gekommen. So hatten die Panzerschmiede ein anerkanntes Statut, welches verfügte, dass jeder neu Eintretende nicht nur von Consuln, Rath und 25 Beisitzern mit zwei Dritttheilen aller Stimmen »approbirt« werden muss, sondern vorher schon von vier durch Consuln und Rath der Zunft dazu bestellten Meistern, welche ihn erklären »als einen tüchtigen, fähigen und im Gewerbe erfahrenen Meister, der gut zu arbeiten versteht und das Gewerbe für sich allein zu'üben und alle Arbeiten desselben von Anfang bis zu Ende zu machen im Stande ist« [2]. Das streift schon hart genug an die Forderung eines Meisterstückes, wenn dieselbe auch nicht direkt ausgesprochen ist. Doch ist keine andere Zunft so weit gegangen. Wo wir den andern Gewerben auf ähnlichem Wege begegnen, sind es **sittliche** Qualitäten, die in Frage kommen. So heisst es in der für den freien Standpunkt der Statuten und die Art der Modifizirung desselben bezeichnenden Verordnung der Approbatoren für die Kurzwaaren- und Spezereihändler von 1422 [3]: »In Anbetracht, dass nach den Statuten Jeder, der zum Magistrat der Zunft kommt und in deren Matrikel eingeschrieben werden will, vom Notar

---

[1] Ib. Von Interesse ist die bedeutende Vermehrung der in freiheitlichem Sinn 1485 abgegebenen Stimmen gegenüber der Abstimmung von 1480. Den Schustern gewährten die Freiheit 1485: den Oelhändlern 1480:

im Volksrath	168 gegen 22 Stimmen;	142 gegen 47,
im Gemeinerath	150 » 10 »	117 » 34,
im Rathe der »Hundert«	103 » 8 »	82 » 28.

[2] — Pro bono idoneo et sufficienti et experto magistro in arte predicta et quod sciat bene lavorare et ipsam artem per se solum bene facere et laboreria dicte artis incipere facere et complere. Cod. cit. Nr. 2 (Corazai e spadai) 14..?—1504, r. 25. Abschliessung ist nicht das Motiv; denn in derselben Verordnung wird beklagt: »quod ars predicta venit in diminutionem hominum«.

[3] Statuti dell' arte dei medici spetiali e merciai di porta S. Maria Cod. Nr. II, f. 173. (1349—1558).

aufgenommen werden muss; und da es immer so beobachtet und nie Einer zurückgewiesen wurde, weshalb es schon oft vorgekommen ist und in Zukunft wieder vorkommen könnte, dass Einer immatrikulirt wird, dessen Person der Zunft keine Ehre macht, so wird, um diesem Uebelstand zu begegnen und Jeden, der aufgenommen sein will, zu veranlassen, recht zu handeln in allen Stücken [1]), verfügt, dass hinfort Keiner immatrikulirt werden soll, dessen Aufnahme nicht vorher von den Consuln mit Zweidrittelmajorität gebilligt worden ist. Auch in den Statuten der Tuchmacher, welche dieselbe Bestimmung enthielten, heisst es, dass es sich nur um Zurückweisung moralisch zweifelhafter Individuen handle [2]). Die Calimala hatte allerdings eine alte Satzung, welche die Deutung zulässt, dass neben der moralischen Würdigkeit auch andere Voraussetzungen in der Person des Aufzunehmenden gegeben sein mussten [3]); allein es fehlt jegliche Andeutung über die in diesem Punkt geübte Praxis; auch in dem späteren Statut von 1429 heisst es nur, dass wenn die Consuln mit Zweidrittelmajorität für die Aufnahme gestimmt, sich ausserdem eine gemeinschaftliche Versammlung des grossen Zunftrathes und der Consuln mit derselben Mehrheit für dieselbe aussprechen müsse; von besonderen Erfordernissen keine Spur [4]). Ebenso allgemein gefasst ist das Statut der Schuster, wonach kein Geselle oder Fremder aufgenommen werden soll, wenn nicht 23 Stimmen der »Generalcongregation« ihrer Zunft dafür gewonnen waren [5]).

---

1) Di fare bene per ogni modo. Ib.

2) — Pro refrenando malitia pravorum artificum et ad hoc ut furta que cotidie fiunt, cessent; galt schon nach den Statuten von 1333 (II, r. 13 des Cod. cit. Nr. 7). 1428 treten an Stelle der 24 Meister, welchen bis dahin die Abstimmung zustand, die Consuln l. III, r. 5.

3) — Acciochè alla decta arte non si riceva alcuno il quale non sia da ricevere non obstante che volesse pagare l'entratura, ciascuno chi alla decta arte di nuovo vorra venire si debbia deliberare per i consoli col consiglio di XII mercanti di diversi fondachi e botteghe, se egli è sufficiente e degno d'esser ricevuto o no, et secondo che deliberato sara nel decto consiglio a fave bianche e nere d'esser ricevuto o no, cosi s'osservi. Statuti della Calimala Cod. V (1339), l. I, r. 87. (Fehlt im Text Giudici's). Das Statut von 1429 ed. Giudici p. 225 giebt nur die Veränderung des Abstimmungsmodus, keinen Gesichtspunkt für die Abstimmung selbst. — An das genannte Statut v. 1339 erinnern die »statuti della compagnia seu paratico dei rivenditori merzagoni et etiam pergoloti« di Milano. Arch. Panigarola Cod. L (1497), f. 17: Wer eintreten will »deve esser examinato dallo abbate et li officiali se è sufficiente e dabene. Was es mit dieser Prüfung auf sich hat, beurtheile man nach der Satzung der Mailänder Statuten (ed. 1480), f. 129. Quilibet civitatis et districtus Mediolani vel aliunde tam masculus quam femina tute et impune et ubique in quolibet loco cum in civitate et comitatu Med. possit facere et exercere et operari quamlibet artem seu artificium ministerium vel laborerium cujuscunque generis et maneriei sit, nisi in contrarium lege municipali reperiatur cautum. Von technischer Prüfung findet sich aber dort keine Spur.

4) Giudici l. c.

5) Statuti di Calzolai; undatirbar in Folge Zerstörung der Handschrift. Auf die Bedeutung der »Approbation« wirft wohl auch das Statut der Tischler ein Licht, wonach Sohn, Bruder und Neffe eines Meisters davon befreit sein soll, non abbia bisogno d'esser approvato. Cod. cit. Nr. 4, f. 8. — Es kommt auch vor, dass die moralischen Qualitäten, welche für die Approbation in Betracht kommen, genannt sind. Der »Wucherer«, insbesondere der, welcher gegen Pfand auf Zins leiht, würde der Genossenschaft zu Schande gereichen. Nach den

Nachdem wir gesehen, dass der Staat in der That eine selbständige Entscheidung der Zunft über die moralische Würdigkeit des neuen Genossen anerkannt hat, was übrigens zu dem prinzipiellen Standpunkt der Statuten nicht in Widerspruch steht[1]; dass ferner ein positiver Hinweis auf eine technische Prüfung sich nur in Beziehung auf die Waffenfabrikation (Panzerschmiede und Schwertfeger) findet, was sich wohl aus dem Interesse des Staates an der allgemeinen Wehrhaftigkeit erklären mag, und dass der Staat sich noch 1491 so entschieden gegen Handwerkerprüfungen ausgesprochen hat, so kann wohl über die wahre Bedeutung der von verschiedenen Zunftstatuten angeordneten Abstimmungen kein Zweifel obwalten. Bei persönlicher Unbescholtenheit kann, wenn der Kandidat die vom Staat anerkannten zünftigen Leistungen wie Matrikel, Bürgschaft u. drgl. übernahm, die Aufnahme gar nicht verweigert werden. Die einzige Probe, durch welche man nach der technischen Seite hin eine gewisse Sicherung von dem Neueintretenden forderte, soweit diese nicht schon die durchgemachte Lehr- oder Dienstzeit bot, war der von allen Zünften verlangte Eid[2], dass er das Gewerbe den Zunftordnungen gemäss üben werde, was bei der Fülle der Reglements ohne fachgemässe Erlernung kaum möglich war.

Wenn man bedenkt, dass die genannten Forderungen die einzigen waren, die man um der Ehre und Ehrlichkeit des Gewerbes willen an die Person des Neueintretenden stellte, und dass sie gar nicht einmal allgemein, sondern, wenigstens was die Abhängigmachung der Aufnahme von einer Abstimmung betrifft, nur von der einen oder andern Innung geltend gemacht, also von der Mehrzahl die in der Verordnung der Approbatoren von 1422 geschilderten freien Formen der Aufnahme beibehalten wurden[3], so sieht man, wie liberal der Standpunkt gewesen ist, welchen in dieser Frage die Florentiner Zünfte eingenommen haben. Man werfe nur einen vergleichenden Blick auf unsere Hansastädte, z. B. die Danziger Gewerbeordnungen des 15. Jahrhunderts mit ihren eingehenden Bestimmungen über die Ablegung des Meisterstücks, den Nachweis eines bestimmten Vermögens, die Vorlage von Echt- und Lehrbriefen und der-

---

Statuten der Tuchkrämer ist er entweder ganz ausgeschlossen, oder hat, wenn die wucherischen Handlungen bereits verjährt sind, den Makel mit doppelter Matrikel zu büssen. Derselben Zunft ist der Wucher auch genügendes Motiv, ein Mitglied, welches das Votum der Genossen für schuldig erkennt, auszustossen, und nur unter der Bedingung wieder aufzunehmen, dass es von Neuem die Matrikel zahlt, wie ein Fremder, und durch einen Eid aufs Evangelium allem »Wucher« absagt. (Cod. Cit., r. 72, Zusatz v. 1348 u. 1376, fol. 64). Seit 1434 verweigerte man wenigstens die Aufnahme nicht mehr unbedingt, sondern liess auch hier eine Abstimmung zu (f. ,140). Dagegen verschärften sich die Bestimmungen über die Wiederaufnahme (1383, fol. 74). Seit 1429 schloss auch die Seidenzunft den rückfälligen Wucherer aus (Cod. cit. fol. 210).

1) Cf. Seite 50.
2) Derselbe bildete offenbar die Grundlage der »Approbation«. Vergl. auch die analogen Mailänder Statuten f. 213: intelligantur mercatores illi qui pro mercatoribus descripti sunt et approbati et qui juraverint tempore quo approbari voluerint se esse veros et legitimos mercatores.
3) Cf. Seite 51.

gleichen mehr[1]). — Und wenn die Florentiner Zünfte auch in Einzelheiten, wie z. B. in der Ausschliessung der »Wucherer«, den mittelalterlichen Boden verrathen, aus dem sie erwachsen, so haben sie doch nie den auch in der italienischen Zunftgesetzgebung des Mittelalters vorkommenden[2]) Versuch gemacht, ein Gewerbe zu einem geschlossenen umzuwandeln, haben nie Einen von Lehre, Dienst und Meisterrecht ausgeschlossen, weil er etwa nicht ehelicher oder »ehrlicher« Geburt, auch den Fremden, der um den Meisterbrief warb, nicht gefragt, ob er hörig oder leibeigen geboren; und wenn in der ganzen Florentiner Zunftgesetzgebung nur ein einziges Mal und zwar insofern dem Makel der Geburt eine Wirkung zuerkannt ist, als der unehelich Geborene in keinem Rath oder Amt einer Zunft sitzen darf[3]), so hat die Geschichte dies tragisch genug gesühnt, indem Florenz seine politische Freiheit an einen Bastard verlor und die Fürstin, die der neue Herr auf den Herzogsthron erhob, den Makel der Geburt mit ihm theilte.

Der Gedanke, dass durch den Neueintretenden den ansässigen Meistern die Nahrung verkümmert werden möchte, kommt nur in einem einzigen Gesetze zu Ungunsten der Verkehrsfreiheit zum Ausdruck. In einem Venezianer Sprichwort heisst es: »Quai quando che le boteghe se tocchera e che i zoveni comandera«. Man suchte daher zu verhüten, dass der neue Meister Werkstatt und Laden in allzu grosser Nähe seines frühern Lehr- oder Dienstherrn aufschlage oder sich mit einem andern Meister in der Nähe associire; und die Statuten mehrerer Zünfte haben zu diesem Zwecke ausdrücklich die Grenzen festgesetzt, innerhalb deren sie dies, wenigstens für eine bestimmte Zeit, verboten wissen wollten[4]). Ja es kommt sogar das Verbot vor, dass ein Lehrling oder Geselle, der seinen Meister verlässt, innerhalb dieser Grenzen in die Werkstätte eines andern Meisters eintrete[5]). Doch handelt es sich hier keineswegs um eine Ausnahmegesetzgebung zum Schutz des Meisters gegen seine frühern Lehrlinge und Gesellen, sondern ein auch den Meisterstand umfassendes Gebot, sei es dass man dasselbe nur für Solche, die mit einem Andern associirt waren und sich

---

[1]) Hirsch, Handels- und Gewerbsgeschichte Danzig's unter der Herrschaft des deutschen Ordens. 314, 325 u. flgd. Cf. auch Maurer l. c. II, 447, 455.

[2]) Vergl. z. B. Statuto dell' arte della lana di Radicondoli ed. Polidori in der Collezione di opere inedite o rare dei primi tre secoli della lingua (1308—88) 212 u. 221.

[3]) In sämmtlichen Zunftstatuten zum Jahre 1414. Wenn es in den Statuten der Schlosser (Cod. cit 104) bei dieser Gelegenheit heisst: statuta dicte artis corrigendo et eis addendo, so ergiebt sich, dass das Bastardgesetz eine Neuerung jener conservativen Epoche war.

[4]) Schmiede (fabbri Cod. 2, f. 66) 1344: innerhalb 250 Braccien vor Ablauf von 5 Jahren; 1414 erhöht auf 300 Braccien (f. 54); 1428 auf 400 Br. (ib.), also eine mit der Zeit zunehmende Einschränkung! Cf. Statut der Leinenhändler (Cod. cit. Nr. 5, f. 152) 1448 mit dem Verbot der Assoziation und Niederlassung innerhalb 50 Br. vor Ablauf eines Jahres. — Schuster (Cod. cit. r. 28, sec. 14) innerhalb 1000 Br. vor 2 Jahren. Schlosser (Cod. cit. fol. 108) 1418, 50 Br. vor 5 Jahren. Oelkrämer (Cod. cit. fol. 68, sec. 15) 100 Br. vor 5 Jahren, später (f. 146) auf 200 Br. erhöht.

[5]) Tischler (Cod. cit. Nr. 4, f. 30) 1396: innerhalb 150 Br. vor 5 Jahren. — Leinenhändler: die Anm. 1 angegebenen Distanzen. — Barbiere (Statuti di medici spetiali e merciai Cod. cit. Nr. 2): innerhalb 40 Br. vor 3 Jahren. 1390 (f. 118) später erhöht auf 400 Br.! 1404 (f 190) dann erniedrigt auf 40 Br. 1434 (ib.) und 1436 wieder erhöht auf 400 Br.

selbständig machen wollten[1]) oder für alle Meister gegenseitig, mögen sie in Verbindung gestanden sein oder nicht, ausgesprochen hat[2]).

Doch ist es immer nur diese oder jene Zunft, welche den Verkehr dem »Statut von der schlimmen Nachbarschaft« unterwarfen. Auch kam es wohl vor, dass selbst in den Zünften, wo es zu Recht bestand, der Verkehr wieder theilweise davon befreit werden musste, weil sich der Verkauf gewohnheitsmässig überwiegend nach gewissen Plätzen zog. Wenigstens haben es die Bäcker, bei welchen das Statut eine Fülle von Streitigkeiten hervorrief, für eine grössere Anzahl von Plätzen, wo Brod verkauft zu werden pflegte, wieder aufgehoben[3]). Auf alle Gewerbe konnte jene Beschränkung des Niederlassungsrechtes, um mich so auszudrücken, schon darum keine Anwendung finden, weil ihr Betrieb zum Theil durch Zunftgesetz auf gewisse Strassen oder Quartiere ausschliesslich angewiesen war, andererseits die grosse fürs Ausland produzirende Industrie hier keineswegs dasselbe Interesse hatte, wie der kleine vorwiegend auf den städtischen Bedarf angewiesene Gewerbsmann. Darum begegnen wir jener für die Frage der gewerblichen Freiheit so bedeutungsvollen mittelalterlichen Lokalisirung des Gewerbes gerade bei höhern Zünften[4]). Die Grenzen sind allerdings sowohl in der Seiden- als Wollenzunft, welche hier in Betracht kommen, sehr weit gegriffen. So lagen die vier »Convente«, in welchen allein das Tuchmachergewerbe in der Stadt betrieben werden konnte, in den verschiedensten Stadttheilen[5]). Allein diese Vervielfältigung der Bezirke war, wenigstens was letztere Zunft betrifft, wieder mit Verkehrsfesseln verbunden, offenbar um die zünftige Kontrole der Arbeit zu erleichtern. »Zur Aufrechthaltung des guten Rufes, zum allgemeinen Nutzen der Zunft und aller Meister« war es in einem

---

1) Schmiede: cf. Anm. 1. Schlosser: cf. ib. Dieselben haben auch die merkwürdige Bestimmung: Wenn einer die Werkstatt eines verstorbenen Meisters von dessen Söhnen gemiethet hat, und ein Sohn dann die Werkstatt selbst übernimmt, so darf der genannte Miether keine neue Werkstatt gründen innerhalb 50 Br. vor Ablauf von 5 Jahren (Cod. Cit. Nr. 1, f. 135), ein Raum, der Ende des 15. Jahrh. sogar auf 200 Br. erhöht wurde.

2) Nullus faciat malam vicinanzam alicui dicte artis (Ogliandoli f. 96, cod. cit.), vergl.: Che niuno artefice della decta arte possa mandare o fare alcuna mala vicinanza presso alla bottega d'alcuno artefice a cento braccia ad alcuno artefice. Allerdings ist auch hier schon ausgenommen der Verkauf nelle piazze usate, dove si vende pane (1393, Cod. cit. der Bäckerzunft, fol. 57). Cf. flgd. Seite Anm. 1.

3) Fornai: Statuta Cod. cit. f. 136 (1483).

4) Z. B. der Seidenzunft (Cod. cit. I, fol. 170) und deren Collegien, z. B. Gold- und Silberarbeiter (172), allerdings auch dem Schnittwaarengeschäft (174) mit genauer Angabe der Strassen und Plätze, wo der Gewerbsbetrieb allein gestattet ist. Vergl. die Statuten der Wollenzunft Cod. Nr. 7 (1428) l. III 7, 8. Charakteristisch ist es, dass der Staat im Allgemeinen eine solche Lokalisirung nicht begünstigt zu haben scheint. So war in Arezzo eine Strasse, wo allein Tuch im Detail verkauft werden durfte. Nach der Verheerung der Stadt durch die »Compagnieen«, gebot Florenz den Besitzern der zerstörten Läden bei Strafe, sie wiederherzustellen und erkannte das ausschliessliche Verkaufsrecht derselben an. Später jedoch gab der Staat dies Geschäft in der ganzen Stadt frei, und erneuerte dann zwar, auf die »berechtigten« Klagen der zum Wiederaufbau gezwungenen Ladenbesitzer, das Vebrot, ausserhalb jener Strasse das Schnittwaarengeschäft zu treiben, erkannte aber zugleich dieses Recht allen Tuchmachern für die von ihnen selbst fabrizirten Tücher zu. 1398 Capitoli di Firenze I, 444.

5) Statuta artis lane l. c. Santa Maria, Oltrarno, St. Peter, San Pankratius.

dieser Konvente strenge verpönt, Tücher von anderer als französischer und englischer Wolle zu fabriziren, und in den andern konnte kein Meister zu gleicher Zeit Tücher aus französisch-englischer und aus anderer Wolle machen [1]).

Wir haben damit die Schwelle der Zunft bereits überschritten und eine andere Seite des Zunftzwanges berührt. Nachdem wir gesehen, wie weit neben dem Anspruch, den Gewerbsmann zur Zunft zu zwingen und zugleich die Aufnahme an gewisse Bedingungen zu knüpfen, die Freiheit zu ihrem Rechte kam, tritt an uns die Frage heran, welche Bedeutung in Florenz diejenige Seite des Zunftzwanges hatte, welche sich in der Befugniss der Zunft äussert, den ganzen innerhalb der zünftigen Organisation sich vollziehenden Gewerbsbetrieb nach bestimmten Normen zu regeln. Wo wir den Staat in analoger, bevormundender Weise thätig sehen, kommt hier natürlich auch die allgemeine staatliche Gesetzgebung in Betracht, wenn es sich auch nicht immer um zünftige Arbeit handelt. Es möchte allerdings fraglich erscheinen, ob unsere Aufgabe, welche nicht die Gebundenheit, sondern die Freiheit zum Vorwurf hat, ein tieferes Eingehen auf jenes System der Regulative gestattet. Allein wo es sich so sehr, wie bei einer Arbeit, die die Grenzen zwischen dem Bereich des Zwanges und der Freiheit auf dem Gebiete der wirthschaftlichen Arbeit eines Volkes zu bestimmen sucht, gerade darum handelt, wie Shakespeare sagt, »das Alter selbst, den Leib der Zeit, ihren Stempel, ihr Gepräge« zu erfassen, muss ein System, welches einem grossen Theil der gewerbepolitischen Gesetzgebung der Zeit eben sein Gepräge gegeben, derselben Ausdehnung nach veranschaulicht werden, welche es dereinst im Leben behauptet oder wenigstens beansprucht hat.

Um zu erkennen, wie weit der Geist der Bevormundung in der Beeinflussung der Fabrikation gegangen ist, genügt es im Allgemeinen, die Richtung zu bezeichnen, welche die technischen Gewerbereglements in Florenz eingeschlagen haben. Es finden sich Verbote der Bearbeitung und Veredelung gewisser fremder Fabrikate [2]), der Verwendung gewisser Rohstoffe für die Fabrikation, sei es für sich allein oder in Verbindung mit andern [3]), Gebote zur ausschliesslichen Verwendung dieses oder jenes Artikels bei gewissen Fabrikaten [4]), Vorschriften über das Verhältniss der zu einem Fabrikat verwandten

---

[1]) Cod. cit. Nr. 7, III, r. 8 und (1428) IV, r. 14.

[2]) Z. B. aller ausländischen Tücher, mit Ausnahme der »ultramontanischen« und mailändischen. Statuten der Wollenzunft Cod. cit. Nr. 7 (1333), II, 31. Cf. r. 50 de non tenendo emendo vel laborando cardaturam et de non emendo lanaggium de pelago veniens nisi certo modo.

[3]) Ib. r. 46, quod lanifices non emant aut laborent aliquas lanas vetitas cf. r. 37, ferner (1428) IV, r. 15, Verbot, gekämmte oder kardätschte Lammswolle zu gewissen Tüchern zu verwenden. — (1333) IV, 45, Verbot, andere als Tücher von französischer oder englischer Wolle in Scharlach zu färben. — Den Tuchkrämern ist verboten, Tücher in Indigo zu färben, Cod. Nr. 5, r. 36. Die Statuten der Seidenzunft, Cod. cit. Nr. 1, r. 87, verboten die Mischung echter und unechter Gold- und Silberfäden bei der Fabrikation der Brokatstoffe.

[4]) Vergl. die Klage der Zinngiesser und Flaschner, dass ihr Gewerbe, sonst so zahlreich, jetzt so zusammengeschmolzen sei, durch die eigene Schuld desselben und die schlechte Arbeit, indem schon seit langer Zeit missbräuchlich zum Zinn mehr Blei gemischt werde, als recht sei (che si conviene), weshalb viele Kaufleute, die früher die Fabrikate dieses

Quantitäten verschiedener Stoffe[1]), über die äussere Form und die Maassverhältnisse des Fabrikates selbst[2]), ja sogar über Form und Maass der Werkzeuge[3]). Man bezweckte damit nicht immer nur die »Güte« der Arbeit, sondern wie z. B. die Tischlerzunft, eine rein äusserliche Uebereinstimmung zwischen den Arbeiten der Zunftgenossen[4]). Ja es machen sich wohl auch Motive geltend, die uns kleinlich erscheinen; z. B. bei dem Verbot, Schreine und Schränke mit Füssen zu versehen, welche die Figur des Löwen darstellten, »damit nicht das Abzeichen der Republik in Verachtung käme.«[5]). Wie weit die Lust zum Reglementiren ging, beweist der Umstand, dass man zuweilen bei Einführung neuer Reglements, wo solche noch nicht bestanden, als Motiv nichts anderes anzugeben fand, als: »weil es überall so ist, so soll es auch in diesem Zweig so sein«[6]). Am ausgebildetsten erscheint das System der Bevormundung in der für das Ausland arbeitenden Industrie, zumal in den Zweigen, welche, wie die Tuchmanufakturen des 15. Jahrhunderts, den Höhepunkt ihrer Blüthe schon hinter sich hatten und denen die auswärtigen Industrieen auf dem Weltmarkt mit Erfolg Konkurrenz zu machen begannen. Der Ausdehnung des Zwanges entsprechend ist aber auch hier die Reaktion des Verkehrs zu Gunsten der Freiheit am mächtigsten gewesen. Gerade von der Tuchmacherzunft wissen wir, dass in der zweiten Hälfte des 15. Jahrhunderts die zur Prüfung der Wolle und anderer Rohstoffe, sowie zur Tuchbeschau begründeten Einrichtungen fast ganz in Vergessenheit gerathen waren und die Tuchfabrikation sich faktisch von den Reglements nahezu frei gemacht hatte[7]). Diese Thatsache bezeugt zur Genüge, dass die Industrie bereits jene Stufe überschritten hatte, wo es im Interesse der Verkehrenden selbst liegt, wenn die Behörde als Mittlerin zwischen Käufer und Verkäufer eintritt, dass vielmehr durch die Herausbildung

---

Gewerbes gekauft, jetzt ausbleiben und anderwärts ihren Bedarf beziehen. Daher wurde von den Approbatoren der Zunftstatuten 1387 genau vorgeschrieben, welche Fabrikate aus purem Zinn gemacht werden, und in welchem Verhältniss bei anderen Blei und Zinn zur Anwendung kommen dürften (Statuti di medici spetiali e merciai Cod. cit. Nr. 2, fol. 113).

1) Cf. z. B. die Vorschrift über das Minimum von Stahl für Helme und Sturmhauben (Statut der Schmiede Cod. cit. f. 74).

2) Cf. z. B. Statuti di legnaiuoli Cod. Nr. 2, r. 81 u. Cod. Nr. 4 (1404, cap. 30). Vorschriften über die Grössenverhältnisse von Kisten und Koffern.

3) Z. B. der Grösse der Tuchkämme und Waschtröge der Tuchmacher. Cod. cit. Nr. 7, IV, 33, 35, 36.

4) Die Arbeiten der Mitglieder sollen »bene e egualmente per tutti« gemacht sein (Legnaiuoli Cod. cit. Nr. 4, c. 30).

5) Ib. c. 9.

6) Consideranti che gli artefici, che si chiamano battilori, sono membro della decta arte sc. di spetiali e merciai) e che ne' pezzi dell' oro e dell' argento battuto che vendono non è dato alcuna regola di peso e di misura, come comunemente è data a tutte l'altre mercantie, daher wird die Grösse dieser Stücke bestimmt. Davon, dass irgend ein Bedürfniss dazu vorhanden, ist keine Rede. 1403, fol. 137 des Cod. cit. Nr. 2 der genannten Zunft.

7) Al presente poco se ne fa (nämlich von Wollen- und Tuchbeschau) o nonnullo; per le quali cose l'arte ne viene in grande declinazione e tutti da avvenire più l'un di dell' altro, perchè le cose sono tanto transandate che non ne si osserva ordine niuno dell' arte 1459, Cod. cit. Nr. 7, fol. 153.

eines dem Publikum genügende Garantieen bietenden Standes grosser Fabrikanten die besondere öffentliche Aufsicht überflüssig geworden [1]) und eben darum, um mit Roscher zu reden, wie alles an sich Ueberflüssige, das gleichwohl positiv befohlen wird, nur als Fessel wirken konnte. Allein wenn auch in der Hauptindustrie des Staates, die für sich allein an die 30,000 Menschen beschäftigte, und ohne Zweifel auch auf andern Arbeitsgebieten, wie schon die gleich einem rothen Faden durch die Statuten sich hinziehenden Einschärfungen der Reglements beweisen, der Drang des Verkehrs nach freierer Bewegung sich zeitweilig siegreich Bahn brach, so hat dies doch in der Gesetzgebung nur durch eine stärkere Betonung des Zwanges Ausdruck gefunden, und es ist gewiss ziemlich vereinzelt geblieben, dass einmal eine Zunft dem Bedürfniss des Verkehrs so weit entgegenkam, zu gestatten, dass auf den Wunsch von Privaten, mit Erlaubniss der Consuln, von den für die zünftigen Arbeiten vorgeschriebenen Normen abgewichen werden konnte [2]). Man war eben zu sehr daran gewöhnt, von diesen Normen die Erhaltung eine blühenden Industrie, ja die Wiederbelebung herabgekommener Gewerbe zu erwarten; daher auch die vielen Veranstaltungen zur Kontrole und Ueberwachung, die freilich, wie wir eben sahen, ihren Zweck keineswegs auf die Dauer zu erreichen vermochten, aber eben darum insbesondere im 15. Jahrhundert immer mehr vervielfältigt wurden. So musste jeder Tuchmacher die Wolle, die er färben liess, binnen vierzehn Tagen zur Beschau vorlegen [3]), keiner durfte Wolle, die er gekauft, auspacken oder gar verarbeiten, bevor dieselbe nicht von den »Taxatoren« der Zunft in Gegenwart der »Markatoren« geschätzt war. Tücher, die zur Ausfuhr bestimmt sind, müssen vorher von den Letztern markirt sein, und diese wieder dürfen das Tuch nicht stempeln, wenn nicht das Zeugniss der Taxatoren vorliegt, dass die Beschau desselben vollzogen und dass es »würdig sei ausserhalb Florenz versandt zu werden«, zugleich mit der Angabe des Gewichtes und der Qualität, wie man es verlangt im Interesse und zur Ehre des Gewerbes [4]). — Die Seidenzunft [5]), wie auch die der Tuchmacher [6]), gebot jedem Weber sein Gewebe von der Zunft markiren zu lassen. Die Materialien- und Kurzwaarenhändler verboten, zünftige Waaren ausserhalb der Läden zu verkaufen, wenn dieselben nicht vorher den Consuln vorgelegt waren [7]). Die Riemer machten von derselben Bedingung nicht nur den Verkauf ausserhalb des Ladens, sondern auch die Ausfuhr der Waaren zum Verkauf ausserhalb Stadt und Grafschaft

---

1) Vergl. die treffliche, hier auf Florenz angewandte allgemeine Ausführung dieses Gedankens bei Roscher: Ansichten der Volkswirthschaft aus dem geschichtlichen Standpunkte, p. 156, cf. ebendaselbst die feine Beobachtung über die Zunahme der Grösse der einzelnen Unternehmungen auf dem Gebiete der florentiner Tuchfabrikation p. 128.
2) Arte di legnaiuoli Cod. cit. Nr. 4, Zusatz zu cap. 30.
3) Den sententiarii defectuum lanarum Cod. cit. Nr. 7 (1428), III, r. 40.
4) Statuten der Wollzunft Cod. cit. Nr. 7, f. 153. Diese Verordnungen von 1495 erscheinen als Verschärfung der schon bestehenden, cf. l. III, r. 10 (1428) ib.
5) Cod. cit. der Zunft, f. 279 (1473).
6) Cod. cit. Nr. 7 der Zunft (1428) III, 20.
7) Cod. cit. der Zunft, r. 86.

abhängig[1]), »denn nur gute Waaren, die den Ordnungen gemäss gemacht sind, sollen ausgeführt werden«[2]). Nur die zum Hausir- und Detailverkauf in Stadt und Vorstädten bestimmten Waaren des Gewerbes sind von jener Verpflichtung befreit[3]).

Wer bedenkt, dass sich in Amerika, Holland, Westfalen, Hannover, Schlesien ähnliche Beschau- und Kontrolanstalten, sei es für den Export oder den Binnenverkehr, aus wirthschaftlichen Gründen bis in die Gegenwart erhalten haben und selbst die Jetztzeit noch zweifelhaft darüber ist, ob nicht ein Zwang zu deren Benützung gerechtfertigt sei, dem mag in diesem Punkte der Abstand der Renaissance von der Gegenwart minder schroff erscheinen, um so greller fällt dann freilich wieder der mittelalterliche Geist und der Kontrast gegen moderne Anschauung ins Auge, wenn man in den Zunftstatuten liest, wie die ordnungsgemässe Güte der Fabrikation mit Hilfe des geistlichen Armes erzwungen werden soll. Die Industrie des freigeistigen Florenz der Renaissance unter dem Schutz der Kirche, oder vielmehr die Kirche im Dienste der Industrie! Auf Veranlassung der Tuchmacherzunft sehen wir Erlasse der Bischöfe von Florenz und Fiesole an die Seelsorger ergehen, welche dieselben beauftragen, alljährlich an den grossen Kirchenfesten die Parochialen zu ermahnen, dass sie beim Haspeln gesponnenen Garnes ordnungsmässig verführen, und gegen die Uebertreter die Exkommunikation auszusprechen, von welcher dieselben nur nach harter Pönitenz und Erlegung einer ansehnlichen Geldbusse an den Pfarrer (!) absolvirt werden können[4]). Zur Ehre des Klerus sei es gesagt, dass dieser Missbrauch des ängstlichen Gewissens armer Spinnerinnen von Seiten zeitgenössischer Kanzelredner entschiedene Verurtheilung gefunden hat[5]).

Das fünfzehnte Jahrhundert, in welchem sich, wie schon angedeutet, der grosse wirthschaftliche Wendepunkt des sechzehnten bereits im Stillstand oder Rückgang bedeutender Industrieen voraus verkündigte, ist besonders charakterisirt durch die Erfindsamkeit in gewissen Präventivmaassregeln, die

---

1) Cod. cit. (Coregiai) f. 113 (1453). Motiv: — per obviare a quelli — che guastano loro medesimi e gli altri, chi non v'anno colpa ne portano pena; erneuert 1459 (f. 117).

2) Statuti di Spetiali e merciai l. c. und Coregiai Cod. cit. Nr. 1, r. 25.

3) Doch haben einzelne Gewerbe wie z. B. die Leinenhändler und Tuchkrämer den Verkauf ausserhalb der Bude, insbesondere das Hausirengehen in der Stadt gänzlich untersagt. Cod. cit. rub. 49 u. 86, cf. fol. 63 (1374). Vergl. auch Statut der Tischler und Holzarbeiter Cod. cit. Nr. 4, fol. 4.

4) »Qui stamen filatum inaspaverint cum pluribus filis quam ad unum«. Cod. cit. Nr. 7 der Zunft (1333) III, 43 u. 1428 (III, 18) in rub. 29 erscheint selbst der Verkauf von Wolle und Garn zur Fabrikation gewisser verbotener Artikel durch Breves der beiden Bischöfe mit Exkommunikation bedroht und auch hier Bischof und Pfarrer ins Interesse gezogen, indem die Geldbusse für diese Uebertretung ebenfalls an sie zu zahlen ist, cf. 1428, IV, 8.

5) Vergl. die Vorschrift der Pisaner Wollenzunft »auf Kosten der Zunft« die Exkommunikation derer zu betreiben, die an der Wolle einen Betrug begehen, bei Bonaini l. c. (Breve dell' arte della lana di Pisa) III, 739 und die daselbst mitgetheilte Stelle einer Predigt des Fra Giordano da Rivalto (ed. Manni p. 33): e qui disse frate Giordano delle cose sconcie che fanno i mercatanti che fanno scomunicare le feminelle povere, perchè non fanno cosi buon filato che peggiorano poco.

darauf berechnet waren, die Ueberwachung der Industrie zu erleichtern und in noch wirksamerer Weise, als es die Kontrolvorschriften vermochten, die Umgehung der Reglements zu erschweren und die Ueberwachung der Industrie zu erleichtern. Dass nach dem Statut der Tuchmacherzunft die gleichzeitige Fabrikation von Tüchern aus gröberer und feinerer Wolle verboten war, ist schon bemerkt; die Blaufärber durften in keiner andern Farbe als in Waid färben[1]. Analog ist das Verbot, in ein und derselben Werkstatt verschiedene Gewerbe zu betreiben oder in Einem Laden zu verschiedenen Gewerben gehörige Waaren zu verkaufen, womit wenigstens einzelne Zünfte die dem Einzelnen zur Ausdehnung seines Gewerbebetriebes von Staat und Zünften gewährten Erleichterungen in vielen Fällen paralysirten. Was nützte dem Angehörigen der Seidenzunft das Recht, alle derselben unterworfenen Gewerbe gegen Bezahlung der Matrikel zu üben, wenn ihm die bis zum Jahre 1438 ungestörte Befugniss, dies in Einer Werkstatt und Einem Laden zu thun, genommen wurde[2]? Denn wer nicht die Mittel besass, mit der Fabrikation eines zufällig andern Gewerben zugetheilten Artikels zugleich die Eröffnung eines neuen Arbeits- oder Verkaufslokals zu verbinden, vermochte seit dieser Zeit von jener Freiheit gesetzlich keinen Gebrauch mehr zu machen. Doch mochte dies bei der damals schon hochentwickelten Arbeitstheilung dem freien Aufschwung des Einzelnen immerhin weniger im Wege stehen, als wenn man, wie es am Ende dieser Epoche geschah, dem Tuchmacher vorschrieb, nur selbstfabrizirte Tücher zu verkaufen[3] oder nur diese zum Färben, Walken und Appretiren zu geben; und ebenso dem Seidenfabrikanten nur den Verkauf des eigenen Tuches gestattete und ausserdem verbot, andere Seide spinnen zu lassen, als die ihm selbst oder seinem Kompagnon gehörte[4]; oder wenn die Kürschner nur ihnen selbst gehörendes Pelzwerk ohne Erlaubniss der Consuln bearbeiten oder verkaufen konnten[5]. Und doch war es, wie sich einmal

---

[1] Statut der Tuchmacher Cod. Nr. 7 (1428) III, 39.

[2] Statut der Seidenzunft Cod. cit. Nr. 1, f. 224. »Um Betrug vorzubeugen«, soll fortan in keiner Bottega, wo das Seidenwaarengeschäft betrieben wird, etwas anderes als Seide und die in dieses Geschäft einschlagenden Tücher gehandelt werden, in keinem Schnittwaarenladen etwas anderes als neue Wollentücher oder was sonst für Tuch in dies Gewerbe gehört, in den Goldschmiedbuden dürfen nur Gold- und Silberarbeiten gemacht und verkauft werden, in den Strumpfwirkerbuden nur Strümpfe, Mützen u. dergl., in denen der Wammsschneider nur die zu diesem Gewerbe gehörigen Dinge non obstante che tale sottoposto a dicta arte fusse immatricolato in qualunque altra arte. Wer zur Zeit der Verordnung (1438) mehr als ein Gewerbe in einem Lokal treibt, hat 2 Monate Zeit um das zu ändern. Damit fiel natürlich auch die früher zugestandene Erlaubniss, ultramontane Tücher in den Botteghen der Zunft zu verkaufen (ib. rub. 174). Ebenso ist es eine Neuerung der Statuten, wenn 1411 (ib. fol. 175) verboten wurde, in den Magazinen und Buden, wo Schnittwaarengeschäft getrieben wurde, Tücher zu scheeren. — Die Tuchmacherzunft verbot 1460 in den Schnittwaarenbotteghen der Zunft etwas anderes als Wolltücher zu verkaufen.

[3] Cf. die Motive zum Staatsbeschluss von 1477; als besonders charakteristisch für die Industriepolitik der Zeit in Beilage III mitgetheilt.

[4] Statuten der Seidenzunft Cod. cit. (1460) fol. 264. Doch konnten hier die Consuln eine Ausnahme zulassen.

[5] Statuti di vajarii e pelliparii Cod. Nr. 1, r. 36.

ein Statut (noch 1445) schön ausdrückt, nicht nur ein Gebot der gemeinen Vernunft, sondern auch der Ordnungen der Commune, dass Jeglicher sowohl in Kauf als Verkauf der Waaren seines Gewerbes frank und frei sein soll[1]).

Hier spielt auch jenes für die freie Bewegung nicht minder verhängnissvolle Motiv mit herein, unzünftige Arbeit möglichst zu verhüten. Dasselbe äussert sich in Satzungen wie der der Tuchmacher[2]) und der Calimala[3]), wonach kein Färber oder Tuchbereiter an einem florentiner oder ultramontanen Tuch eine Arbeit vornehmen darf, welches nicht das Bleisiegel der Tuchmacherzunft oder der Calimala trägt, noch auch für Jemand, der nicht als Meister immatrikulirt ist, wenn er nicht von den Consuln der Zunft die Erlaubniss erhalten, oder nachweist, dass das Tuch von einem zünftigen Meister gekauft ist. Nur für die »öffentlichen Meister« der Tuchmacherzunft darf Wolle gescheert und Garn gesponnen werden[4]); nur für die der Seidenzunft dürfen Seidenweber, Seidenspinner und Färber in Seide arbeiten[5]); nur den Holzarbeitern, die zu deren Zunft gehörigen Reifenmacher Fassreifen zum Wiederverkauf verkaufen[6]). Da sich die in Betracht kommenden zünftigen Gesichtspunkte mehr in einer Beeinflussung des Handels mit den Erzeugnissen der Industrie bethätigt haben, so ist darauf bei Besprechung der Handelspolitik zurückzukommen.

Es liegt in der Natur der Sache, dass die in der Zunftverfassung selbst begründete Idee einer innigeren gegenseitigen Verpflichtung der Zunftgenossen auch in Florenz für die Frage der individuellen Freiheit von Bedeutung geworden ist. Die Pflicht, sich gegenseitig nicht nur nicht in seiner Thätigkeit zu stören, sondern vielmehr direkt zu fördern, war mit gewissen Verkehrsschranken verbunden, die sich behaupteten, solange die Zunftverfassung selbst bestand. Auch in Florenz sollte kein Genosse dem andern Unterkauf thun[7]), Gesellen oder Lehrlinge entfremden[8]), Werkstatt oder Laden ausmiethen[9]); ja

---

[1]) Statut der Fleischer. Cod. cit. Nr. 1 (1346—1477) fol. 95: tanto per la ragione comune quanto per gli ordini del nostro Comune si dispone che ognuno cosi nel comprare come nel vendere qualunque mercatanzie della sua propria arte sia franco e libero. Gerade in diesem Gewerbe entsprach freilich dieser Satz am wenigsten der Wirklichkeit.
[2]) Statuten Cod. Nr. 7 (1428), III, 46.
[3]) Statuten ed. Giudici l. II, Cap. 6.
[4]) Statuten (1331) Cod. Nr. 7, II, 15.
[5]) Statuten Cod. cit. Nr. 1, fol. 149 u. 176.
[6]) Statuti di legnaiuoli Cod. cit. Nr. 4 (1394), fol. 1.
[7]) Cf. z. B. Statut der Kürschner Cod. cit. r. 40. Steinmetzen r. 40 u. a.
[8]) Cf. z. B. Statut der Panzerschmiede Cod. cit. 2, r. 11 u. a.
[9]) Wie tief dies Gebot in die Verkehrsfreiheit eingriff, zeigen folgende Satzungen: Wenn ein Budenbesitzer die hergebrachte Miethe steigerte, ja selbst, wenn letztere als zu hoch erscheint, so können auf Antrag der Mehrzahl der in derselben Strasse wohnenden Zunftgenossen alle der Seidenzunft (Cod. 1, r. 65) angehörigen Gewerbetreibenden zum Verlassen der daselbst gelegenen Buden gezwungen werden. Dasselbe Statut haben die meisten Zünfte, wenn auch einzelne, wie z. B. die Panzerschmiede, es erst spät (1427, fol. 36) rezipirten. Die Leinenhändler (r. 67) verlangen eine Mehrheit von $2/3$. Wer sich weigert, wird von der Zunft mit Gewalt ausgetrieben. Kein Materialien- und Kurzwaarenhändler darf innerhalb 5 Jahren, nachdem ein Zunftgenosse eine Bude verlassen, dieselbe wider dessen Willen

in einigen Gewerben waren die Mitglieder verpflichtet, sich gegenseitig mit dem zum Betrieb nöthigen Material unter die Arme zu greifen. Der Schmied, der Kohlen gekauft, muss dieselben auf Verlangen den Zunftgenossen, besonders den ärmeren, bis zur Hälfte um den Einkaufspreis abtreten[1]), ebenso einen entsprechenden Theil Holz die Tischler und andere Holzarbeiter[2]). Ja es kommen sogar Beschränkungen des Kaufes von Rohmaterialien vor, sei es dass es den Zunftgenossen verboten ist, dieselben zum Aufspeichern[3]) oder zum Wiederverkauf[4]) zu kaufen, oder dass denselben für ihren jährlichen Einkauf ein Maximum direkt vorgeschrieben wird[5]). Die letztere der Verkehrsfreiheit so gefährliche Richtung hat eine Ausehnung über den Kreis der genannten Gewerbe hinaus nicht gefunden, und auch innerhalb der letzteren erscheint das Prinzip des **Verkaufszwanges** und das **Einkaufsmaximum** nur in Beziehung auf zwei Stoffe durchgeführt: Holz und Kohle, die hier eine analoge Stellung einnehmen, wie die Objekte der Theuerungspolitik, deren Gesichtspunkten wir hier wieder begegnen; und wenn wir einmal das gesetzliche Einkaufsmaximum auch auf den Kauf von Werkzeugen ausgedehnt finden, wie bei den Tuchmachern, die nur für den Bedarf von 6 Monaten Karden kaufen sollten[6]), so ist auch dies eine vereinzelte Erscheinung geblieben. Auch habe ich, trotzdem jenes vereinzelte, indirekt die Höhe der Produktion des Einzelnen unter Umständen beschränkende Maximum des Materialienkaufes prinzipiell von einer direkten Begrenzung des Einzelbetriebes kaum verschieden ist, in Florenz kein Statut gefunden, welches in

---

miethen (r. 53 u. 1392, f. 124). Die Leinenhändler (r. 84) machen dies zur Pflicht auch gegenüber den Angehörigen der andern »12 obern Zünfte«, die Riemer gegenüber denen aller Zünfte, »die ein ähnliches Kapitel in ihren Statuten haben« (r. 22). Nach den Statuten der Republik (1415) l. IV, tract. cit. r. 37, bestand dieselbe gegenseitige Verpflichtung für die Mitglieder der Calimala und Seidenzunft. Kein Leinenhändler durfte eine Bude miethen, die ein Mitglied einer andern Zunft gegen den Willen des bisherigen zur Zunft gehörigen Miethers gemiethet hatte. Der Verzicht auf eine Bude kann nur vor den Zunftconsuln ausgesprochen werden und ist nur dann giltig, wenn diese mit 16 Beisitzern aus der Zunft mit $^2/_3$ Majorität erklären, dass der Verzicht nicht aus Furcht und unfreiwillig geschehen. Nur wenn der Miether nicht zahlt, kann der Eigenthümer vermiethen, an wen er will. Seit 1434 findet sich allgemein in den Zunftstatuten das Gesetz, dass wenn der Eigenthümer die Bude zu eigenem Gebrauch will, er 2 Jahre vorher kündigen muss, und ohne Erlaubniss kein Anderer diese Bude vor 10 Jahren miethen darf und auch dann nur, wenn der bisherige Miether oder dessen Erben gefragt sind, ob sie dieselbe zum alten Preise wieder wollten. (Leinenhändler f. 135). Nach den Statuten der Panzerschmiede befragen die Consuln bei Streitigkeiten zwischen Eigenthümer und Miether die sechs zunächst wohnenden Zunftgenossen, ob die Miethe erhöht oder erniedrigt werden soll, worauf die Consuln nach ihrem Gutdünken entscheiden und 5 Jahre nach dieser Entscheidung darf der Miethszins nicht verändert werden (fol. 38) 1427.

1) Fabbri. Cod. cit. Nr. 1, r. 83.
2) Legnaiuoli. Cod. cit. Nr. 2, r. 12 u. Cod. Nr. 4, fol. 9.
3) In Beziehung auf die Färbern und Tucharbeitern nöthigen Artikel. Statuten der Wollzunft Cod. Nr. 7 (1333) II, 8 und (1428) IV, 2.
4) Schmiede: r. 83. Schlosser fol. 26 in Beziehung auf Kohlen.
5) Tischler. Cod. Nr. 4, f. 6 in Beziehung auf Holz.
6) L. c. (1333) u. (1428).

der Absicht, eine gegenseitige Beeinträchtigung der Nahrung zu verhüten, dem Industriellen in der Steigerung seiner Produktion eine bestimmte Grenze gesetzt hätte. Ueberhaupt scheint man in Florenz nicht so sehr darauf bedacht gewesen zu sein, die wirthschaftliche Existenz des Einzelnen durch Gesetz, d. h. durch Beschränkung der Andern zu sichern, wie z. B. in Venedig[1]) oder Pisa, in welch' letzterer Stadt man darin so weit ging, dass man durch die Behörde die zum Färben bestimmten französischen Tücher unter die Werkstätten aller Färber vertheilen liess[2]), und die Tuchmacherzunft ihren Mitgliedern vorschrieb, wie viel Wolle sie je einer Spinnerin zum Spinnen geben dürften[3]).

Die letzteren Bestimmungen führen uns auf ein Gebiet, dessen Regelung durch die Zunftgesetzgebung nicht minder für den Geist, der sie beherrschte, charakteristisch ist, als die bisher besprochenen Verhältnisse. Wir haben bisher vornehmlich das Recht ins Auge gefasst, welches die an der autonomen Gestaltung der zünftigen Organisation selbständig betheiligten Industriellen und Handwerker sich selbst gesetzt, und wenn dabei auch der von den grossen Handelszünften abhängigen und von deren gesetzgeberischen und richterlichen Befugnissen so gut wie ausgeschlossenen Gewerbetreibenden oder der unselbständigen Hilfsarbeiter des Gesellen- und Lehrlingstandes gedacht wurde, so handelte es sich dabei doch im Wesentlichen um Grundsätze, die auf alle die genannten Klassen Anwendung fanden. Jetzt kommt das besondere Recht in Frage, welches die eine Interessentengruppe der andern vorschreibt, d. h. die in den Zünften herrschenden Kaufherren und Fabrikanten den abhängigen Meistern, oder der Meisterstand dem Arbeiter, mag dieser als Geselle und Lehrling in der Werkstatt, oder in der fabrikmässig organisirten Grossindustrie als Arbeiter im modernen Sinne thätig sein. Diese für den modernen Charakter des gewerblichen Lebens jener Zeit charakteristische Scheidung zu machen, berechtigt uns schon die Geschichte der politisch-sozialen Parteikämpfe von Florenz. Dasselbe hatte längst jene Stufe überwunden, wo in Folge des lediglich handwerksmässigen Betriebes der Gewerbe der Arbeiter regelmässig Aussicht hatte, vom Lehrling und Gesellen zum selbständigen Meister empor zu steigen. Es war eine natürliche Folge des gewaltigen Aufschwunges der

---

1) Ich finde auch nicht die geringste Spur, dass man in Florenz den Meister hinsichtlich der Zahl seiner Gesellen und Arbeiter beschränkt hätte. Vgl. dagegen das für den Gegensatz charakteristische venezianer Steinmetzenstatut v. 1407 (Sagredo l. c. 49). L' è cosa condegna e laudabile che cadauno si debbia vivere cum el so mestier: ma el se vol cerchar de farlo cum men dano del compagno che sia possibile e piu presto cerchar de farlo cum comodo et utilita del mestier e dela poverta che sia possibile, et perche se die cerchar de obviar a li inconvenienti pono intravegnir essendo introducta una coruptela per li patroni et maestri di bottega (nämlich bis an die 10 Gesellen zu beschäftigen) — la qual cosa torna in dano de li nostri poveri lavoranti che viveno ala zornata. Pero — alcun patron over maestro di bottega decetero non puossi — haver più di tre fanti scritti cum loro ala Justitia vecchia oltra li fradelli et li fioli.

2) Breve consulum curie mercatorum ad. Bonaini l. c. III, 130.

3) Breve dell' arte della lana, ib. III, 688. Cf. dasselbe Statut der Mailänder Tuchmacherzunft, wonach keiner je einer Spinnerin mehr als 6 »balancias lane« auf einmal geben darf. Statuta mercatorum lane § 62 in den Mailänder Statuten von 1480.

Industrie, dass sich einerseits eine Klasse grosser Kapitalisten, anderseits ein eigentlicher Arbeiterstand bildete, der daran verzweifeln musste, sich je aus seiner Lage emporzuarbeiten. Wie schroff der Klassengegensatz zwischen der herrschenden Klasse von Kaufleuten, Fabrikanten und Kapitalisten auf der einen, und dem Fabrikproletariat der »Ciompi« oder des »popolo minuto« auf der andern Seite geworden war, bezeugen die Ideen der Arbeiterrevolution von 1378, welche uns Machiavelli so meisterhaft veranschaulicht hat.

Aufs Engste mit diesem Element verbunden, erscheint der kleine Handwerksmeister, dem keine selbständige zunftmässige Organisation zur Geltendmachung seiner wirthschaftlichen und politischen Ansprüche zu Gebote stand. Allerdings arbeiteten diese von den Handelszünften abhängigen Gewerbetreibenden, wie z. B. die Färber, Tuchbereiter, Tuchdrucker, Weber und andere auf eigene Rechnung und in eigenem Namen; doch zeigen sich schon einzelne Symptome, dass diese Art wirthschaftlicher Selbständigkeit durch die natürlichen Wirkungen einer zum Fabrikbetrieb emporgewachsenen Industrie ernstlich bedroht war. Offenbar griff bei den Fabrikanten der Calimala, der Wollen- und Seidenzunft das Bestreben um sich, lieber mit abhängigen Arbeitern als mit selbständigen Kleinmeistern zu arbeiten. Es ist höchst bezeichnend für die Industriepolitik der Zeit, dass man durch eine willkürliche Beschränkung des Arbeitgebers in dieser Beziehung den Lauf der Dinge aufhalten zu können glaubte. Wenigstens findet sich ein Gesetz, welches den Seidenfabrikanten verbietet, Seidenzeuge von Arbeitern weben zu lassen, oder wahre Meister als Arbeiter zu beschäftigen, auch wenn die Webstühle ihnen selbst gehören, und nur solche gestattet, welche in Wirklichkeit als Meister arbeiten [1]. Auch wenn nicht die Aufrechthaltung der Reglements als Motiv dieser Beschränkung genannt wäre, würde keineswegs auf die Absicht einer »Konservirung« des genannten Standes zu schliessen sein. Kommt ja doch überhaupt nur selten in dieser Gesetzgebung die Tendenz zum Vorschein, das Interesse des abhängigen Gewerbetreibenden und Arbeiters gegen die Ausbeutung durch die dreifache Uebermacht der Fabrikanten zu schützen, die ihn nicht nur wirthschaftlich durch das Uebergewicht des Kapitalbesitzes, sondern auch als Gesetzgeber und Richter in der Hand hatten. Vor Allem fehlte dieser Klasse der abhängigen Meister und Arbeiter, um dem Interesse der im Regiment sitzenden Kaufmannschaft an einem möglichst niedrigen Preis der Arbeit wirksam zu begegnen, das Recht der Koalition [2]. Allerdings war allen Gewerbetreibenden ohne Unterschied jede

---

[1] — Dare a tessere ad alcuno per lavorante eziandio se il telajo fosse del detto setajuolo e mercatante ma realmente darle a tessitori come maestri non come lavoranti ne in altro modo (1429). Statuten Cod cit. Nr. 1, fol. 204.

[2] Statuta Flor. (1415) lib. IV, tract. cons. art. r. 48. In Versagung dieses Rechtes scheinen die zünftigen Fabrikanten Italiens überhaupt einig gewesen zu sein. Vergl. die Statuta mercatorum lane (in den Mailänder Statuten von 1480). § 56. Nullus garzator nec pectenator nec textor nec follator nec tinctor drapporum lane nec aliquis alius laborans ad mercedem de arte lane possit inire aliquam societatem cum alio habente aliquod paraticum vel aliquam convenientiam seu communitatem aliquo modo, quod redundaret in praejudicium dictorum mercatorum; alioquin infametur ille laborator.

Einigung bezüglich des Preises ihrer Waaren verboten [1]). Jedoch hatten diejenigen, welche über die in der zünftigen Organisation liegenden Machtmittel verfügten, unter Umständen immerhin Aussicht, das Verbot illusorisch zu machen. Zudem war es doch etwas anderes, wenn der Staat im Interesse des Publikums und des gemeinen Wohles ein derartiges allgemeines Verbot erliess, als wenn, was doch die hauptsächlichste Wirkung jenes Florentiner Coalitionsverbotes war, die eine Interessentengruppe die andere damit einer wichtigen Schutzwehr gegen den Missbrauch der Herrschaft beraubte, eine Schutzwehr, die um so nothwendiger war, als den Fabrikanten das Recht einer allseitig bindenden Entscheidung über die Höhe der Arbeitslöhne zustand. In der Tuchmacherzunft bestand (bis 1428) eine Commission von sechs Mitgliedern, deren Aufgabe es war, die Preise für das Färben des Tuches, der Wolle, des Garnes zu »modifiziren, auf das billige Maass zurückzuführen und dabei zu erhalten« [2]). Dass die Färber zwei Vertreter in diese Commission entsenden konnten, war gegenüber der doppelten Vertretung der Fabrikanten nicht von Belang, und als im 15. Jahrhundert die Festsetzung der Preise an die Zunftconsuln und andere Zunftbeamte übertragen wurde, kam das Interesse der abhängigen Färbermeister noch weniger zur Geltung [3]). Wenn in den Statuten der Seidenzunft die offizielle Bestimmung der Löhne der Färber, Weber und Spinnerinnen von Zunftwegen damit motivirt wird, dass es sich um eine Maassregel zu Gunsten der Letzteren handle, »damit sie für ihre Arbeit bezahlt würden, wie es vernünftiger Weise verlangt werden könne«, so ist doch nicht zu vergessen, dass die Ansätze des zünftigen Tarifes nicht etwa bloss die Bedeutung einer Minimalgrenze hatten, unter welche der Fabrikant nicht herabgehen durfte, sondern dass jede Abweichung von denselben, also offenbar auch eine einseitige Gewährung höhern Lohnes verpönt ward [4]).

Um den Lohntarif aufrecht erhalten zu können, entfernte man sich noch um einen weitern Schritt von den Prinzipien der Freiheit, indem man mit dem Taxenwesen einen förmlichen Arbeitszwang verband. Die Färber mussten einem jeden Tuchmacher [5]) Tücher und Wolle, einem jeden Seidenfabrikanten [6])

---

1) Homines seu consules alicujus artis civitatis, comitatus vel districtus Florentie non possint — facere vel fieri facere conspirationem aliquam — posturam, pactum vel monopolium aut doganam super aut de rebus aut negotiationibus ad artem suam vel alterius certo modo pertinentibus certo modo vel forma seu pretio vendendis vel emendis aut aliquo modo agendis vel contrahendis, quin libere possit et liceat cuilibet emere vendere et agere prout voluerit et poterit et melius convenerit cum secum contrahentibus de rebus et negotiationibus antedictis. Statuta Flor. (1415) lib. III, r. 88.
2) Cod. cit. Nr. 7 (1333) l. I, 60.
3) Ib. (1428), I, 33. Dasselbe gilt für die Calimala, wo die zur Festsetzung der Preise fürs Färben und Appretiren des Tuches eingesetzte Kommission von Kaufleuten, allerdings einige Meister dieser Gewerbe befragen soll, aber doch selbständig nach ihrem Gutdünken den Tarif festsetzt. Lib. II, r. 7, ed. Giudici.
4) Cod. cit. Nr. 1 (1429), fol. 204. E non possa dare della manifattura a veruno tessitore minor pregio o altrimenti che di sotto sia ordinato.
5) Tuchmacherstatut Cod. cit. Nr. 7 (1428) III, r. 42.
6) Statut der Seidenzunft Cod. cit. Nr. 1, r. 98.

Pöhlmann, Wirthschaftspolitik.

Stoffe färben für den offiziellen Lohn. Zuweilen schrieb die Zunft auch die Zeit vor, binnen welcher die Arbeit geliefert werden musste [1]), ein Zwang, der auch da vorkommt, wo man den Lohn der freien Vereinbarung überliess [2]). Dass man abhängigen Gewerben, die nicht für die Fabrikanten der Zunft, sondern unmittelbar fürs Publikum arbeiteten, einen Preistarif vorschrieb, wie dies die Seidenzunft gegenüber den Wammsschneidern that [3]), scheint sonst nicht wieder vorgekommen zu sein. Uebrigens sind es auch unter den für die Fabrikanten beschäftigten Kleinmeistern der obern Zünfte immer nur einzelne eben von uns genannte Kategorien, welche an einen Tarif gebunden waren. Eine grössere Ausdehnung fand dies System erst in dem folgenden Jahrhundert, als auf allen Gebieten die wirthschaftliche Reaktion um sich zu greifen begann. So waren die Löhne der Weber der Tuchmacherzunft durchaus der freien Vereinbarung überlassen und erst 1545 hielt man es für nöthig, durch einen Tarif solcher »Unordnung« (disordine), wie es in dem betreffenden herzoglichen Edikt heisst, zu steuern [4]). Auch fand das Taxenwesen, wie man es einem Theil der abhängigen Kleinmeister gegenüber durchführte, keine Anwendung auf den eigentlichen Arbeiterstand; nur ganz ausnahmsweise kommt dergleichen auch hier vor, wie z. B. bei den Seidenspinnerinnen. Es scheint nicht im Interesse der herrschenden Bourgeoisie gewesen zu sein, auch den Verkehr zwischen Fabrikant und Arbeiter in dieser Beziehung an eine feste Norm zu binden; auch jene humane Richtung, die dem Arbeiter ein gewisses Lohnminimum garantirt wissen wollte, ist sonst nicht weiter in den die grossen Manufakturen betreffenden Statuten zum Ausdruck gekommen, so sehr gerade hier eine gewissenlose Ausbeutung der Arbeit durch das Kapital keineswegs selten war [5]).

Im Kreise des eigentlichen Handwerks, der niedern Zünfte, in welchem sich abhängige Gewerbe innerhalb einer Hauptzunft nur vereinzelt finden, kommt eine derartige Fesselung derselben nur bei einer einzigen Zunft vor, nämlich bei den Holzarbeitern, welche für die von ihrer Zunft abhängigen Kärrner, die ihnen das Holz zufuhren, ein Lohnmaximum festsetzten [6]); ebenso nur ein Beispiel einer zünftigen Beschränkung des Werklohns für den Arbeiter,

---

1) Ib. fol. 169 (1411). Die Weber hatten den Seidenfabrikanten zu liefern »a tempo ragionevole e competente« wo nicht, werden sie dazu gezwungen, und keiner darf ein neues Gewebe beginnen, bevor er das früher begonnene vollendet.

2) Die Walker hatten z. B., binnen 10 Tagen nach Empfang der Tücher, dieselben gewalkt wieder abzuliefern. Tuchmacherstatut Cod. cit. (1428) III, 55.

3) — »Per porre ordine e regola a pregi di farsetti e quello e quanto decti farsettai possino piglier per factura d'una farsetta«. 1490. Statut der Seidenzunft Cod. cit. f. 306.

4) Cantini: Legislazione toscana I, 289.

5) Dies ist nicht zu leugnen, auch wenn man auf die Arbeitseinstellungen, wie z. B. auf die von 1346, durch welche Wollkämmer und Wollkratzer höhere Löhne erzwingen wollten (cf. Donato Velluti ed. Fir. 1731, p. 148), oder auf die Klagen der Arbeiter über die niedrigen Löhne weniger Gewicht legen wollte. (Cf. die Behauptung der »Ciompi«, dass die Arbeiter um den dritten Theil zu gering bezahlt würden, Gino Capponi l. c. I, 341). Machiavelli hat es trotz seiner sichtlichen Zurückhaltung deutlich genug ausgesprochen, lib. III, ad ann. 1378, XII und XIII.

6) Statuti di legnaiuoli Cod. cit. Nr. 2, cap. 84. Cf. Cod. Nr. 4 (1394), cap. 28.

d. h. hier Gesellen und Lehrling, nämlich bei den Schustern[1]); das einzige Beispiel überhaupt, das ich für eine zünftige Regelung des Lohnes von Gesellen oder Lehrlingen in der ganzen Florentiner Zunftgesetzgebung gefunden habe. Es wäre nun freilich unberechtigt, aus der Thatsache, dass die überwiegende Mehrzahl der Gewerbe in genannter Beziehung die Freiheit des Verkehrs zwischen Arbeitgeber und Arbeitnehmer nicht angetastet hat, den Schluss zu ziehen, als ob man hier prinzipiell der Freiheit, dort der Gebundenheit und Bevormundung gehuldigt hätte. Es sind hier gewiss mehr äusserliche Rücksichten als allgemeine Grundsätze maassgebend gewesen, wie wir denn innerhalb ein und derselben Zunft einen Theil der Hilfsarbeiter Lohntaxen unterworfen sahen, andere nicht. Uebrigens begegnen wir dem Taxenwesen und ähnlichen Einschränkungen der industriellen Verkehrsfreiheit nicht bloss in den Akten der Zunftgesetzgebung, sondern in weitem Umfang auch in den Statuten der Republik.

Es ist bezeichnend, dass der Staat das Recht, den Produkten des Gewerbefleisses ihre Preise, der gewerblichen Arbeit ihren Lohn durch die Verwaltungsbehörden[2]) vorzuschreiben, nicht gegenüber der gesammten Industrie geltend gemacht, sondern die obern Zünfte, also neben Richtern, Notaren und Wechslern die Calimala, die Tuchmacher- und Seidenzunft, die Kurzwaaren- und Materialienhändler mit den von ihnen abhängigen Gewerben und die Pelzer von einer derartigen staatlichen Einmischung ausdrücklich befreit hat[3]). Es bleibt demnach nur noch die Frage, in wie weit der Staat von seinem, dem unzünftigen Gewerbe wie dem der vierzehn untern Zünfte gegenüber festgehaltenen Einmischungsrecht Gebrauch gemacht hat oder nicht. Ob die Praxis der Verwaltungsbehörden, die damit betraut waren, eine rigorose oder liberale war, kann bei dem Mangel an Quellen nicht mit Sicherheit bestimmt werden; in den Statuten selbst erscheinen nicht viele Gewerbe dem Taxenzwang unterworfen. Ausser den Fettkrämern und Talgziehern[4]), den Schneidern[5]), den Lastträgern[6]) und den bei Besprechung der Theuerungspolitik genannten Gewerben sind hier nur solche Gewerbe an einen obrigkeitlichen Tarif gebunden, deren der Staat selbst bei seinen Unternehmungen bedurfte. Besonders wär es die grossartige öffentliche Bauthätigkeit während der ganzen Renaissance, welche eine grössere Zahl von Gewerben dem Taxenzwang unterwarf, und zwar nicht blos da, wo es sich um Arbeiten für den Staat handelte, sondern

---

1) — Nullus — possit discepulo vel factori dare pro factura alicujus paris scarpitularum plus quam 18 den. Da der Codex der Schusterstatuten halb zerstört ist, lässt sich weder Folio noch Zeit dieser Bestimmung mehr eruiren.

2) Und zwar charakteristisch für den Zusammenhang mit der Theuerungspolitik durch die »officiales grascie«. Statuta (1415) l. IV, tract. et mat. consul. artium etc. r. 139.

3) Diese Officialen können für alle beliebigen Dinge Preise festsetzen, dum tamen nulla pretia constituere possint contra aliquas personas vel artefices ex VII majoribus artibus — vel super rebus seu mercantiis spectantibus ad ipsas VII artes. Ib.

4) Ib. rub. 246.
5) Ib. lib. V, tract. I, r. 160.
6) Ib. lib. IV, tract. cit. r. 262.

auch bei denen für Korporationen und Private. Den Ziegelbrennern, Steinmetzen, Maurern, Zimmerleuten und deren Handlangern wurden jedesmal beim Amtsantritt der kompetenten Behörde Preise und Löhne von Neuem vorgeschrieben[1]). Ja es verbindet sich auch hier mit dem Taxenwesen ein förmlicher Arbeitszwang: die Kalk- und Ziegelbrenner mussten, damit man reichliches und billiges Baumaterial bekam, mindestens alle zwei Monate brennen, wenn sie ihren Ofen in der Stadt hatten, alle drei Monate, wenn fünf Miglien im Umkreis[2]). Der Verkaufszwang war nur eine weitere Konsequenz. Jede Weigerung, z. B. Kalk, sei es an die Commune oder Private, und zwar zum offiziellen Preis zu verkaufen, war strafbar. Dies gilt nach den Statuten für alle andern Handwerker, »die ihre Waaren zu einem bestimmten Preis zu verkaufen verpflichtet sind«[3]). Nach den ungedruckten Statuten[4]) von 1324 mussten die Ziegelbrenner, Steinmetzen und Zimmerleute sogar allmonatlich vor dem Podesta erscheinen, der sie befragte, ob in Stadt und Vorstädten für das Baubedürfniss der Bürger genügend Kalk, Ziegel u. dergl. vorhanden sei; und wenn dann hinterher eine Untersuchung von Seiten der Consuln der Steinmetzen- und Zimmermeisterzunft, eines Ritters und Notars des Podesta ergab, dass die Ziegel- und Kalkbrenner jene Dinge nicht »zur Genüge« produzirten, so verfielen sie in Strafe[5]). Die Gesetzgebung hat sich allerdings später von dieser Ueberspannung des Zwanges wieder befreit; von jener ohne die grösste Ungerechtigkeit nicht aufrecht zu erhaltenden Verpflichtung ist in den spätern Statuten keine Rede mehr.

Als ein Zweig, bei welchem der Staat, wenigstens so lange er die Schifffahrt als Staatsmonopol betrieb, unmittelbar interessirt war[6]), erscheint ferner

---

[1]) Statuta (1415) ib. r. 57 wonach die Preise für alle Produkte der Kalk- und Ziegelbrennerei alle 2 Monate festgesetzt wurden. Cf. r. 60. Ueberhaupt ist es dieses Gewerbe, welches die Zeit mit Vorliebe dem Taxenwesen unterwarf. Cf. z. B. die Statuten v. Mantua IV, r. 40 bei Arco. l. c. 290.

Für den Lohn der Steinmetzen und Ziegeldecker ist schon in den Statuten selbst ein Maximum vorgeschrieben. Für Meister (14. März — 15. September) 18 Soldi Tagelohn, Handlanger 8 S. 6 Denare; während der übrigen Zeit des Jahres für die ersteren 12 S., die letzteren 6 S. Auch wer mehr giebt, wird bestraft. Man vergl. die bedeutende Lohnsteigerung seit 1324 (Statut V, 76), wo das Maximum des Meisterlohnes für März bis Oktober 7 S., die übrige Zeit 6 S. betrug, für den Handlanger sei die Hälfte.

[2]) Statuta (1415) l. c. r. 59 ebenso schon im Statut von 1324 (Arch. Rif.) III, 97. Selbst Länge und Breite der gelieferten Steine schrieb der Staat vor. Ib.

[3]) Statuta (1415) l. c. r. 65.

[4]) Arch. Rif. Cod. cit. III, 97.

[5]) — Predictos fornaciarios habundanter non facere de rebus predictis sue artis. (1415). Ib.

[6]) Bei dieser Gelegenheit sei bemerkt, dass eine Beschränkung der Gewerbefreiheit durch eine staatliche Monopolisirung einzelner Industriezweige in Florenz nur ganz ausnahmsweise vorkommt. Die Andeutungen Machiavelli's (Discorsi III, 29) über die bereits Ende des 15. Jahrhunderts in Italien auftretende Regalwirthschaft, beziehen sich doch nur auf absolutistische Staaten. In Florenz war nur der Schiffbau und der Bergbau Regal, doch wurde ersterer später ganz freigegeben, und hinsichtlich des letztern ist wenigstens die Praxis eine verschiedene. Während der Staat 1483 Niemandem ausser der Wollenzunft gestattete, auf Alaun zu graben (liber legum artis lane Cod. cit. f. 149), hatte man früher (1472)

der Schiffsbau und das Matrosengewerbe. Angesichts der Fesseln, welche die dem auswärtigen Handel dienende Industrie ihren Hilfsarbeitern, der Staat den seinen Zwecken dienstbaren Gewerben auferlegte, ist es unmöglich, aus dem Mangel von Bestimmungen über diese beiden Berufszweige in der Florentiner Gesetzgebung den Schluss zu ziehen, dass hier trotz des gleichzeitigen Interesses des Fiskus und des internationalen Verkehres eine unbedingte Freiheit bestanden hätte[1]. Wenn {man nun bedenkt, dass eine bedeutendere Entwicklung der Florentiner Marine sich aufs Engste an die Einverleibung Pisa's anschliesst, dass der 1421 in Anschluss daran ins Leben gerufene »Admiralitätshof« der »Consuln des Meeres von Florenz und Pisa« offenbar nur eine Nachbildung der alten Pisaner Behörde der »Consuln des Meeres« ist, wenn man den alten Ruhm und die hohe Ausbildung des Pisaner Seerechtes erwägt, welches eben noch im Jahre 1401 vom Herzog von Mailand als Herrn von Pisa unbedingt bestätigt worden war[2], so kann kein Zweifel sein, dass Florenz, die Binnenstadt, dieses Recht, die Frucht Jahrhunderte alter seemännischer Erfahrung, recipirt hat[3]. Entsprach doch auch die Art und Weise, wie dieses Recht die Verhältnisse der dem Seeverkehr dienstbaren Gewerbe geregelt hat, auf das Genaueste dem Geiste, der in den eben besprochenen gewerblichen Ordnungen von Florenz waltete. Auch hier dieselbe eigenthümliche Verquickung von Freiheit und Gebundenheit: man will in Pisa nicht dulden, »dass die Kalfaterer oder irgend welche anderen Gewerbetreibenden an irgend einer Arbeit gehindert würden, also dass sie ihr Gewerbe nicht frei ausüben könnten«, und verfügt doch in einem und demselben Athemzug, dass diese Kalfaterer und alle anderen Arbeiter und Handwerker, wenn sie zu Arbeiten an einem Seeschiff oder andern Fahrzeugen gerufen werden, von Podesta und Capitan zur Arbeit gezwungen werden[4] sollen, wenn sie dem Rufe nicht folgen. Und wenn sie mit dem Lohne nicht zufrieden sind, so müssen sie mit demjenigen vorliebnehmen, welchen ihnen eine Kommission von Rhedern und Seeleuten zuspricht. Zudem müssen

---

zu Gunsten der Finder von Alaungruben gegen die Ansprüche der Volterraner Commune (Machiavelli, storia fior. VII, 29) dahin entschieden: il popolo Volterrano non volere le cose giuste desiderando privare i suoi cittadini delle fatiche e industrie loro e perciò ai privati non a lui quelle allumiere appartenevano; ma esser ben conveniente che ciascuno anno certa quantità di danari pagassino in segno di riconoscerlo per superiore.

1) Dass man vielmehr gerade auf diesem Gebiet zu gewaltsamen Eingriffen in die individuelle Freiheit geneigt war, bezeugt aufs Deutlichste ein Paragraph der florentiner Statuten, wonach alle »pauperes homines« von Pisa, d. h. solche, die nicht eine bestimmte Steuer zahlten, ein Ruder im Hause haben mussten und verpflichtet waren, auf jede Requisition von Seiten der Commune die Galeeren und andere Fahrzeuge derselben zu besteigen und den Dienst gegen den »hergebrachten Lohn« zu übernehmen! (1415) lib. V, tract. II, rub. 125.

2) Breve dell' ordine del mare della città di Pisa, ed. Bonaini l. c. III, 641.

3) Einen strikten Beweis dafür ergaben freilich auch meine Nachforschungen im Pisaner Staatsarchiv nicht. Der jüngste Codex Nr. 22, Breve maris bezeichnet, trägt die Aufschrift 1403 und enthält keine jüngeren Zusätze. Doch bezweifle ich die Rezeption ebensowenig, wie die Ansicht von Pardessus (Collection des lois maritimes IV, 568), dass schon das alte Seerecht des Consulatus maris in Florenz gemeines Recht war.

4) Breve Pisane Comunis l. c. I, 306. Cf. Breve Curie maris III, 389. Ganz ebenso haben auch andere Seestaaten das Gewerbe in den Dienst der Marine gestellt, z. B. Venedig (Statuti

sie dem Staate billiger arbeiten als Privaten [1]). Dass die Barken- und Schüttenführer einem Tarif unterworfen sind [2]), erscheint auch uns nicht als Zwang, wohl aber die Institution, dass ihre Thätigkeit beim Ausladen der Schiffe nicht der freien Konkurrenz überlassen ist, sondern die Besitzer von Barken und Schütten in Livorno und Porto Pisano nur in einer bestimmten Reihenfolge zugelassen werden, an welche sie sowohl wie die anlangenden Schiffe gebunden sind, weshalb der Barkenführer ebenso wenig seine Dienste anbieten darf, wenn ihn nicht nach dem Loose die Reihe trifft, noch auch, wenn dieses der Fall, dieselben verweigern kann [3]). Der Lohn der Matrosen erscheint allerdings der freien Vereinbarung überlassen, doch begegnen wir hier denselben Zwangsmaassregeln gegen den Kontraktbruch wie bei den ländlichen und städtischen Arbeitern. Ein kontraktbrüchiger Matrose kann von keinem andern Kapitän gedungen [4]) und von dem Patron des Schiffes, für das er sich verpflichtet, mit Gewalt aufs Schiff gezwungen werden [5]); ein Grundsatz, der sich freilich bis auf die Gegenwart behauptet hat, insofern als noch heute gegen desertirende Seeleute dieser Zwang zulässig und erst im letzten Jahre ein Antrag auf Abschaffung desselben im englischen Unterhause gestellt worden ist.

Die Matrosen haben uns wieder in den Kreis der Lohnarbeiter geführt, und es bleibt uns noch die wichtige Frage zu beantworten, welche Stellung die Gesetzgebung und zwar zunächst die zünftige zu der Freizügigkeit dieser Klasse eingenommen hat. Es gilt hier gleich jener modernen Meinung entgegenzutreten, welche — offenbar in völliger Unkenntniss der Quellen — den Arbeiter an Fabrik und Werkstatt in einer Weise gebunden sein lässt, nach welcher dem Arbeitgeber die absolute Entscheidung über die Dauer des Verhältnisses zustand, der Arbeiter also zu förmlicher Zwangsarbeit, wie sich Zobi ausdrückt, verurtheilt war [6]). Allerdings kommen Satzungen vor, die auf den ersten Blick diese Ansicht zu rechtfertigen scheinen. So heisst es im Statut der Tuchmacherzunft: »Kein Wollschläger, Wollkämmer oder anderer Arbeiter der Zunft, der bei einem Meister zu arbeiten begonnen, darf denselben verlassen oder bei einem andern in Arbeit treten ohne Erlaubniss des Meisters oder des Faktors,

---

d'arte di falegnami sec. 14. Sagredo l. c. 312). Die venezianer Zimmerleute, die zu Arbeiten auf Schiffe der Commune »befohlen« werden (avra comandamento), erhalten den Lohn »wie er nach dem Recht der Commune hergebracht ist«.

1) Cf. die Festsetzung der Maximallöhne der Kalfaterer, l. c. I, 305.
2) Ib. III, 595.
3) Breve del mare ib. 555, 557, 599. Zugleich wird hier (538) der Gewerbetrieb von einer Bürgschaft abhängig gemacht.
4) Breve curie maris ib. III, 386. Dieses Zwangsrecht ging nach dem Zusatz von 1443 soweit, dass der Patron und seine Leute dasselbe ohne Ermächtigung von Seiten der Behörde gegen den Matrosen zur Anwendung bringen und, auch wenn derselbe darüber so verletzt wird, dass »Blut fliesst«, nicht belangt werden können.
5) — Lavoro forzato l. c. p. 36. Er bringt dafür so wenig auch nur den geringsten Beleg, wie für die mir unbegreifliche Behauptung, dass »die Statuten der Zünfte von Florenz den Söhnen der Arbeiter nicht gestatteten, den väterlichen Beruf zu wechseln, um sich einem höhern zu widmen«, ib. 37. Ich habe in der ganzen Zunftgesetzgebung nichts von einer solchen Pariastellung des Arbeiters entdecken können.

der über die Arbeiter gesetzt ist, oder der Consuln, welche diese Erlaubniss ebenfalls geben können nach ihrem Gutdünken. Und kein anderer Meister darf Einem, der ohne die genannte Erlaubniss seinen Meister verlässt, Arbeit geben«[1]). Demnach wäre der Arbeiter, der etwa bei den Consuln, den Standesgenossen seines Arbeitgebers kein Gehör fand, für immer an denselben gebunden gewesen! Die unmittelbar sich anschliessende Bestimmung jedoch, dass die Arbeiter, die auf Tagelohn arbeiten, die Woche, in der sie in den Dienst eines Meisters getreten, auch aushalten sollten[2]), beweist, dass eine zahlreiche Klasse von Arbeitern Woche für Woche frei über ihre Arbeitskraft verfügen konnte. Weiter heisst es — allerdings sehr im Gegensatz zu moderner Anschauung — wenn ein Arbeiter seinem Meister Geld schuldet, so kann er ihn, auch wenn er die Schuld baar bezahlen will, nicht eher verlassen, als bis er dieselbe durch Arbeit abverdient hat[3]), wozu er, falls er sich weigert, mit Gewalt gezwungen werden kann. Also auch hier der Arbeiter nach bestimmter Frist der Freiheit zurückgegeben! Zwei Thatsachen, die allein genügen, um die Deutung der erstgenannten Verordnung in dem angegebenen allgemeinen Sinne unmöglich erscheinen zu lassen. Zur richtigen Erklärung führt die an der Spitze dieses Statuts stehende Verfügung in Beziehung auf die Klasse von Hilfsarbeitern, die, wie z. B. Lehrlinge und Gesellen, sich auf eine bestimmte längere Zeit verpflichten[4]) und den Arbeitgeber vor dem vertragsmässig festgesetzten Termin überhaupt nicht und bei Ablauf desselben nur unter der Bedingung verlassen können, dass viermonatliche Kündigung vorhergegangen. Es sind hier offenbar drei Klassen von Arbeitern einander gegenübergestellt: die im Tagelohn beschäftigten, die auf bestimmte längere Zeit verpflichteten und die im Akkord oder Stücklohn arbeitenden. Diese Letzteren hat dem ganzen Zusammenhange nach jene Verordnung im Auge und denselben eben keine andere Verpflichtung auferlegt, als dass sie die Arbeit, die sie Einem begonnen, auch vollendeten; ganz analog jener Vorschrift der Statuten, dass die Bauleute, die einen Bau in Akkord übernommen und die bei demselben beschäftigten Handlanger den Bau nicht verlassen sollten, bevor derselbe vollendet[5]). Der angedeutete Standpunkt, der im Wesentlichen dahin ging, die Erfüllung der vom Arbeiter vertragsmässig übernommenen Verpflichtungen zu erzwingen[6]), erscheint auch da festgehalten, wo man der gegen den Arbeiter gerichteten

---

1) Cod. cit Nr. 7 (1428), II, 9. Nullus battitor pettinator vel aliquis laborator seu operator artis lane qui laborare inceperit cum aliquo magistro et supposito dicte artis possit discedere a magistro cui inceperit laborare sine licentia etc.

2) Ib. 3) Ib. Non possit discedere etiam quantumcunque vellet — magistro satisfacere in pecunia numerata; in den ältern Statuten (1333, III, 2) war man darin liberaler. Dort heisst es: nec discedat nisi primo sibi serviverit in laborerio vel alio modo dederit vel eidem satisfecerit de sua propria pecunia.

4) Ib. Nullus discepulus et factor et nullus faciens de arte — positus ad certum terminum etc.

5) Statuta (1415) l. c. r. 66.

6) Es ist der Standpunkt aller Statuten, cf. die der Kürschner (Cod. cit. r. 30); Schmiede (Cod. Nr. 1, r. 10); Riemer (Cod. Nr. 1, r. 18); Panzerschmiede (Cod. Nr. 2, r. 11); Tischler

Tendenz dieser Gesetze den allerschärfsten Ausdruck gab. Die Statuten der Seidenzunft erklären, mit allen erdenklichen Mitteln dahin arbeiten zu wollen, dass die Meister gegen die Lehrlinge, Gesellen und Arbeiter und deren betrügerischen und frechen Sinn geschützt seien, und Letztere nicht zu oft den Meister wechselten [1]; und trotzdem findet sich auch hier keine weitere Einschränkung der Freizügigkeit, sondern eben nur der Grundsatz, dass der, welcher einem Zunftmitglied zu Dienst verpflichtet ist oder ihm Geld schuldet und dasselbe ohne Erlaubniss verlässt, von keinem andern Meister Arbeit bekommen soll. Uebrigens ist auch während der Dauer des vertragsmässigen Dienstverhältnisses das Einwilligungsrecht des Meisters nicht allein für die Lösung desselben maassgebend gewesen; wir sahen, dass dieselbe auf Antrag auch durch die Consuln der Zunft erfolgen konnte [2], auch konnte umgekehrt kein Meister einen Gesellen, Lehrling, Arbeiter vor Ablauf der ausbedungenen Zeit ohne die Zustimmung der Consuln entlassen [3].

So sehr man jedoch all' dies betonen mag, es bleibt immerhin genug dessen, wodurch diese Regelung der Freizügigkeitsverhältnisse des Arbeiters zum modernen Bewusstsein in schroffen Widerspruch tritt. Die Abhängigkeit des Arbeiters von einseitig zusammengesetzten Standesgerichten und Zunftbeamten, welche sein Recht und seine Freiheit der Diskretion der Standesgenossen des Arbeitgebers anheimstellt; die solidarische Verpflichtung aller Meister gegen den kontraktbrüchigen Arbeiter, eine Art »aquae et ignis interdictio«, die ihm die weitere Verwerthung seiner Arbeitskraft und damit den ehrlichen Broderwerb abschneidet; der Zwang, welcher den dem Arbeitgeber noch Verpflichteten mit Gewalt in die Werkstatt zurückführt. Und doch, wie frei erscheint wieder diese Gesetzgebung gegenüber jenem System von Fesseln im Lehrlings- und Gesellenwesen, worin andere zünftige Gesetzgebungen — man denke nur an die damaligen Pariser Handwerksordnungen [4] — so erfinderisch gewesen sind. Wie hoch erhebt allein die Thatsache, dass die Lehre einem Jeden zugänglich war, den florentiner Freistaat beispielsweise über unsere Hansastädte,

---

(Cod. Nr. 4, f. 1); Materialienhändler (Cod. Nr. 2, r. 61). Keiner darf eines Andern Lehrling oder »Faktor« annehmen, der nicht die vertragsmässige Zeit bei seinem Meister ausgehalten, und ohne dessen Erlaubniss.

1) Cod. cit. Nr. 1, rub. 110.

2) Cf. auch Statut der Panzerschmiede Cod. cit. Nr. 2, r. 11. Die Consuln hatten genau die Motive zu prüfen, warum der Meister die geforderte Entlassung weigerte, und dann zu entscheiden, prout eorum discretioni videbitur convenire pro conservatione juris et pro honore et bono statu hominum dicte artis. Cf. Statut der Schmiede Cod. cit. Nr. 1, r. 23.

3) Die gewiss nicht liberaleren Mailänder Gewerbeordnungen stehen doch in dieser Frage ganz auf dem Standpunkt der florentiner Gesetzgebung. Nach den Statuten der Tuchmacherzunft (Statuta Mediolani 1480) § 96, kann kein Arbeiter den Fabrikanten innerhalb der Woche verlassen, und umgekehrt Letzterer den Arbeiter nicht entlassen, wenn nicht am Samstag der nächstvorhergehenden Woche eine Partei der andern gekündigt hat; ausgenommen den Fall, dass es mit beiderseitiger Zustimmung geschieht oder die Arbeit, welche der Arbeiter übernommen, vollendet ist. Vgl. auch Beilage VI, Seite 155, Anm. 2.

4) Registres des mestiers et marchandises de la ville de Paris ed. 1838 in der Collection des documents inédits sur l'histoire de France. Première série,

wo es schon in den »guten« Zeiten der Zunftverfassung ,möglich war, dass ein Gewerbe den Söhnen ganzer Bevölkerungsklassen den Unterricht versagte[1]). Abgesehen von den gegen den Kontraktbruch gerichteten Maassregeln und einigen andern schon besprochenen Bestimmungen, sowie den unmittelbaren Konsequenzen des Zunftzwanges, dass z. B. der Geselle keine Meisterarbeit verrichte, d. h. auf eigene Rechnung zum Verkauf an Andere arbeite oder Lehrlinge halte[2]) u. dergl., findet man in den Zunftstatuten während der ganzen Dauer der Republik nichts[3]), was sonst für die mittelalterliche Regelung des Lehrlings- und Gesellenwesens charakteristisch erscheint. Der freie Vertrag ist bestimmend für das ganze Verhältniss, insbesondere die Dauer der Lehrzeit. Wo diese ausnahmsweise von den Statuten bestimmt ist, ist sie sehr niedrig angesetzt[4]). Für die Erlangung des Meisterrechtes hat die Dauer des Lehrlings- oder Gesellenverhältnisses gar keine Bedeutung, ausser in Beziehung auf die Höhe der Matrikel. Gefordert ist insbesondere das Letztere gar nicht. Wer das Gewerbe erlernt zu haben erklärt, wird Meister, auch wenn er nie als Geselle gearbeitet. Daher keine Spur von den lästigen Verbindlichkeiten, welche sich unter der Herrschaft anderer Zunftverfassungen aus den obligatorischen Avancementsverhältnissen entwickelten.

Dagegen erscheint nun aber nach einer andern Seite nicht bloss durch die Zunft, sondern die allgemeine staatliche Gesetzgebung die Freiheit des Arbeiters ausserordentlich beschränkt. Es ist der Gedanke des »Schutzes« der heimischen Industrie, welcher lange vor der Ausbildung des Merkantilsystems in den italienischen Communen praktische Maassregeln der Staatsverwaltung hervorgerufen hat, wie sie für die »Epoche des Merkantilismus«, insbesondere die Verwaltung Colberts charakteristisch geworden sind. Die Prohibitionen, die ich hier im Auge habe, umfassen die Hauptindustrieen des Landes, die Tuch- und Seidenmanufakturen und die Brokatindustrie; und wenn sie auch zu gleicher Zeit die Freizügigkeit des Fabrikanten beschränken, so waren sie

---

1) Wie z. B. die Bremer Schuhmacherzunft, welche (1300) den Kindern der Leineweber und Lastträger die Lehre versagten. Böhmert: Beiträge zur Geschichte des Zunftwesens p. 19.

2) Vergl. Statut der Panzerschmiede Cod. cit. r. 29; der Riemer r. 18; der Schmiede Cod. Nr. 1, f. 150; Materialienhändler r. 89; Tuchkrämer r. 47, wonach übrigens der Gehilfe Sohn, Bruder, Neffen als Lehrling halten darf, ebenso wie nach dem Statut der Kürschner r. 25.

3) Es ist eine ganz vereinzelte Ausnahme, wenn die Materialien- und Kurzwaarenhändler sich für den eintretenden Lehrling, nach der uns wohlbekannten deutschen Sitte, einen Bürgen stellen lassen (für 30 Lire) dafür, dass er seinem Meister treu dienen und die ausgemachte Zeit aushalten werde (1414 Cod. cit., f 163) und von den Gehilfen Kaution (100 Soldi) verlangen (ib. 89).

4) Cf. Statuten der Materialienhändler (r. 62) und der Riemer (r. 18), bei denen sich der Lehrling auf 3 Jahre verpflichten muss und kein Meister einen auf kürzere Zeit annehmen darf. Sonst finden sich nur Vorschriften über die Kündigungsfrist: für Schneiderlehrlinge 2 Monate vor der Auslernung (statuti di rigattieri Cod. Nr. 5 [1448], fol. 152), ebenso die der Fleischer (Cod. Nr. 1, f. 44), doch zugleich auch für die Meister verbindlich (ib.); ebenso bei den Barbieren (Medici e speciali Cod. cit. Nr. 2, f. 118), die sich lebhaft über ihre Lehrlinge beklagten, dass sie sich häufig »revoltirten« und ihre Meister ganz nach Belieben verliessen (1390 ib.). Die Bäcker setzen 1 Monat fest (Cod. cit. f. 10).

doch in der Regel mehr eine Fessel des beweglicheren besitzlosen Arbeiterstandes, dem durch die Auswanderungsverbote, eine damals überhaupt beliebte Maassregel der Industriepolitik [1]), bei der Kleinheit der italienischen Staaten der Markt für seine Arbeitskraft ausserordentlich eingeschränkt ward. »Da heutzutage«, heisst es in einem zu Gunsten der Seidenindustrie erlassenen Gesetz (1419) »Goldbrokate und Seidenstoffe in Florenz vollkommener gemacht werden, als in der ganzen Welt, was nur durch hohe geistige und physische Anstrengung der Industriellen möglich war, und da Mehrere, den geringen Vortheil der Ehre und dem Nutzen des Ganzen vorziehend, den Versuch gemacht haben, diese Industrie ins Ausland zu tragen, so wird hiermit verboten, dass irgend ein Staatsangehöriger wo anders als in Florenz — nur Lucca und Venedig ausgenommen [2]) — Brokat- und Seidenstoffe oder was zu deren Fabrikation nöthig ist, wie Webstühle und dergleichen, mache oder machen lasse, oder eine Sozietät darüber eingehe, bei Strafe des Todes und der Einziehung des Vermögens« [3]). — Auch das Tuchmachergewerbe in allen seinen Zweigen darf kein Staatsangehöriger im Auslande direkt oder indirekt ausüben, noch sich mit einem Auswärtigen zu diesem Zweck associiren [4]). Freilich bezeugen die stets wiederkehrenden Klagen über die zahlreichen Auswanderungen der Tuch- und Seidenarbeiter und die Amnestie, die man denselben für den Fall der Rückkehr wiederholt anbot [5]), dass der Drang nach freier Bewegung stärker war, als die Macht des Zwanges. Von den florentiner Tuchfabrikanten ist bekannt, dass sie für die gröbere und vorbereitende Fabrikation in Holland, Brabant, Flandern und England Fabriken gründeten [6]), in denen wenigstens die feineren Arbeiten von florentiner Arbeitern gemacht wurden, und welche entschieden mit dazu beitrugen, dass die Tuchmanufakturen des Nordens sich zu einer den italieni-

---

[1]) In Venedig wurden die Angehörigen der Glas-, Wollen- und Seidenindustrie, die auswanderten, um dasselbe Gewerbe im Ausland zu treiben, mit der Strafe des Majestätsverbrechens bedroht. Sagredo l. c. 54. Der Herzog von Mailand verbot 1396 allen Steinmetzen ohne herzogliche Erlaubniss das Staatsgebiet zu verlassen, damit es für den Bau des Mailänder Domes nicht an Arbeitskräften gebräche! Antiqua ducum Mediolani decreta ed. 1654, pag. 225.

[2]) Für Lucca, welchem die Florentiner Seidenindustrie selbst ihre besten Arbeiter verdankte, und Venedig, wo dieselbe auf gleich hoher Stufe stand, war das Motiv der Geheimhaltung der Technik nicht maassgebend.

[3]) Statuten der Seidenzunft Cod. cit. Nr. 1, f. 189 (1419). Man denke an die Bestrebungen Frankreichs im 15. Jahrhundert, die Seidenmanufakturen bei sich einzubürgern, besonders die Ludwigs XI., welcher heimlich in Florenz, Venedig und Griechenland die Geheimnisse der Fabrikation ausspüren liess, und die Italiener, welche die Kunde derselben nach Frankreich brachten, mit Bürgerrecht und grossen Privilegien beschenkte. Canestrini: L'arte della seta portata in Francia dagl' Italiani. Archivio storico N. S. VI (2), p. 12 (1857).

[4]) Statuti della lana Cod. cit. Nr. 7 (1428), III, r. 4.

[5]) Vgl. die Amnestie und Schuldenerleichterung für die rückkehrenden Arbeiter der Seiden- und Brokatindustrie 1429 (Cod. cit. Nr. 1, f. 229) und 1438 (ib. f. 226), 1443 und 1468 (ib. f. 271), 1484 (ib. f. 290) 1491 und 1495 (f. 301). Damit ist doch das Illusorische des Verbots offen anerkannt!

[6]) Villari: Il commercio e la politica delle arti maggiori di Firenze im Politecnico 1867. Parte letteraria p. 581.

schen ebenbürtigen Stufe der Ausbildung emporschwangen und deren Uebergewicht schon im fünfzehnten Jahrhundert mit Erfolg zu bekämpfen vermochten.

Mit der Abschliessung gegen das Ausland, welche sich übrigens auf die genannten Gewerbe beschränkte[1], verband sich nun aber keineswegs die Tendenz, an den Segnungen der also geschützten Industrie alle Unterthanen gleichmässig theilnehmen zu lassen und derselben wenigstens innerhalb des Staatsgebietes freien Spielraum zu gönnen. Es drängt sich uns eben auch auf industriellem Gebiete dieselbe Beobachtung auf, wie auf den der Agrikulturpolitik. Das hauptstädtische Centrum des Staates trennt sich auch hier von den Interessen der Gesammtheit. Wie die politischen Rechte allein der Bürgerschaft des herrschenden Florenz vorbehalten blieben, so sollten diejenigen Zweige der Industrie, auf denen die materielle Blüthe der Stadt und damit ihre politische Machtstellung hauptsächlich beruhte, ein **Monopol der Hauptstadt sein**. Daher die künstliche Absperrung der eifersüchtig überwachten, unterthänigen Communen und des Landes gegen die Mitbewerbung auf dem Gebiet der für den Weltmarkt arbeitenden Industrieen. Die ganze gewaltige Seidenindustrie, welche eben damals die Märkte des Occidents eroberte, als sie den florentiner Tuchmanufakturen verloren zu gehen begannen, wurde künstlich auf die **eine Stadt** Florenz beschränkt[2]. Was die Wollenindustrie betrifft, so konnte hier natürlich das Verbot kein so allgemeines sein. Doch war nur die Fabrikation von grobem Tuch aus inländischer Wolle, also wesentlich für den heimischen Bedarf im ganzen Lande freigegeben. In den Städten und ummauerten Orten des Staates ist zwar auch die Verarbeitung anderer Wolle, insbesondere spanischer gestattet, jedoch diejenige der französisch-englischen Wolle, die Grundlage der feineren, hauptsächlich für den Export arbeitenden Manufakturen einzig und allein der hauptstädtischen Industrie vorbehalten[3]. Und das gegenüber Städten wie Pisa, Arezzo, Pistoja! Wie weit der Geist des Zwanges ging, wird recht lebhaft durch das Gesetz veranschaulicht, dass die Angehörigen der Wollenzunft, welche die **Stadt** Florenz verliessen, um draussen in demselben Gewerbe zu arbeiten und auf Verlangen der Consuln der Zunft nicht zurückkehrten, vom Podesta zu harten Geldbussen verurtheilt werden sollten[4].

---

1) Eine gewisse Analogie bietet nur noch das Statut der Riemer, das aber kein Verbot enthält, sondern sich begnügt, auf den Arbeiter in genannter Richtung eine Pression zu üben: Wer in der Zunft gedient und ohne Erlaubniss der Consuln Stadt und Grafschaft verlassen hat, um auswärts zu arbeiten, hat, wenn er später kommt und als Meister aufgenommen sein will, keinen Anspruch auf die ermässigte Matrikel, sondern muss so viel bezahlen, als hätte er nie gedient. Coreggiai. Cod. cit. Nr. 1, f. 37.

2) Cf. das Seite 107, Anm. 2 angeführte Gesetz von 1419. Dasselbe scheint aber nicht beobachtet worden zu sein, da ein förmlicher Staatsbeschluss 1463 (mit 204 gegen 29 Stimmen). von Neuem verbot, ausserhalb der Stadt Seidenzeuge zu weben, mit dem Zusatz: »e chi avesse alcuno lavoro fuora di Firenze contro alla presente provvisione, habbia tempo IV mesi a levarsi dalla prohibitione della presente provvisione«. Arch. Rif. Provvisioni 1463, Nr. 155, fol. 88. Cf. Statuten der Seidenzunft Cod. cit. f. 267.

3) Statut der Tuchmacherzunft Cod. cit. Nr. 7 (1428), III, r. 6.

4) Statuta Flor. (1415) l. IV, r. 45 tract. cons. artium et mercatorum.

Alledem gegenüber darf nun aber nicht vergessen werden, dass jene Lokalisirung der Seidenindustrie oder einzelner Zweige der Wollenmanufakturen in der Hauptstadt oder anderen städtischen Communen des Landes so ziemlich das Einzige ist, was an unser Institut der Bannmeile erinnert, soweit es sich dabei um eine Beschränkung der Verkehrsfreiheit handelt. Wenigstens finde ich — einzelne Ausnahmen natürlich immer zugegeben [1] — ausserdem nichts davon, dass zu Gunsten des städtischen Gewerbes **die Niederlassung von Handwerkern in der städtischen Umgebung verboten oder auch nur beschränkt gewesen wäre**. Allerdings sind dieselben und zwar in der ganzen Grafschaft und einem Theil des Distrikts; jedoch unter bedeutend ermässigten Bedingungen gegenüber denen, welche in der Stadt sich ansässig machten, zur Immatrikulation in die florentiner Zünfte verpflichtet [2]. Auch die zünftig organisirten Gewerbe der grössern Orte, wie z. B. Arezzo, Pistoja, Cortona und Pisa waren von denselben abhängig und nicht nur an die florentiner Zunftordnungen gebunden, sondern auch verpflichtet, von ihren wichtigsten Einnahmen, bestehend aus Matrikeln und Zunftbussen, den dritten oder vierten Theil, einzelne sogar die Hälfte den hauptstädtischen Zünften zu steuern [3]. Diese Stellung, welche von Letzteren gerne als die des Hauptes zu den Gliedern bezeichnet wird, fand ihren echt mittelalterlichen Ausdruck darin, dass die abhängigen Zünfte am Feste des Schutzpatrons der betreffenden florentiner Zunft, Wachskerzen auf dem Altar darbrachten, ganz dieselbe Huldigung, durch welche die Lehnsträger der Commune alljährlich ihre Vasallentreue zu bethätigen pflegten. Uebrigens wird kaum Jemand bezweifeln, dass diese Stellung auf politische Motive, auf das der unterthänigen Landschaft gegenüber beobachtete Regierungssystem zurückzuführen ist, und keineswegs etwa auf die Absicht, durch Niederhaltung der Gewerbe daselbst die hauptstädtische Koncurrenz zu begünstigen. Auch der Umstand, dass die Ermässigung der Matrikel erst in einer Entfernung von drei Miglien vor der Stadt begann, und die innerhalb dieser Grenze wohnenden

---

[1] Zu nennen wäre etwa das der spätesten Zeit angehörige Verbot der Gerberei in der Grafschaft Pisa's, welches beabsichtigt, dieses Gewerbe in der Stadt Pisa einzubürgern »weil es dort leichter und bequemer betrieben werden kann«. Arch. Rif. lib. 12 Riformatorum (1491), Nr. 43, Balie: 52.

[2] Freilich erscheint das System schon im 14. Jahrhundert sehr zahlreich durchbrochen und der Handwerkerstand vieler Orte von der Verpflichtung zum Eintritt in die florentiner Zünfte befreit. Vgl. Capitoli di Firenze ed. Guasti: Monte Pulciano und sein Distrikt (I, p. 119); Montajone (p. 242). Alle können dort frei ihr Gewerbe üben »senza matricola« (1370); Fojano (129) 1383: Grafschaft Battifolle (598) 1440; Pratovecchio (608) 1440. Andern Gemeinden wurde diese Zunftfreiheit bei der Einverleibung in den Staat nur auf eine bestimmte Frist gewährt. Cf. z. B. ib. p. 634 zum Jahre 1402. Auch von einer Konzession wird der also exemte Gewerbebetrieb nicht abhängig gemacht.

[3] Cf. die Statuten der Materialienhändler Cod. cit. (1415) f. 164, der Kürschner Cod. cit. fol. 61, der Fleischer Cod. cit. f. 106, letztere Statuten enthielten offenbar genauere Details über die Stellung der abhängigen Zünfte von Pistoja, Arezzo und Pisa zur florentiner Fleischerzunft, doch ist das betreffende Blatt so zerstört, dass sich nichts weiter erkennen lässt, als dass dieselben von jeder Matrikel 2 Goldgulden nach Florenz steuern mussten. —

Handwerker derselben Matrikel unterworfen waren, wie die städtischen, lässt keineswegs auf die Tendenz schliessen, den Letztern hier ein künstliches Uebergewicht zu verschaffen und die Ansässigmachung von Handwerkern zu erschweren. Diese nächste Umgebung der Hauptstadt trug ja bekanntlich in Siedlung und Bevölkerung ganz städtischen Charakter, und die Erwerbsverhältnisse waren hier für den Handwerker, den zugleich nichts vom nahen hauptstädtischen Markt selbst ausschloss, gewiss wesentlich günstiger, als draussen in der Grafschaft und dem Distrikt. Wenn man am Ende der Epoche in Florenz selbst zugestand, dass der Zunftzwang mit seinen pekuniären Ansprüchen, insbesondere die jährlichen Zunftumlagen zu den drückendsten Lasten gehöre, unter denen die Grafschaft zu leiden hätte [1], so ist darunter nur der eigentliche Komitat jenseits dieser nächsten Umgebung der Stadt gemeint, und ausdrücklich werden nur die Grafschaftseingesessenen jenseits der drei Miglien als zahlungsunfähige Schuldner der florentiner Zünfte bezeichnet [2].

Für diese freilich wurde das herrschende System offenbar höchst drückend und wenn auch nicht absichtlich, so doch faktisch eine Störung der gewerblichen Freiheit, da ein bedeutender Theil der in die hauptstädtischen Zünfte gezwungenen Gewerbetreibenden, unfähig, wie er war, die zünftigen Leistungen zu tragen, bei strenger Anwendung der Zunftgesetze seinen ganzen Gewerbebetrieb in Frage gestellt sah. Dass die Motive jenes Systems an sich nicht gegen die gewerblichen Interessen der unterthänigen Landschaft gerichtet waren, geht einerseits daraus hervor, dass man im Jahre 1491, und zwar nach einstimmigem Beschluss »der Commission der siebzehn Riformatori«, eben wegen der von dem System verschuldeten Schädigung dieser Interessen, dasselbe zu Gunsten der Grafschaft beseitigte, und andererseits daraus, dass man diese Wohlthat eben nur der politisch aufs Engste mit Florenz verwachsenen alten Grafschaft zu Theil werden liess, dagegen für das Uebrige viel lockerer verbundene Gebiete die alten Verpflichtungen aufrecht erhielt, soweit nicht die zahlreichen Exemtionen auch hier von der florentinischen Zunftherrschaft befreiten. Wenn man erklärte, mit dem System für die Grafschaft deswegen brechen zu wollen, weil es einen harten Druck enthielte, anderen, d. h. doch wohl den Zunftkassen wenig und dem öffentlichen Wohle gar keinen Nutzen bringe [3], so konnte man doch nicht leugnen, dass auch im Distrikte seine wirthschaftliche Härte empfunden würde, allein da es sich hier um eine misstrauisch überwachte, immer zum Abfall von dem tyrannischen Stadtregiment geneigte Bevölkerung handelte, der gegenüber man nicht so leicht auf ein Mittel der Herrschaft und Unterdrückung verzichtete, so hat hier der letzte Gesichtspunkt, der des »Staatswohles« über das wirthschaftliche Interesse jener

---

1) Der Gesetzgeber gesteht eben mit Rücksicht auf die zünftigen Ansprüche zu, »per quante diverse vie il comitato sia tutto giorno vexato et affaticato. Liber XVII Riformatorum 1491, Nr. 51. Arch. Rif. Balie Nr. 52. 2) Ib.

2) Dass die Zünfte, um der Einnahme willen, der Befreiung der Landschaft von der drückenden Besteuerung nicht sehr günstig waren, deutet wohl die Ueberschrift des genannten Gesetzes an, wie es auch in den Statuten der Steinmetzen (Cod. cit. fol. 55) enthalten ist. Legge fatta pei XVI di balia contro a tutte le 20 arti.

Bevölkerung, welches hier offenbar zugleich das wirthschaftlicher Freiheit war, das Uebergewicht behauptet.

Was nun aber die Grafschaft betrifft, d. h. soweit sie ausserhalb des Weichbildes von drei Miglien liegt, welches auch hier mit seinen Borghi und Subborghi gewissermassen als ein Ganzes mit der Stadt gilt, so wurde für dieselbe nicht nur die Zunftfreiheit, sondern, den wirthschaftlichen Bedürfnissen der Landschaft entsprechend, die Gewerbefreiheit überhaupt in weitem Umfang proklamirt. »Jeder sollte hier fortan« — die prohibirten Industriezweige natürlich ausgenommen — »jedes beliebige Gewerbe frei ausüben können ohne irgend welche Taxe, Abgabe oder Matrikel an eine der zwanzig florentiner Zünfte zu bezahlen und zwar nicht nur jedes Gewerbe für sich, sondern auch mehrere zu gleicher Zeit an demselben Ort und in derselben Bottega kraft eigener Autorität«[1]). Nur Diejenigen, welche in der Grafschaft Tücher aus ausländischer Wolle fabrizirten, also für einen grössern Markt arbeiteten, blieben auch fernerhin verpflichtet, sich in die florentiner Tuchmacherzunft zu immatrikuliren. Der Gerichtsbarkeit der florentiner Zünfte freilich blieben auch die exemten Gewerbetreibenden der Grafschaft unterworfen, »damit sie Veranlassung haben, ihr Gewerbe rechtmässig zu üben«, was offenbar die Bedeutung hat, dass auch sie an die Beobachtung der technischen Reglements der florentiner Zünfte gebunden sind.

Allein wenn auch hier das System der Regulative seine Obmacht behauptete, wurde doch in den wichtigsten anderen Beziehungen durch die Freiheitsurkunde von 1491 das unzünftige Handwerk der kleinen Orte der Grafschaft rechtlich in eine Lage versetzt, welche unter den damaligen Verhältnissen der modernen Freiheit des Verkehrs am nächsten stand. Von einer grundsätzlichen Anerkennung der Freiheit kann natürlich da keine Rede sein, wo die Republik gewissermaassen in der letzten Stunde eben nur schreienden Nothständen nachgab und dies nicht einmal konsequent that, sondern unmittelbar neben der befreiten Grafschaft ein Bereich des Zwangs fortbestehen liess. Immerhin aber hat es Angesichts einer Zeit, wo die Prinzipien der zünftigen Organisation der Arbeit, die damit zusammenhängende Klassenherrschaft und politische Tendenzen, wie wirthschaftliche Ueberzeugungen neben allerdings auch hier vorhandenen hochbedeutsamen freiheitlichen Strömungen, so mächtig gegen die Freiheit ankämpften, für den Freund einer freien wirthschaftlichen Bewegung etwas Befriedigendes, nicht bloss innerhalb der städtischen Mauern so vielen einzelnen Elementen der Freiheit zu begegnen, sondern diese selbst, wenn auch auf kleinem Raume und erst am Abend der Republik, in einer verhältnissmässig so reinen Form verwirklicht zu sehen.

---

[1]) — Ma possa ciascuno di sua propria autorità exercitare qualunque exercitio, ib. Also nicht einmal von einer Konzession wird der Gewerbebetrieb abhängig gemacht! Die von den Grafschaftseingesessenen den florentiner Zünften noch geschuldeten Summen wurden sämmtlich erlassen.

IV.
Das Verkehrsrecht unter den Einwirkungen des kanonistischen Wucherverbotes.

Wenn wir auf unserer Wanderung durch die drei grossen Produktionsgebiete nicht unmittelbar aus den Stätten, wo wir die nationale Arbeit am Werke gesehen, in die grossen Kreise des Handelsverkehrs und der Handelspolitik eintreten, so berechtigt uns dazu der Gedanke, welcher Ausgangs- und Zielpunkt der ganzen Untersuchung bildet. Indem wir den Inhalt dieser drei Lebensgebiete der Wirthschaft auf seinen Gehalt an freiheitlichen und bindenden Elementen analysiren, müssen wir uns der Kräfte bewusst sein, aus deren Spiel die Vertheilung von Freiheit und Gebundenheit resultirt. Bei Ackerbau und Industrie liess sich die Darstellung dieser Vertheilung und der Kräfte, die dabei am Werke waren, verbinden. Denn wenn wir letztere auch weithin der freien Bewegung das Feld streitig machen sehen, so ist doch keine einzige unter ihnen für den gesammten Umfang des betreffenden Produktionskreises von so eminenter prinzipieller Bedeutung oder vielmehr geradezu eine Lebensfrage gewesen, wie es die von der höchsten geistlichen Autorität mit grossartiger Zähigkeit festgehaltene, aus dem kanonischen ins Civilrecht übergegangene und damit auch im weltlichen Gericht zur Herrschaft gelangte kanonistische Wucherlehre für den Handel geworden ist, den sie in ihren letzten Konsequenzen selber negirte. Ehe wir nicht wissen, welche Stellung das communale Recht der Renaissance zu dieser Lehre einnahm, ehe wir uns nicht mit dieser Haupt- und Grundfrage kommerzieller Verkehrsfreiheit auseinandergesetzt, fehlt uns der wichtigste Schlüssel zum Verständniss des Verkehrsrechtes der Zeit. Endemann bemerkt mit Recht, dass die doch immer nur vereinzelten objektiven Verbote gewisser Waaren und gewisser Handelsbeziehungen lange nicht so drückend waren, als das jede Handelsthätigkeit ergreifende Verbot des Wuchers[1]. Eben wegen der besonderen Bedeutung jener Verbote für einzelne Seiten des Verkehrs können dieselben der Besprechung dieser besondern Partieen des Verkehrslebens vorbehalten bleiben, und muss andererseits die Wirksamkeit dieses Verbotes mit seiner das Ganze umfassenden Bedeutung für sich dargestellt werden.

Man hat neuerdings die Erwartung ausgesprochen und hofft dieselbe durch eine genauere Forschung bestätigt zu sehen, dass auch in Italien und andern romanischen Ländern die Wuchergrundsätze häufig in die Landesgesetze und in die Statuten der Städte übergingen[2]. Wenn man nun aber schon hinsichtlich des deutschen Nordens die Beobachtung gemacht hat, dass derselbe sich

---

[1] Beiträge zur Kenntniss des Handelsrechts in der Zeitschrift fürs ges. Handelsrecht V, p. 346.

[2] Endemann: Studien in der romanisch-kanonistischen Wirthschafts- und Rechtslehre p. I, 25.

diesen Grundsätzen gegenüber mehr abwehrend verhielt, als der deutsche Süden, »weil dort wegen des Handels an den Seeplätzen und nach diesen hin der Boden dafür offenbar ungünstiger war, als hier«[1]), wie viel mehr noch möchte man erwarten, in der Gesetzgebung des bedeutendsten Industrie- und Handelsplatzes des Mittelalters, der Stadt, die den Mittelpunkt der grossartigsten internationalen Geldoperationen bildete, die Sache der Freiheit gegen die unerträglichen, in der Wucherlehre liegenden Verkehrsfesseln siegreich zu sehen; hier, wo gerade diejenigen Momente am stärksten entwickelt waren, welche diese Fesseln am meisten fühlbar machen. Denn wenn dieselben überall um so mehr empfunden werden, je mehr, um mit Roscher zu reden, der wachsende Volksbedarf zu grösserer Produktion, d. h. also zu grösserer Arbeitsgliederung und Kapitalbildung hindrängt [2]), wo war dies in jener Epoche in höherm Grade der Fall als gerade in Florenz?

In der That, fragt man das Leben des Volkes, fragt man seine grossen Patrioten und Schriftsteller, seine Kanzelredner und Gesetzgeber, so sollte man es für unmöglich halten, dass auf Florentiner Boden die Lehre des Evangeliums: »Leihet, dass ihr nichts davon hoffet«, in ihrer kanonistischen Gestalt wirklich Wurzel gefasst hat. Wo sie von den sittlichen Schäden ihres Volkes sprechen, immer ist es der Wucher, der in erster Linie und als das Haupt- und Grundübel genannt wird, womit Florenz nicht nur das eigene Volksleben vergiftet, sondern »alle Welt verdorben hat«. In dieser Klage stimmt der Dichter der göttlichen Komödie [3]) überein mit dem grossen Leiter der Florentiner Kirche Antonin († 1459), in derselben begegnen sich der Verfasser der Chronik Dino Compagni's, mag nun in derselben der wackere Gonfaloniere selbst zu uns reden oder der geniale Fälscher beziehungsweise Interpolator der spätern Renaissance [4]), mit dem biedern Kaufherrn Villani [5]) und dem Buchhändler Vespasiano, dem »Florentiner Plutarch« aus der Zeit Lorenzo Magnifico's [6]). Der Geldwucher erschien Alten und Neuern so sehr ein dominirender Bestandtheil Florentiner Handelschaft, dass jene in demselben eine Hauptquelle des Reich-

---

1) Endemann. ib.

2) Geschichte der Nationalökonomik in Deutschland pag. 10.

3) Inferno XVII 43—78, ausserordentlich charakteristisch für das Umsichgreifen des Wuchergeistes unter der ritterlichen und bürgerlichen Aristokratie von Florenz.

4) Er ruft seinen Mitbürgern zu: O iniqui cittadini chi tutto il mondo avete corrotto e viziato di mali costumi e falsi guadagni. Cronaca di Dino Compagni delle cose occorrenti ne' tempi suoi. Muratori SS. IX.

In einer alten Stadtbeschreibung Florentine urbis et rei publice descriptio anno 1339 exarata in den Miscellanea Baluzii ed. Mansi IV, 117 sagt der Schilderer, die Florentiner seien so sehr auf Geldgewinn aus, dass man sagen könne »semper ardet ardor habendi«.

5) X. 141: Ancora non erano purgati i peccati ne domata la superbia ne l'usure e'male ablati guadagni de' Fiorentini. Vergl. was er VII, 139 durch den Mund eines Andern von seinen Landsleuten sagt: Parme ne bene se non ch'io intendo che i Fiorentini sono grandi prestatori a usura.

6) Lamento d'Italia 1480: — ritorno a te o città di Firenze piena di tante usure e di tanti ingiusti guadagni, che vi siete condotti a consumare l'uno l'altro. Arch. Stor. Ital. III. Serie, tom: XIII (2), p. 460.

thums[1]), diese der politischen Macht der Stadt erblickten[2]). Dass man es dabei nicht mit rhetorischen Uebertreibungen zu thun hat, bezeugt ein Blick in die aus dem »Kataster« ersichtlichen Geschäftsergebnisse der Bankiers[3]), in die Aufzeichnungen des Gewerbsmannes[4]), in die Akten der Gesetzgebung. Gerade in letzteren lesen wir von einer weit um sich greifenden Zerrüttung der Vermögensverhältnisse von Privaten in Folge des ungünstigen, vom Wuchersinn aufs Tiefste durchdrungenen Kreditwesens[5]), von der Verarmung ganzer Gemeinden, wo der Grundbesitz in Folge des enormen Zinsfusses so überschuldet erscheint, dass die Leute massenhaft Haus und Hof verlassen und zum Bettelstab greifen müssen[6]). Wir sehen, die Theorie der Kanonisten und Civilisten war allenthalben ohnmächtig gegenüber dem augenscheinlich krankhaft überreizten Drang des Verkehrs. War sie es auch gegenüber dem öffentlichen Rechtsbewusstsein und der Gesetzgebung des Staates?

Aus den mitgetheilten Aeusserungen Florentiner Schriftsteller ergiebt sich natürlich nicht mit Sicherheit, ob sie im Geiste der Kanonisten die Zinsbarkeit des Darlehens überhaupt oder nur im Namen der öffentlichen Moral wucherisch übertriebene Zinsforderungen als unberechtigt verwerfen wollten. Klarer sehen wir in diesem Punkte erst da, wo der Bürger als Gesetzgeber zu uns spricht. Die Statuten der Zünfte insbesondere ergeben, dass schon zu der Zeit, als Bartolus (1313—1357) dem Zinsverbot in der civilrechtlichen Theorie zum Sieg verhalf, der Gedanke der moralischen Verwerflichkeit des Zinsnehmens überhaupt sich der öffentlichen Meinung bemächtigt hatte, aber auch zu gleicher Zeit, dass eben damals in Florenz ein rechtliches Verbot desselben nicht bestand. Man sehe nur, wie in jener Zeit die Zünfte verfahren, »um die Sünde des

---

1) Vergl. die Einleitung Dino's. L. c.
2) Muratori (Antiquitates I, 888). Neque me falli putem, si dixero ad hanc potissimum causam hoc est ad ejusmodi mercatores sive foeneratores referendum esse quod Florentina civitas seculis XII et XIII adeo caput attollere et supra finitimas eminere eisque tandem servitutis jugum imponere coepit.
3) Vergl. z. B. den Ertrag von Pfandleihgeschäften, wie das der Bardi u. Comp., deren Bücher von einem ausgeliehenen Kapital von 2928 Liren einen Zinsertrag von 878 L. also von 30 % ausweisen, und zwar im Jahre 1427, angeführt bei Peruzzi: Storia del commercio e dei banchieri di Firenze 206. Cf. Pagnini l. c. II, 135.
4) Vgl. das schon früher genannte Tagebuch des Goldschmieds Odorigo di Credi l. c. 94 zum Jahre 1421, also vor Zulassung der Juden (1430), aus dem sich ergiebt, welch' exorbitante Zinsen die Pfandleiher für ganz unbedeutende Summen einem keineswegs schlecht situirten Gewerbsmann abdringen konnten. Schon die Thatsache, dass man den Juden bei ihrer Berufung einen Zins von 20 % zu nehmen gestattete und davon eine Besserung der bisherigen Kreditverhältnisse hoffte, beweist, welche Höhe der Zinsfuss erreicht hatte. Und wie kolossal war der Zulauf zu den päpstlichen Ablasskrämern, die 1431 Ablass auch für den Wucherer feilboten, welcher die Zinsen nicht zurückerstattete. Scipione Ammirato VII, 162 (ed. 1826).
5) Arch. Rif. Provvisioni 1473 stil. flor. Nr. 165, fol. 273.
6) Zusatz v. 1409 zu den Statuten v. Montajone im Val d'Elsa (ed. Angelelli l. c.). Und was that man hier zur Heilung des Uebels? Man verbot den Gemeindegliedern, überhaupt auf Zins zu leihen, direkt oder indirekt durch fingirte Verträge, bei Strafe des Verlustes des geliehenen Kapitals, und noch ausserdem bei empfindlicher Geldbusse.

Wuchers auszurotten«[1]). Von Jahr zu Jahr sollen sich die Consuln der Tuchhändler der Calimala mit geeigneten Ordensbrüdern berathen, wie man auf die fürs Seelenheil der Einzelnen zuträglichste Weise die Mitglieder bewegen könnte, auf Alles zu verzichten, was sie als Gläubiger von Zunftgenossen an »Entgelt, Zins oder Interesse« zu beanspruchen hätten[2]). Nach einer etwas spätern Ordnung (von 1344) sollte der Zunftnotar alljährlich, wenn die Mitglieder vor ihm erschienen, um die Statuten zu beschwören, denselben diesen Verzicht abfordern[3]). Aber auch hier ist der alte freie Standpunkt festgehalten; es heisst ausdrücklich: Wer nicht verzichten will, soll nicht dazu gezwungen werden. Nur soll er, wie es schon in den Statuten von 1338 heisst, weder Kämmerer noch Consul noch Schiedsrichter der Zunft sein, noch sich an einem Zunftmahl betheiligen können, und natürlich auch für seine Person keinen Anspruch auf den etwa von andern Mitgliedern gewährten Zinsenerlass haben. Uebrigens scheint man es mit dem moralischen Druck, der in solcher Disziplinirung lag, nicht so böse gemeint zu haben, da man das kirchliche Wucherverbot so leicht nahm, dass man in den Statuten selbst mit der offenherzigsten Unbefangenheit das Mittel zur Umgehung desselben an die Hand gab: Wenn ein Kaufmann der Zunft Jemandem Geld schuldet und verpflichtet ist, demselben etwas noch neben dem Kapital (ultra sortem!) zu leisten, so hat er zu schreiben, dass er dies nicht als Zins, sondern als »Geschenk« giebt[4]).

Man gab sich wohl den Schein, aus den Statuten auszumerzen, was vom Standpunkt des Wucherdogma's aus anstössig sein mochte, doch sieht man deutlich, dass es an dem rechten durchgreifenden Ernste fehlte. So hob man 1328 das Statut auf, welches von Zunftwegen Schadenersatz, Zins und Interesse[5]) festsetzte, welches bei Zahlungsverzug der Schuldner dem Gläubiger zu zahlen hatte, setzte aber das neue Gesetz an die Stelle, dass der zahlungssäumige Schuldner nicht nur von den Consuln auf Verlangen des Gläubigers gezwungen werden sollte, sofort das ganze Kapital zu zahlen, sondern zur Strafe, »weil er nicht Wort gehalten«, demselben noch ausserdem »so viel Geld und Zeit zu prästiren«, wie es von den Consuln bestimmt werden würde. Eine Verfügung, die doch, insoferne dieses erzwungene, offenbar zinslose Darlehen an den Gläubiger als Strafe und nicht etwa blos als Ersatz des Schadens aus dem Verzug aufgefasst wurde, mit der kanonistischen Lehre schlecht genug harmonirte.

---

1) — Percio che il peccato dell' usura dispiace molto a Dio, volendo il detto peccato schifare etc. Statuten der Calimala, ed. Giudici 109.

2) Procurino i consoli con quelli frati — che perdono si faccia e come fare si possa il meglio per l'animo (Lesart der Handschrift Cod. 5 gegen »amore« der Ausgabe) di ciascuno del dono merito o guiderdono ovvero interesse per l'anno presente e secondo che altra volta fatto fue. Bezeichnend ist, wie man das Wort »usura« umgeht, obgleich es sich faktisch um nichts anderes handelte. Ib. p. 77. Cf. die Ueberschrift: Di fare il perdonó delle usure.

3) Ib. p. 210. E non s'intenda fatto il perdono delle usure da alcuno il quale per se non vorra fare e non fara simigliante perdono, nè s'intenda che alcuno, il quale tale perdono non fara, abbia alcuno benefizio o assoluzione di perdono, che avessono fatto o facessono gli altri dell' Arte.

4) Ib. I, 63, ed. Giudici p. 76. Di scrivere per dono quello che si da per merito.

5) Merito, danni, spese, interesse! Ib. p. 109.

Uebrigens sollten Verträge, wie das Depositum und die Accomenda mit ihren ganz bestimmten Abmachungen, in allen Beziehungen aufrecht erhalten werden, womit doch offenbar die »exceptio usurariae pravitatis« prinzipiell ausgeschlossen war. Dass überhaupt damals noch Klagen aus Zinsforderungen, selbst wenn sie im kanonistischen Sinn wucherisch waren, anerkannt wurden, geht schon aus der bekannten Verfügung hervor, nach welcher dem, der Andern die Zinsen nicht erliess, die, welche er selbst zu fordern hatte, auch nicht erlassen sein sollten, also eingeklagt werden konnten, ohne dass man auf ihren Charakter, ob wucherisch oder nicht, irgend Rücksicht nahm.

Auch in den andern Statuten, die überhaupt zu der Frage Stellung nehmen, finden wir denselben Standpunkt vertreten. Auch hier Bekämpfung des Zinsnehmens auf dem Wege freier Zustimmung [1]), und zwar nicht nur innerhalb des beschränkten Kreises der Genossen Einer Zunft, sondern auch durch Vereinbarung mit den Mitgliedern anderer Zünfte, mit denen man geschäftliche Beziehungen hatte, und alljährlich wegen des Zinsenerlasses, freilich', wie angedeutet wird, oft monatelang resultatlos unterhandelte [2]). Das war Alles, was man damals that, damit, wie sich das Wechslerstatut in dem von ihm ebenfalls aufgestellten Gesetz über die Strafe des Verzugs sanguinisch genug ausdrückt, die Sünde des Wuchers unter den Menschen ganz und gar ausgetilgt werde [3]).

Allerdings hat sich die liberale Praxis dieser Zeit nicht lange zu behaupten vermocht. Wir wissen, dass die Wucherlehre nach dem Zeugniss von Baldus († 1400) noch im Laufe des vierzehnten Jahrhunderts durchweg in den weltlichen Gerichten geltendes Recht wurde [4]); und damit war der freie Standpunkt der ältern Statuten unhaltbar geworden. So können wir auch in den Statuten das siegreiche Umsichgreifen der kanonistischen Idee seit der zweiten Hälfte des genannten Jahrhunderts klar verfolgen. Schon 1367 fand in das Statut der

---

1) Statut der Wollenzunft Cod. cit. Nr. 7. — 1333, I, 22; 1338, I, 23 und selbst noch 1361, I, 8.

2) Die Wechsler (Statut derselben Cod. cit. r. 74) stellten alljährlich einen Syndikus auf ad remittendum usuras quas unus eorum alteri dedisset et aliis etiam hominibus et syndico aliarum artium remittentibus et syndico huius artis. Zugleich wenden sich die Consuln der Zunft an die Prioren der Minoriten und Predigermönche, «quod cum eis esse debeant ad alias artes et consules aliarum artium, ut fieri faciant syndicum ad remittendum ut supra.

Die Consuln der Calimala sollten, nach dem Zusatz zum Statut der Zunft von 1341 mit den Räthen der Mercanzia dahin wirken, dass die anderen 5 oberen Zünfte Syndici aufstellten a perdonar ogni merito ovvero dono dato o che si desse ciascuno anno intra gli uomini delle dette V arti (ed. Giudici 78).

3) — Ut usurarum pravitas inter homines omnimodo evanescat! (Cod. cit. Nr. 5, rub. 52).

4) Endemann: Studien p. 27. Seit wann dies in Florenz der Fall war, wo die durch Berufung markesaner Oberrichter und Assessoren verstärkten Einflüsse der bologneser Rechtsschule den Prozess offenbar beschleunigten, ist kaum festzustellen. 1373 bei der Einverleibung des Gebiets der Ubaldini finde ich den Begriff des debitum usurarium schon in der schärfsten Fassung. Als solches wird hier jede Schuld bezeichnet, durch welche sich Jemand einem offenkundigen Wucherer verpflichtet, oder sonst wem, der ihm gegen Schuldschein leiht, pro pecunia vel frumento vel alia re recipienda pro usuris vel interesse vel aliter ultra sortem. Das Gericht erkennt nur einen Anspruch aufs Kapital selbst an. Capitoli di Firenze I, 181.

Wechslerzunft das Verbot Eingang, »auf Zins zu leihen, sei es gegen Pfand oder Schuldschein, oder sonstigen Wucher zu treiben bei Strafe von 100 Liren«[1]). Freilich beweist die Einführung einer förmlichen Inquisition[2]) und die ununterbrochene Reihe der Wiederholungen des Verbotes[3]), wie energisch der Verkehr sich gegen den angethanen Zwang auflehnte. Trotzdem erkämpfte sich, vorausverkündigt durch die schon früher beginnenden Ausschliessungen von Wucherern aus mehreren Zünften, schon im Jahre 1394 das Zinsverbot in schroffster Form den Eingang in allen Zunftstatuten[4]). Seitdem konnte Jedermann auf Zurückerstattung der dem Gläubiger bezahlten Zinsen klagen, und der Letztere wurde noch ausserdem verurtheilt, »den vierten Theil des über das Kapital hinaus geforderten Geldes an die Zunft zu zahlen«. Die Natur des Zinses begründet keinen Unterschied; Wucher und Zinsnehmen erscheint als identisch[5]). Ja, man verfolgte das Prinzip bis in seine letzten Konsequenzen und schnitt dem Kreditbedürfniss auch den selbst von der Kirche, mit einziger Ausnahme Innocenz des Dritten, freigelassenen Weg zum zinsbaren Darlehen dadurch ab, dass man in den Statuten von 1415 sogar den Juden im ganzen Staatsgebiet jedes Zinsnehmen und jeden wucherischen Vertrag bei ganz exorbitanter Strafe untersagte[6]), obwohl sie ganz allgemein »des christlichen Heiles untheilhaftig als von Gott selbst dazu eingesetzte und geweihte Wucherer gegen Nichtjuden« betrachtet wurden.[7]).

Es ist höchst bedeutungsvoll, dass die oben mitgetheilten Beispiele für die selbst auf dem Handwerk mit seinem geringen Kapitalbedürfniss und dem darlehensbedürftigen Grundbesitz lastende unerträgliche Höhe des Zinsfusses gerade dieser, das Ende des 14. Jahrhunderts und den Beginn des 15. charakterisirenden Epoche der äussersten Ueberspannung des kanonistischen Standpunktes angehören. Wer wollte den innern Causalverband zwischen jener

---

1) Cod. cit. Nr. 5, rub. 150.
2) Alljährlich hat eine Kommission von 15 gewesenen Consuln in Verein mit den jeweilig amtirenden der Wechslerzunft über jeden Wechsler abzustimmen, ob er Wucherer ist oder nicht. Bezeichnen ihn zwei Drittel der Stimmen als solchen, so trifft ihn die genannte Strafe und Verwarnung, im Wiederholungsfall Ausstossung aus der Zunft. Seit 1385 liess man den also Angeschuldigten wenigstens zur Vertheidigung zu. Cod. cit. Nr. 5, r. 183.
3) 1388 (r. 190), 1390 (r. 192), 1394 (r. 202), 1397 (r. 207), 1401 (r. 216), 1413 (r. 263—65).
4) Cf. z. B. Statut der Kürschner fol. 36, Fleischer fol. 56, Schuster f. 17, Materialienhändler f. 128, Tuchkrämer f. 87, Bäcker f. 59, Riemer 63 und so in allen andern Statuten.
5) Vergl. auch Statut der Wollenzunft, Cod. cit. Nr. 7, 1428, III, 58. Es ist der strenge Standpunkt der Dekretalen, wonach Alles, was der Gläubiger ausser dem geliehenen Kapitale an Geld oder vertretbaren Sachen vergütet erhielt, als usura galt. Die vom kanonischen Recht selbst anerkannten Ausnahmen sind natürlich auch für diese Gesetzgebung maassgebend.
6) Statuta (1415) lib. II, rub. 19: Nullus hebraeus seu judaeus cujuscunque loci originarius — expresse vel tacite directe vel per obliquum aut sub aliquo colore vel astutia audeat mutuare ad usuras quantascunque aut in fraudem usurarum aliquos contractus usurarios instrumenta vel cartas facere. Strafe: 1000 Goldgulden.
7) Cf. Neumann: Geschichte des Wuchers in Deutschland (p. 23) und die dort angeführten Stellen: 2. B. Mosis 23, 19 und Scaccia (tract. de commerc.) § 3, gl. 3, Nr. 48. Cf. Stobbe: Geschichte der Juden in Deutschland während des Mittelalters. 105.

krankhaften Störung der Kreditverhältnisse und der dem Verkehrsbedürfniss prinzipiell feindlichen Rechtstheorie und Rechtspraxis verkennen? Und sollte in Florenz, wo doch nicht einseitig blos Kanonisten und Civilisten, sondern auch dem Handels- und Gewerbsmann selbst Recht und Gesetz in die Hand gegeben waren, dieser Zusammenhang so ganz verborgen geblieben sein; in Florenz, wo man sich doch keineswegs mit den Lehren des Aristoteles von der Unfruchtbarkeit des Geldes oder der Autorität der Kirche begnügte, um die Berechtigung des Wucherverbotes anzuerkennen, sondern demselben — höchst charakteristisch! — vom volkswirthschaftlichen Standpunkt aus eine vortheilhafte Seite abzugewinnen suchte[1])? Man hatte sich von demselben versprochen, dass die Bürger von nun an veranlasst wären, ihre Kapitalien, statt sie durch Verzinsung fruchtbar zu machen, zur Erweiterung ihrer Geschäfte und Gewerbe zu benutzen. Sollte man nicht umgekehrt, nachdem man einmal über die wirthschaftlichen Folgen des Zinsverbotes nachzudenken begonnen hatte, zur Frage nach den schädlichen Wirkungen desselben kommen, wozu das Leben selbst so gebieterisch aufforderte? Wie erklärte man sich nur die Thatsache, dass in Florenz damals so häufig Kapitalien — offenbar wegen der gesetzlichen Schwierigkeiten einer fruchtbaren Anlage — brach dalagen, was man doch unmöglich damit beseitigen konnte, dass man »unnütze« Kapitalansammlungen, wie es allerdings geschah, einfach verbot[2])?

In der That war man sich der unberechenbaren Störungen, welche eine strenge praktische Durchführung der in der Theorie völlig siegreichen Lehre auf ein so reich entwickeltes Verkehrsleben ausüben musste, keineswegs unbewusst. Wie hätte man sonst den Zins nehmenden Kapitalisten durch eine ganz ausserordentliche Erschwerung der Wucherklage von Seiten des Schuldners schützen können[3]), nachdem ihm ohnehin in der von der Wuchergesetzgebung selbst so laut beklagten eminenten Scharfsinnigkeit des Florentiner Geistes ein Bundesgenosse zur Seite stand, der in der Erfindung wucherischer Verträge zur Umgehung des Verbotes unerschöpflich war[4])? Zudem musste es auf die Praxis lähmend einwirken, dass jene Gesetzgebung selbst nicht frei von innern

---

[1]) Cf. das Gesetz von 1394 angef. Seite 84, Anm. 4. — Che le loro mercatantie e traffici alla detta arte appartenenti più largamente possino fare e la loro pecunia nel mestiere della detta arte convertire.

[2]) 1393 legge contro il monopolio della pecunia per cui viene proibito di cumulare senza bisogno grandi somme. Arch. Rif. Cl. II, dist. IV, Nr. 3, angef. bei Canestrini l. c. I, 48.

[3]) Bei jeder Klage auf Wucher muss der Kläger, bevor er gehört wird, in baarem Geld eine Summe deponiren »de quantitate debiti petita seu usurarii debiti«, wozu ihn sowohl der geistliche, wie weltliche Richter zwingen kann. Vermag er nicht binnen 4 Wochen den Wucher zu erweisen, so fällt das Depositum als Beitrag zur Tilgung der Schuld an den Gläubiger, ausserdem zahlt der Kläger eben demselben zur Strafe 100 L. und 25 % (5 Soldi für die Lira) der Klagsumme an den Staat. Statuta (1415) lib. II, r. 19.

[4]) Cf. die Klage über die gran sottigliezze d'ingenii mit denen das Wucherverbot vergeblich ringe. Provvisioni Nr. 165, fol. 273, Arch. Rif. 1473 (stil. fior.). Florentinis ingeniis nil ardui est setzte Cennini als Motto auf das erste, in Florenz von ihm gedruckte Buch, den Virgilcommentar des Servius. Diesen Wahlspruch durfte sich wohl auch so mancher florentiner »Wucherer« siegesbewusst aneignen.

Widersprüchen war und sich andererseits nicht einmal selber auf der ideellen Höhe zu behaupten vermochte, die sie im Beginn des 15. Jahrhunderts erstiegen zu haben schien. Welch' ein Mangel an Folgerichtigkeit, wenn der Staat selbst während dieser ganzen Zeit bei seinen Anleihen den Bürgern hohe Zinsen zahlte und sich selbst der Trugmittel und Kniffe zur Umgehung von Zinsgesetzen bediente! [1]) Eine Inkonsequenz freilich, mit welcher die geistlichen Autoritäten den weltlichen vorangingen; denn während der schon genannte Erzbischof von Florenz alle Staaten und deren Leiter verdammte, wenn sie mit Wuchervergütung borgten, trat er zu gleicher Zeit für die Wucherfreiheit der Florentiner Bankantheile auf[2]), und unter grosser Beunruhigung der Gewissen predigten die Franziskaner für, Augustiner und Dominikaner, insbesondere später Savonarola gegen die Zinsbarkeit der Staatsanleihen[3]). Wenn man nun aber auch für diese einen Theil der Theologen auf seiner Seite hatte, wie liess sich mit den Wuchergrundsätzen das vom Staat gestattete, ja mitunter sogar absichtlich geförderte Börsenspiel vereinigen, bei dem das auf das Steigen und Fallen der Kurse der Staatsbankaktien spekulirende Kapital zuweilen einen Zinsertrag von 40 % zu erschleichen wusste[4])? Diese Quelle gemeinen Wuchergewinnes, bei welcher der Staat selbst durch die Börsensteuer betheiligt war, verstopfte man nicht, schädigte dagegen ohne Bedenken den Handelsverkehr durch das Verbot der Trockenwechsel (1429), welche allerdings ebenso sehr Veranlassung zum »Wucher«, wie dem Kreditwesen förderlich waren[5]). Schon die Thatsache, dass man dies Verbot bereits nach 4 Jahren zurücknahm[6]), bezeugt, wie wenig man daran denken konnte, dem »Wucher« gründlich zu Leibe zu gehen, zumal gegenüber dem immer wieder beklagten Mangel des Baargeldes im Verkehr und der ausgesprochenen Absicht, dasselbe auf alle Weise durch die Gesetzgebung aus den Schreinen der Privaten in den Verkehr zu ziehen[7]).

Sind doch in den Statuten (1415) selbst die Bedingungen für eine etwaige

---

1) Da bei Todesstrafe jeder Antrag auf Erhöhung der Zinsen des »Mons« über 5 % verpönt war, wollte im Krieg gegen Pisa (1362) Niemand sich an der Anleihe betheiligen. Ein Notar schlug den gewöhnlichen Wuchererkniff vor, dem, der 100 fl. lieh, 300 gutzuschreiben, so dass die Staatsgläubiger 15 % bekämen; und der Staat acceptirte dies Verfahren! Gino Capponi l. c. I. 330. Welch' eine Fülle zinsbaren Kapitals repräsentiren allein die Staatsanleihen von 1343—1427; neunzehn Millionen Goldgulden (Zobi l. c. 35). Nachdem die »Ciompi« 1378 vorübergehend die Zinslosigkeit des Mons durchgesetzt (Muratori, SS. XVIII 1119), fielen später die Zinsen auf 10 % (1382), indem man die früher gutgeschriebenen 300 fl. auf 200 herabsetzte. G. Capponi l. c. 374.

2) Endemann l. c. 435.

3) Cf. Matteo Villani III, 106 und Osservatore Fiorentino IV, 103.

4) Cf. die Istoria Fior. des M. Stefani. Vol. VIII, 97 in den Delizie degli eruditi Toscani. Die 2 % Steuer, mit der man die Uebertragung der Aktien belegte, beabsichtigte doch nicht sowohl, wie G. Capponi I, 331 will, das traurige Spiel zu enden, sondern vielmehr, es im fiskalischen Interesse auszubeuten, demnach eine allerdings sehr hohe Börsensteuer.

5) Scipione Ammirato (ed. 1826), VII, 93.

6) Arch. Rif. Balie Cod. Nr. 42 (1433), fol. 16.

7) Cf. die Motive zur Einschränkung der Börsensteuer (1478) Provvisioni Nr. 170, f. 56: considerando ogni cosa che si puo fare, per fare trarre il numerato da quelli che non lo

Zulassung des zinsbaren jüdischen Darlehens vorgesehen [1]). Sah sich doch der Staat von jeher gezwungen, Private zur Haltung von Leihbanken zu concessioniren, freilich unter der sehr beschränkenden Bedingung, nur gegen Pfand und zwar nur auf Mobilien zu leihen [2]). Mit dieser künstlichen Ableitung des Kreditbedürfnisses in einzelne Kanäle war dem Verkehr natürlich um so weniger gedient, als dieser Monopolisirung der Zinsbarkeit des Darlehens durchaus der Charakter der Stabilität mangelte. Die Behörde wollte diesen Instituten gegenüber immerdar freie Hand haben, »um die Unterthanen schützen zu können, dass sie nicht durch den Wucher, den Trug und die Kniffe der Darleiher zu Grunde gerichtet, sondern so viel als möglich in ihrem Vermögensstand erhalten würden« [3]).

Wie konnte diese an sich kümmerlich genug gefristete Freiheit der herrschenden Zinsnoth begegnen, wenn Behörden, deren Amtsfrist sich nach Wochen bemass, »jeden Moment« durch Widerrufung der eben gegebenen Verordnungen auf diesem Gebiet, durch plötzliche Veränderung des den Darleihern vorgeschriebenen Zinsfusses, durch Milderung oder Verschärfung der Concessionsbedingungen die ganze Geschäftslage der Darlehensbanken verändern konnten, ja, wenn man sie mitunter durch eine drückende Besteuerung ganz zum Eingehen zwang [4])? Unter diesen Umständen erklärt es sich leicht, dass der Staat diesen Banken im Jahre 1420 einen Zinsfuss von 25 % zugestehen musste [5]), und auch damit so wenig geholfen war, dass man 1430 die Juden

---

girano in mercato per allargarlo essere bene a farlo, et inteso da pratichi cittadini, che dare comodita agli uomini del vendere e comperare a tempo crediti di monte, ajuterebbe tale materia per tanto. Also direkte Förderung des Börsenspiels.

1) Lib. IV, tract. extraord. rub. 142.

2) Das sind die »foeneratores qui mutuant ad velam seu panellum«. Ib. rub. 74 und 141. Cf. die Bestimmung über die conzessionirten Florentiner, die im Aretinischen auf Pfand und Mobilien leihen konnten. Nullus — possit — mutuare ad usuras ad cartam vel scripturam seu instrumentum vel sub titulo vel colore emtionis fabarum vel alterius bladi et seu super aliquam domum terram vel vineam aut aliam rem immobilem vel super juribus alicujus dotis (1389). Capitoli di Firenze I, 423.

3) Die Signorie mit ihren Collegien kann so oft sie will anordnen quomodo et per quos et quemadmodum possit et seu non possit mutuari per foeneratores ad usuras seu sub usuris comitatinus et districtualibus civ. Flor. — et super his prohibitiones et ordinamenta ac leges etiam prohibitorias facere et componere contra hujusmodi foeneratores — super mutuis quae ad usuras fierent et super extractionibus usurarum — quotienscunque, de quibus, prout et sicut et quandocunque — voluerint. — Sie können ihre Gesetze und Verordnungen über diesen Punkt jeden Moment widerrufen und neue machen, pro conservatione — comitatinorum et districtualium — quod ipsi — ab usuris et fraudibus et astutiis foeneratorum non destruantur sed quantum fieri poterit in eorum substantiis cum justitia conserventur. Ib. r. 141.

4) Capitoli di Firenze I, 424.

5) Seiner Tendenz nach sollte dies Gesetz freilich eine Beschränkung der noch bei weitem höhern Zinsforderungen dieser Banken sein. Cf. Scipione Ammirato l. c. (ed. Massi 1647. Parte I, tom. II, p. 988). La quale (la repubblica) volendo mettere qualche freno a quei chi prestavano in Firenze a usura col pegno, che communemente si diceva prestare appanello, ordino che non potessero pigliar più di cinque danari per lira il mese, usura pur troppo ingorda e pur comportata!

nach Florenz berief, für deren Darlehen man allerdings das Zinsmaximum auf 20 % erniedrigte.

Dies war nun aber auch Alles, was die Gesetzgebung dem Verkehr direkt zugestand, und selbst dies kärgliche Zugeständniss, welches nicht einmal etwas enthielt, was nicht schon in den Statuten vorgesehen gewesen wäre, vermochte sich nicht auf die Dauer den Vertretern des strengen kanonistischen Standpunkts gegenüber zu behaupten, geschweige denn, dass von einem weitern Fortschritt in freiheitlichem Sinn die Rede war. Begegneten uns doch eben in den zwanziger und dreissiger Jahren neue scharfe Verordnungen der Zünfte gegen wucherische Genossen, gab es doch offenbar eine extreme Partei, deren Stärke durch die bedeutsame Thatsache bezeugt wird, dass in einem Staatsbeschluss von 1473, der mit 172 gegen 60 Stimmen gefasst wurde [1]), die Ueberzeugung ausgesprochen wird, nicht nur die Wucherer, sondern auch die, welche, ins Regiment berufen, nicht von ihrer Befugniss Gebrauch gemacht, den konzessionirten Wucher wieder zu beseitigen, seien als exkommunizirt zu betrachten! Wenn diese Richtung auch offenbar einen harten Kampf mit milderen, dem Verkehr mehr Rechnung tragenden Anschauungen zu kämpfen hatte, gelang es ihr doch, wenigstens vorübergehend, völlig obzusiegen. Im Jahre 1469 wusste sie, gestützt auf die Massen und deren Hass gegen die konzessionirten Pfandleiher und jüdischen »Wucherer«, nicht nur die Erneuerung der abgelaufenen Concessionen der Juden zu verhindern, sondern das Leihgeschäft überhaupt, wenigstens so weit es öffentlich ausgeübt wurde, ganz zum Stillstand zu bringen [2]).

Die Kalamität, welche dies zur Folge hatte, ist in einem Staatsbeschluss von 1471 anschaulich geschildert. Die Geldbedürftigen waren gezwungen, sich

---

[1] Beschluss der Errichtung eines Monte di pietà: Arch. Rif. 1472 (st. flor.) Nr. 165, fol. 1. Interrogatus Cato ille vir apud Romanos ob ejus egregias virtutes summo in honore habitus: quid foenerari? respondit: quod hominem occidere. Oraculum certe tanto homine dignum, cujus sententiam, etsi fidei optimae lumine careret, cuncti tamen fideles semper tamen verum affirmaverunt; adeoque foenus a sacris nostris christianis est detestatum, ut canonum sanctissimis legibus non solum qui foenerantur, verum etiam qui modo aliquo consentiunt foenus, quique infra breve tempus cum praesint possintque prohibere quibus foenerari concessum est, ne foenus exigant, et pro viribus non faciant, excommunicati habeantur et sint.

[2] Arch. Rif. Provvisioni 1471, Nr. 163, f. 60. Atteso come da molti mesi in qua nella città di Firenze non s'è facto l'exercitio del presto publicamente, di che i poveri uomini hanno ricevuto grandissimo incommodo e danno, perche hanno avuto a mandare a Prato o più discosto i loro pegni per esser subvenuti nei loro bisogni, dove oltr'al disagio hanno maggiore interesse a pagare, perche vi si presta a danari sei per lira. E chi non a avuto commodita di mandare o ire in tali luoghi, ha venduto le sue cose con gran disavantaggio. Et tale inconveniente ogni di più cresce con gran danno dei poveri uomini. Alquale per obviare i magnifici Signori — hanno avuto più pareri et inteso più modi e raccolto in effecto, che a provvidere, che gli ebrei abbino a prestare in Firenze, da noia nel vincere la provvisione a molti più cose, ma maximamente chi dicono essere cosa non honesta a consentire che gli ebrei prestino e che il comune ne pigli la taxa; che si vede non per favorire il popolo o sobvenirlo, ma per avarizia et utilita consentirsi tal cosa e pero esser contra conscientia. Et desiderando a provvidere ai bisogni del popolo e levare ogni scrupolo

nach Prato und andern Orten zu wenden um gegen Pfand Geld zu bekommen, und zwar zu einem Zins von 30%, oder ihre Habe mit schwerem Verluste zu verkaufen. Welch' ein unnatürlicher Zwang! Von einem der ersten Geldmärkte Europas wendet sich das Kapitalbedürfniss des kleinen Mannes nach unbedeutenden Landstädtchen der Nachbarschaft und sucht dort Befriedigung, selbst um den höchsten Preis! Viele Monate dauerte dieser Zustand, bis die zwischen die Forderungen der starren kanonistischen Richtung und der täglich wachsenden Verkehrsnoth gestellte Signorie sich (1471) mit dem Rathe zu dem Beschluss vereinigte, den Juden das zinsbare Darlehen wieder zu gestatten; allerdings zunächst nur wieder auf die kurze Frist von 10 Jahren [1]. Doch liess man sich nach den schweren Erfahrungen von 1469 diese Errungenschaft nicht wieder rauben. Auch die gewaltige Beredtsamkeit eines Bernardino da Feltre, der nicht nur auf der Kanzel, sondern auch bei den Behörden und Lorenzo Magnifico persönlich gegen die Juden wirkte und alles Heil von einem Monte di Pietà erwartete, konnte nicht dagegen aufkommen [2]. Nur dem geistlichen Taumel, welcher den Höhepunkt von Savonarola's theokratischem Regiment charakterisirt, ist dies vorübergehend gelungen. So wie er verflogen, stellte sich das jüdische Darlehen wieder ein [3].

Wenn man nicht annehmen will, dass die Meinung des vierten allgemeinen Konzils von Lyon, das gegen die Christen gerichtete Wucherverbot nicht zum Vortheil der Juden werden zu lassen, für einen Theil der 65 Stimmen maassgebend war, gegen welche der Staatsbeschluss von 1471 mit 132 Stimmen durchging, so erscheint auch hier die Zahl der Anhänger der strengsten Richtung als eine nicht unbedeutende. Uebrigens waren auch unter denen, welche sich für das zinsbare Judendarlehen aussprachen, nach dem Inhalt des Staatsbeschlusses selbst zu schliessen, sicherlich viele, die es nur darum thaten, weil man ihr Gewissensbedenken, **dass der Staat durch die übliche Besteuerung der jüdischen Darleiher sich zum Mitschuldigen der Sünde mache**, durch Verzicht auf diese Steuer beschwichtigte. Das

---

di conscientia truovano essere necessario di provvidere, che gli ebrei prestino ma a denari tre per lira e non paghini alcuna taxa e spesa al comune. Dies Recht wird den Juden auf 10 Jahre zugestanden. Im Uebrigen sollen sie denselben Normen unterworfen sein, wie die Juden, »chi erano condocti a prestare in Firenze nella fine della loro condotta di X anni, che ultimamente finirono nell' anno 1469«. — E sieno tenuti a prestare ad interesse non maggiore di 3 denari per lira, e su pegni mobili e non altri. Man vergleiche den milden Standpunkt dieses mit 132 gegen 65 Stimmen gefassten Beschlusses mit dem Anm. 1 angeführten.

1) Ibid.
2) Cf. Wadding: Annales Minorum tom. VII, 333. Er predigte 1488 in Santa Croce.
3) Arch. Rif. Balie Nr. 52, liber XVII Riformatorum fol. 139 (1497). »Die Juden sollen demnach alle Wohlthaten geniessen, die ihnen 1494 u. 1496 zugestanden sind, praeterquam ad exercendum foenus et usuram. Nicht lange danach finden wir sie jedoch wieder im Besitz der ihnen ›ad foenerandum« zugestandenen Rechte. L. c. fol. 133.

Zur Vergleichung mit den florentiner Verhältnissen verweise ich auf das neuestens gedruckte: Inventario del real Archivio di Stato in Lucca. Vol. I Archivio diplomatico: Carte del Comune di Lucca parte I, pag. 210 mit wichtigen Notizen über das dortige »Offizio sopra le usure.

liberale Votum von 1471 setzt also keineswegs eine prinzipielle Uebereinstimmung der Mehrheit voraus.

Für das jüdische Darlehen hatte diese Immunität die Folge, dass man das Zinsmaximum für dieselbe auf 15 % erniedrigte, ein Zinsfuss, der unter den obwaltenden Verhältnissen offenbar zu tief angesetzt war. Dies und der auch jetzt noch gemachte Vorbehalt, dass nur Mobilien gegen dieses zinsbare Darlehn verpfändet werden durften[1]), zeigt recht deutlich, wie wenig man gelernt hatte, die Macht des Menschenwillens gegenüber den das Verkehrsleben beherrschenden Trieben und Bedürfnissen einigermaassen richtig abzuschätzen. Noch am Ende der Epoche erhebt sich die Gesetzgebung in dieser Beziehung nicht über das Niveau der Statuten, welches schon durch die einzige Thatsache genugsam beleuchtet wird, dass man damals (1415) den Zinsfuss, welcher für die Concessionirung des jüdischen Darlehns maassgebend sein sollte, ein für alle Mal im Staatsgrundgesetze selbst fixiren zu können glaubte[2]) (15 %). Bis ans Ende zeigt sich die Gesetzgebung der Commune im Unklaren darüber, welche Kräfte denn eigentlich den Zinsgesetzen entgegenwirkten. Es ist, als ob die theologischen Gesichtspunkte, welche sich des Rechtes bemächtigt hatten, auch den praktischen Geschäftsmann, der an der Gesetzgebung sich selbstthätig betheiligte, gewissermaassen in einen Bannkreis zogen, über den er nicht hinaus konnte, so sehr er sich vielleicht auch im Innersten dagegen sträuben mochte. Wer sollte erwarten, Körperschaften, die, wie Signorie und Räthe von Florenz, überwiegend aus Kapitalisten, Industriellen und Handelsleuten bestanden, in ihren Ausführungen über die Ursachen des Widerstandes, welchem die Zinsgesetze begegneten, so ganz und gar auf jenem Niveau stehen zu sehen, welches etwa die Kanzelberedtsamkeit der Zeit einnahm? »Woher kommen die wucherischen und schlechten Verträge«? — heisst es in einem Staatsbeschluss. »Von dem herrschenden Luxus und der Verschwendung, von der weitverbreiteten Unsittlichkeit, Habsucht und Verschlagenheit. Und wer leidet darunter? Unsere Jugend und arme Leute, die nothgedrungen sich in jeden Strudel stürzen«[3]).

Also jugendliche Verschwender und verzweifelnde Existenzen im Bunde mit wucherischer Geldgier bilden die Phalanx gegen den grossen Gedanken von der Unentgeltlichkeit des Kredits! Bei solcher Anschauung konnte man sich allerdings immer noch mit der Hoffnung schmeicheln, durch die Begründung eines nach streng kanonistischen Prinzipien zu verwaltenden »mons subventionis et caritatis« (1473)[4]) die Wucherlehre am Ende doch noch im Leben selbst sieg-

---

[1]) Cf. Seite 128, Anm. 2.
[2]) Lib. IV, tract. extraord. rub. 142.
[3]) —. Giovani e altre bisognose persone ei quali da necessita costrette si gettano in ogni voragine e pelago. Provvisioni (1473, stil. flor.) Nr. 165, f. 273, Arch. Rif.
[4]) Dieser sollte als Staatsanstalt auf Pfand Darlehen geben »pro conveniente mercede non pro mutuo sed pro expensis necessariis pro locis et ministris et eo modo et forma prout a sacris theologis intellexerunt fieri posse et debere et absque praejudicio animae et sine peccato. Arch. Rif. Provvisioni 1472 (stil. flor.), f. 1, Nr. 165.

reich zu sehen. Dieses starre Festhalten der staatlichen Gesetzgebung an einer ganz unrealisirbaren Idee inmitten des reichsten Verkehrslebens der damaligen Welt, welchem der »Wucher« nach der Klage Vespasiano's am Ende des 15. Jahrhunderts so sehr zur Gewohnheit geworden, dass man gar nichts Schlimmes mehr darin fand[1]), ist eines der merkwürdigsten Räthsel der an inneren Widersprüchen so reichen Zeit. Wir haben hier auf wirthschaftlichem Gebiete eine analoge Erscheinung vor uns, wie sie uns der Gegenzug der Rechtswissenschaft gegen die Renaissance auf dem literarischen offenbart. Welch' unbegreifliche Gegensätze vereinigt da zuweilen ein und dasselbe Individuum. Volksmässige Dichter wie Cino, Humanisten, wie Francesco Aretino als Rechtsgelehrte verknöcherte Scholastiker! Man hat darum wohl in neuerer Zeit geglaubt, dass der Jurist und der Poet, der Jurist und der Philologe gar nicht die nämliche Person sein könnten, dass sie vielmehr nur zufällig Träger Eines Namens seien. Und doch sind Beide ebensogut Eins, wie der Bürger, der als Handels- und Gewerbsmann sich den Anforderungen des Verkehrs gar nicht entziehen konnte, und Jener, welcher als Gesetzgeber die kanonistische Gebundenheit als allbeherrschendes Prinzip aufrecht erhalten hat.

Ermöglicht war dies freilich nur dadurch, dass die unter der Herrschaft dieses Prinzips sich vollziehende Ausbildung eines eigenen Verkehrsrechtes Schritt für Schritt dem Verkehr zurückzugewinnen begann, was ihm die Gesetzgebung zu versagen schien. Indem sie das Wucherdogma prinzipiell festhielt, wusste die juristische Dialektik den widersprechenden Erscheinungen des Verkehrslebens, die sich nun eben einmal nicht beseitigen liessen, dennoch rechtliche Anerkennung zu verschaffen[2]). Es ist klar, dass dieses Recht immer künstlicher, immer verwickelter und unnatürlicher werden musste, je weiter

---

1) Archivio Storico l. c. Già già non ci è piu chi lo stimi (scil. l'ingiusto guadagno); in tal modo n' hanno fatto abito. Vedi tutti gl'infideli averla dannata (scil. l'usura) e tu che ai per divino precetto, di none isperare nulla, come incredolo ed impio non tene vuoi ritenere. Ganz ebenso sagt er von Mailand: O città di Milano piena d'usure, che non fai altro e già l'avete ridotta in consuetudine; e non è piu chi la stimi.

2) In Florenz bestand eine besondere Behörde: »die Regulatoren der Stadt Florenz« (seit 1473), welche über alle Schuldverträge, die dem Gläubiger neben dem Kapital über 12 % zusprachen, zu entscheiden hatten, ob sie wucherisch seien oder nicht. Sie hatten auf Verlangen der Signorie die Motive zu entwickeln, aus denen sie diesen oder jenen Vertrag als wucherisch verurtheilten. Letztere Bestimmung scheint anzudeuten, dass man eine rigorose Praxis nicht begünstigen wollte. Wo es sich um 12 % und weniger handelte (die centesimae des römischen Rechtes), war eine andere Behörde competent. Es ist von Interesse, dass man das Theilungsprinzip, welches das gemeine Recht für die Frage, ob wucherisch oder nicht, aufstellte, wenigstens der Scheidung der Kompetenzen zu Grunde legte. Damit ist aber natürlich nichts weniger als die gemeinrechtliche Wucherfreiheit der Centesimae anerkannt. So selbstverständlich dies ist, muss es doch gesagt sein, weil ganz neuerdings Peruzzi (l. c.), allerdings ohne Beweis, behauptet hat, 12 % sei gesetzlicher Zinsfuss in Florenz gewesen! Cf. Provvisioni 1473 (stil. flor.), Nr. 165, f. 273. Arch. Rif., wo es von den Regulatoren heisst: non potendo pero dichiarare, esser contratto usurario o disonesto cambi reali o quando a capo d'anno i denari stessino a dodici per cento o meno, ma dainde in su; rimanendo non dimeno illesa l'auctorità di chi secondo gli ordini l'avessi per cognoscere da 12 % in giu.

es den Kreis der Rechtsgeschäfte zog, deren wucherischer Charakter wegdefinirt werden sollte. Je mehr Freiheit dadurch dem Verkehre vindizirt wurde, desto fühlbarer wurde die Abhängigkeit der Rechtslehre von den Wuchersätzen, weil, je mehr Seiten man denselben zu Gunsten der Freiheit abgewann, die innere Unwahrheit des ganzen Verfahrens immer entschiedener zu Tage trat. Wenn nun aber auf diese Weise auch die Zinsbarkeit des Darlehns in den mannigfaltigsten Formen rechtliche Anerkennung fand, so war dies doch keine Ausnahme vom Wucherdogma in dem Sinn, wie das zinsbare Darlehen der konzessionirten Pfandleiher und der Juden, sondern eine Erscheinung, deren Existenzberechtigung nur auf der mehr oder minder gelungenen Beweisführung beruhte, dass das Dogma durch sie gar nicht berührt wurde. Nur darum besteht die Freiheit zu Recht, weil ihre Unvereinbarkeit mit dem herrschenden Prinzip juristisch beseitigt ist, nicht aber weil man dieses selbst im Interesse der Verkehrsfreiheit modifizirt hätte. Eben darum liegt es ausserhalb unserer Aufgabe, dem Handelsrecht auf seinen scholastischen Irrgängen zu folgen, um so mehr als dies bereits von der modernen Forschung über die romanisch-kanonistische Wirthschafts- und Rechtlehre, vor allem von Endemann in mustergiltiger Weise geschehen ist.

V.
Die Frage der merkantilen Verkehrsfreiheit.

Wenn man bedenkt, dass sich ein mit der Wirklichkeit so unversöhnliches Prinzip, wie das Wucherdogma, mit solcher Zähigkeit zu behaupten vermochte, dass die ganz unabweisbaren Bedürfnisse des Verkehrs nur in dem Labyrinth eines unnatürlichen Verkehrsrechtes eine Freiheitsstätte finden konnten, so wird man nicht erwarten, gegenüber den Tendenzen einer so fest im Volke wurzelnden Institution, wie der Zunftverfassung, freie Bewegung im Handel da anerkannt zu sehen, wo derselben diese Tendenzen entgegen waren. Es lag in der Natur der Sache, dass ähnliche Fesseln, wie man sie zur Verwirklichung der Zunftzwecke dem Producenten auferlegen zu müssen glaubte, auch dem Handel nicht erspart blieben. Jenes System der Ueberwachung der Produktion zur Aufrechterhaltung der Ehre der nationalen Arbeit und der zünftigen Reglements wäre unvollständig gewesen, wenn es nicht auch den Handel mit den Stoffen und Erzeugnissen der Industrie in seinen Bereich gezogen hätte. Daher in den grossen dem auswärtigen Handel dienenden Zünften der Calimala, der Wollen- und der Seidenzunft neben der Beschau, der man die Fabrikate bei ihrem Eintritt in den Handelsverkehr unterwarf, jenes Institut beeidigter **Makler** (Sensalen), ohne deren Mitwirkung Handelsgeschäfte, die in Florenz abgeschlossen wurden, weder rechtlich giltig, noch überhaupt zulässig waren[1]).

---

[1]) Statut der Seidenzunft Cod. cit. r. 70; der Calimala, ed. Giudici II, cap. 1.

Der fremde Kaufmann, der nach.Florenz kommt, ist an den ihm von der betreffenden Zunft gestellten Sensal gebunden, welche ihn in der von Zunftwegen vorgeschriebenen Reihenfolge von Laden zu Laden begleitet, die Geschäfte vermittelt und denselben durch Stempelung der Waaren mit dem Zunftsiegel Rechtskraft verleiht [1]). Auch für den Handel mit den Rohstoffen jener grossen Industrieen war diese Vermittlung obligatorisch. Kein Bedürfniss, z. B. der Wollenzunft: Waid, Pottasche, Scharlach, Alaun, Färberröthe u. s. w., Wolle oder Garn kann der Fabrikant oder Färber von einem Kaufmann ohne die Mitwirkung des Sensals beziehen [2]). So wenig nach dem eigenen Geständniss der Statuten diese Art von Bevormundung im Leben strenge durchgeführt werden konnte, so beharrlich blieb die Gesetzgebung darauf bestehen [3]), zumal als sich seit dem völligen Sieg der Wucherlehre die Aufmerksamkeit auf die kaufmännischen Verträge als die häufigste Veranlassung, wie das geläufigste Mittel zum »Wucher« richtete, und das obligatorische Maklerinstitut zugleich die Bestimmung erhielt, als Waffe gegen »wucherische« Verträge zu dienen [4]).

Aus dem, was wir im vorletzten Kapitel über die während des 15. Jahrhunderts sich verschärfende Tendenz, die Reglements durch Einführung neuer Präventivmaassregeln zu unterstützen, gesagt haben, geht klar hervor, dass dieselbe auch für die Frage der merkantilen Verkehrsfreiheit von Bedeutung gewesen ist. Durch das Verbot, Waaren, die verschiedenen Zünften oder Zunftabtheilungen zugewiesen waren, in einem und demselben Geschäftsraum zu handeln, wurde ja die zünftige Scheidung der Gewerbe für den Handelsverkehr eigentlich erst recht fühlbar, während wir sonst in der Gesetzgebung die entschiedene Tendenz ausgeprägt sahen, jene Abgrenzungen nicht zu störenden Verkehrsschranken werden zu lassen.

Wir finden jene Forderung einer lokalen Trennung des Verkaufes gewisser

---

1) Statut der Wollenzunft (1333), I. 38—40 und 1428, IV, 32. Diese Zunft hatte darnach im 14. Jahrhundert 48 Sensalen für Tücher und 60—80 für Wolle, Garn und andere Artikel. Sie hatten ein genaues Verzeichniss über Farbe, Maasse, Preise u. s. w. der verkauften Tücher zu führen. — Nach dem ältern Statut soll keinem Kaufmann von der Zunft der verlangte Sensal zum Tuchkauf gegeben werden, bevor er nicht Bürgschaft geleistet, die Tücher, die er zu kaufen beabsichtigt, binnen 20 Tagen zu bezahlen. Später (seit 1361) hat man wenigstens von dieser lästigen Fessel den Verkehr befreit.

2) Ib. I, 53, cf. die Einschärfung des Verbotes, ib. fol. 153 (1459).

3) Ib. (1459) cf. oben Seite 83, Anm. 3. Schon 1333 beginnen die Klagen über die multe varie et illicite emtiones et venditiones de rebus et mercantiis in abscondito et absque sensale et statere comunis Florentie Cod. cit II, 9. Sie kehren mit denselben Worten wieder 1428 (II, 14 ib.). 1459 erscheint das Sensaleninstitut ganz abgekommen und wird unter Verschärfung der Strafen zwar wieder erneuert, aber wie die wiederholten Auffrischungen beweisen, ohne durchgreifenden Erfolg. Cf. Provvisioni 1476 (stil. flor.), Nr. 168, fol. 227 und Cod. cit. Nr. 7 der Zunft, fol. 152 (1486).

4) Cf. die Vorschrift derselben Zunft ib. (1428), I, 16 für die Makler, welche sich an keinem Verkauf von Tuch oder Wolle betheiligen sollen, de quo vel qua fieri deberet aliquid scomputum pro denari contanti cum aliqua pretii talis panni vel lane diminutione, sed solum pro quantitate et summa pro qua realiter venderentur ad terminum vel a denari contanti; nec esse possit sensalis alicuius mercatus illiciti vel in fraudem usurarum fiendi, nec aliquem mercatum illicitum vel usurarium aut in fraudem usurarum quandolibet fiendum facere possit.

zünftig geschiedener Waaren schon in den ältesten Quellen des Zunftrechtes, jedoch ergiebt der Umstand, dass jene Forderung im Laufe der Zeit auch von Gewerben aufgestellt wurde, denen sie ursprünglich fremd ist, das bedeutsame Resultat, dass auch auf dem Gebiete des Handelsverkehrs — analog der hinsichtlich der industriellen Produktion konstatirten Entwickelung — **das Bereich des Zwanges in diesem Punkte im Wachsen begriffen war**. Schon in den Statuten der Calimala, aus dem Anfange des 14. Jahrhunderts, heisst es[1]: »Kein Mitglied der Zunft darf in den Kaufgewölben derselben neben den ultramontanischen Tüchern zugleich florentinische oder italienische verkaufen, und nach den Statuten der Republik darf überhaupt Keiner — also auch nicht die Tuchhändler der Wollenzunft, welchen durch die Immatrikulation in die Calimala ja auch der Handel mit französisch-flandrischen Tüchern offen stand — in der Stadt Florenz ultramontane Tücher in einem Laden verkaufen, in welchem auch florentiner verkauft werden«. — Dagegen war es den Seidenhändlern bis 1438[2], wo das entsprechende Verbot für alle der Seidenzunft eingereihten Gewerbe ausgesprochen ward, ausdrücklich gestattet, neben Seidenstoffen ultramontanische Tücher in ihren Läden zu handeln. Gerade der Verkehr in diesen Tüchern, der zu den bedeutendsten Zweigen des florentiner Handels gehört, hat Einrichtungen ausgebildet, die uns aufs Getreueste veranschaulichen, wie weit in Florenz auf diesem Gebiete der Geist der Bevormundung gehen konnte, wie sehr man im Innersten dem modernen Gedanken der Freiheit des Verkehrs ferne stand. Um die kaufmännische Ehrenhaftigkeit zu fördern, den Käufer zu »sichern und aufzuklären«, was ausdrücklich als Ziel der Gesetzgebung hingestellt wird[3], glaubte man sich nicht mit dem obligatorischen Maklerinstitut und der lokalen Auseinanderhaltung verwandter Fabrikate begnügen zu dürfen. Das Gesetz griff dem Käufer direkt unter die Arme, »wenn er etwa Güte und Werth der Tücher nicht zu beurtheilen verstand«, und sorgte selbst für seine Belehrung. Auf allen in Frankreich, Flandern und Brabant gekauften Tüchern, die in Florenz in den Handel kamen, musste der Ankaufspreis sowie der Name des Fabrikanten angegeben sein, von dem und der Ort, wo sie gekauft waren, ferner die Spesen und Abgaben im Königreich Frankreich und die Kosten des Färbens und Appretirens, und zuletzt die ganze Summe, auf Goldgulden reduzirt[4]. Für die Durchführung dieser Vorschrift bürgte die Vereidigung der Kaufleute, sowie das Institut der geheimen Denunziation und von Zunftwegen organisirten Spionage, dessen sich die Industriepolitik der Zeit in weitem Umfang bedient hat, um den Verkehr unter die Reglements zu zwingen.

---

[1] Cod. cit. Nr. 5, lib. II, 48.
[2] Vergl. oben Seite 87, Anm. 2.
[3] Statut der Calimala. Cod. cit. fol. 70 (1352).
[4] Statuten der Calimala, ed. Giudici pag. 214; nach dem Codex (fol. 60) seit 1341 in Kraft. Vergl. das Statut der Leinenhändler Cod. cit. fol. 48, wonach die aus der Romagna u. Lombardei eingeführten Leinendecken von keinem Zunftmitglied mehr verkauft werden sollten, weil sie zwar ein schönes Aussehen hätten, aber schlecht seien (1372).

Dass ein für den gesammten Handelsverkehr so wichtiger Faktor, wie das Kreditwesen, auch von der Zunftgesetzgebung in ihren Bereich gezogen und nicht dem freien Belieben anheimgegeben wurde, ist leicht erklärlich. Auch damals begegnen wir, ganz wie heute, lebhaften Klagen über die leidige Gewohnheit, auf lange Fristen zu kreditiren und die vielen Missstände, die daraus erfolgten[1]. Die Zunft kam sicherlich einem lebhaft empfundenen Bedürfniss entgegen, wenn sie es unternahm, das Kreditwesen auf eine solidere Basis zu stellen; freilich, insofern es sich dabei um eine für Alle verbindliche Norm handelte, im Gegensatz zu den Modernen, welche hier allein die Selbsthilfe und freie Vereinbarung walten lassen wollen. Das Maass von Freiheit, welches das Gesetz dabei dem Einzelnen liess, war freilich sehr verschieden, sei es nun, dass die verschiedenen Zunftstatuten bedeutend von einander abwichen, oder dass ein und dasselbe Statut im Laufe der Zeit seinen Standpunkt modificirte.

In den alten Statuten der Calimala war es bei schwerer Strafe verboten, über drei Monate zu kreditiren[2]. Später gestand man für den Verkauf von ultramontaner Wolle eine Frist von 8 Monaten zu, für den Tuchverkauf eine solche von 6 Monaten[3]. Die Seidenzunft verbot im Allgemeinen das Kreditiren ganz[4], und gestattete es nur den Kaufleuten und Fabrikanten der Zunft unter sich, sowie beim Verkauf zum Export aus dem Staatsgebiet bei Summen über 25 Lire und unter Festsetzung einer Maximalfrist von 8 Monaten, womit sich die Vorschrift verband, nur gegen Schuldschein und Bürgschaft zugleich zu kreditiren[5]. Dabei ist man auch später stehen geblieben, nur dass man 1429 die Frist für den Tuchverkauf auf ein Jahr verlängerte[6]. Die Wollenzunft verbot einerseits ihren Mitgliedern, über 4 Monate zu kreditiren, andererseits — und das ist, so viel ich sehe, nur ihr eigenthümlich — Garneinkäufe im Grossen abzuschliessen, wenn ihnen nicht mindestens eine Frist von 5 Monaten gewährt wurde[7]. Diese Verbote scheinen nicht recht durchführbar gewesen zu sein; sie wurden kassirt, und wenn sie auch 1338 wiederhergestellt wurden, so blieb doch ihr Werth durch den Zusatz, dass sie nur so weit gelten sollten, als sie nicht gegen Jemandes Gewissen seien, höchst problematisch[8]. Für den Tuchverkauf bestand ursprünglich (1333) die Vorschrift[9], dass der dritte Theil des Kaufpreises sofort zu bezahlen sei, ohne allen Rabatt, und der Rest nur kreditirt

---

1) Statut der Wollenzunft Cod. cit. Nr. 7, lib. II, 1 (1361) und Statut der Calimala, ed. pag. 222 (1403).
2) Cod. cit. Nr. 5, rub. 12 (1389).
3) Ed. Giudici pag. 222 (1403).
4) Cod. cit. rub. 91.
5) Ib. rub. 92.   6) Ib. fol. 205.
7) Statut der Wollenzunft Cod. cit. Nr. 7, I, 53 (1333). Bei vielen andern der Tuchfabrikation dienenden Artikeln waren die Verkäufer sogar verpflichtet, den Fabrikanten Termine von sieben bis acht Monaten zu gewähren! Ib. II, 1.
8) Ib. Verordnung der Approbatoren v. April 1338. — In quatenus non sint contra animam, conscientiam vel anime alicujus prejudicium vel delictum.
9) Ib. 1333, II, 1.

werden dürfe auf 3 Monate und gegen Anweisung auf Bankiers, deren Firmen als vertrauenswürdig namentlich in den Statuten aufgeführt sind. Bei Anweisungen auf andere Häuser musste zugleich Bürgschaft gestellt werden. Von diesen Kreditvorschriften war jedoch der Verkehr mit Orten, die über 40 Miglien von Florenz entfernt waren, gänzlich befreit [1]. — Schon im Jahre 1361 wurde auf diesem Gebiete von der Zunft eine allgemeine Reform durchgeführt. Jene der eigentlichen Tendenz der Kreditgesetze widersprechende ungleiche Behandlung von Käufer und Verkäufer, durch welche man den Zunftgenossen für den Einkauf ihres Materials möglichst lange Borgfristen sichern wollte, ist den Statuten von 1361 fremd und in dieser Beziehung die freie Bewegung wieder hergestellt. Im Uebrigen bedeutet die Reform von 1361 keineswegs einen Fortschritt zur Freiheit, sondern im Gegentheil eine Verstärkung der Gebundenheit. Seitdem sollte nämlich kein Mitglied der Wollenzunft in einem Umkreis von 100 Miglien von der Stadt Tücher, Wolle, Garn u. s. w. verkaufen oder versenden, ohne vorher baar bezahlt zu sein. Auch durfte dem Käufer für die Baarbezahlung kein Rabatt oder sonst ein Vortheil gewährt werden [2]. Dieser Entwickelungsgang lässt wieder recht deutlich erkennen, wie leicht die Zeit dazu kam, gewisse als richtig erkannte Gesichtspunkte immer schroffer auszugestalten, bis am Ende die Vermittelung mit der Wirklichkeit unmöglich wurde. Der Zwang blieb dann entweder blos auf dem Papier bestehen, oder die Gesetzgebung gab der Reaktion des Verkehrs nach. Hier war Letzteres der Fall. Man vermochte das zuletzt ausgesprochene absolute Kreditverbot nicht aufrecht zu erhalten, und wenn man sich auch nicht zur direkten Aufhebung entschloss, so hat man es wenigstens, wie eine Randglosse zum Statut bemerkt, suspendirt, ohne dass jedoch später von einer Wiederaufnahme die Rede gewesen wäre. Die Neuordnung der Statuten von 1428 nimmt überhaupt keine Veranlassung mehr, die nichts weniger als glückliche Kreditgesetzgebung der frühern Statuten weiter zu führen, so dass man also in einem der wichtigsten Handelszweige am Ende auf dem Standpunkt des »laissez faire« anlangte, ein Standpunkt, der übrigens auch von andern Zünften getheilt wird. Denn in mehreren Zunftstatuten ist überhaupt keine Regelung der Kreditfrage von Zunftwegen versucht. Ausser den genannten Handelszünften sind es nur einige wenige aus dem Kreis des Handwerks, welche dies gethan haben und die, obgleich für den Handel nicht in Betracht kommend, hier genannt seien, weil sie als Beispiele für die auf diesem Gebiete herrschenden Widersprüche von Bedeutung sind. Es sind die Tischler, welche in Stadt und Vorstädten nur gegen baar verkaufen durften [3], und die Bäcker, welche bis zu 10 Lire kreditiren konnten [4], während umgekehrt eben dies im Statut der Schmiede verboten und bei Summen über 10 Lire das Kreditiren gegen Schuldschein oder Pfand gestattet war [5]. Man sieht, zu einer einheitlichen umfassenden Regelung

---

1) Ib. Verordnung der Approbatoren v. April 1338.   2) Ib. (1361), II, 1.
3) Statut derselben. Cod. cit. rub. 7.
4) Bäckerstatut Cod. cit. rub. 35.
5) Statut der Schmiede, rub. 74, Cod. cit.

der Frage ist man nicht gekommen, schon aus dem Grunde, weil die Ansichten über das Maass der dem Einzelnen zu belassenden Freiheit der Bewegung offenbar weit auseinander gingen. Daran freilich scheint man im Allgemeinen nicht gezweifelt zu haben, dass die Zunft berufen sei, einseitig von sich aus durch einfachen Majoritätsbeschluss das ganze Verhältniss zu ordnen [1]).

Wenn nun aber diese Ordnung, die gar nicht einmal mit Nothwendigkeit durch die Idee der Zunftverfassung geboten war, zu so schroffen Eingriffen in die individuelle Freiheit geführt hat, wie wenig darf man da der Verkehrsfreiheit auf einem Gebiete zu begegnen hoffen, wo sich die Gebundenheit als unmittelbare Consequenz des Zunftzwanges ganz von selbst ergab. Wo derselbe einmal bestand, lag es in der Natur der Sache, dass die zünftig organisirte Arbeit einen monopolistischen Anspruch auf den zu Markte gebrachten Rohstoff erhob [2]). Freilich wäre dieser Anspruch an sich von keiner weiteren Fesselung der Freiheit begleitet gewesen, als sie ohnehin schon durch das bereits dargestellte Zunftrecht gegeben war, da er ja bei seiner gegen verpönte unzünftige Arbeit gerichteten Tendenz eben nur dieser, keineswegs aber der gesetzlich zulässigen freien Arbeit oder auswärtigen Käufern den Florentiner Markt verschloss. Wenn Letzteres die Tuchmacher- und Seidenzunft vermochte, indem alle zu den Wollen- und Seidenmanufakturen nöthigen Artikel nur mit Erlaubniss dieser Zünfte aus der Stadt ausgeführt werden konnten [3]), so ist das eine denselben vom Staat eingeräumte Ausnahmestellung. Nur diese beiden Industrieen sind es ja auch, welche ganz oder in ihren wichtigsten Zweigen Monopol der Hauptstadt waren. Den anderen Zünften fehlte, wie dieses Monopol, so jenes Recht einer zünftischen Einmischung in den freien Verkehr zwischen der Hauptstadt und dem übrigen Lande. Allein der genannte monopolistische Anspruch, der mit der zünftigen Organisation selbst gegeben war, hat weiter geführt und Einrichtungen in das Leben gerufen, die uns ganz an die auf dem Boden der Theuerungspolitik erwachsenen Institutionen gemahnen und die, indem sie zum Theil den Handel selbst negirten, tiefer als Alles, was sonst von

---

1) Cf. die Gesetzgebung von Mailand, wo die Kreditfristen vom »Generalconsilium der Kaufleute« in allgemein verbindlicher Weise festgesetzt wurden. Antiqua ducum Mediolani decreta, ed. 1654, p. 283 (1439).

2) Statut der Wollenzunft (1333), II, 7 u. (1428), III, 12. Die Woll- und Garnhändler dürfen nur an Tuchmacher verkaufen. Consequenter Weise band man den Handel auch an die innerhalb der Zünfte bestehende Theilung nach Gewerbszweigen. So konnte Scheerwolle im Detail nur an die Matratzenmacher der Zunft verkauft werden, ib. 1333, II, r. 32 und für jeden »Convent« der Wollenzunft war ein Tuchmacher aufgestellt, der zu entscheiden hatte, »an wen verkauft werden durfte in seinem Convent, und ohne dessen Zustimmung kein Kauf giltig war« (ib.). — Nur wer eine Goldschmiedbude hatte, konnte Gold, Silber, Perlen, Edelsteine und was sonst zu dem Goldschmiedegewerbe nöthig war, von den »Kaufleuten am Marienthor« kaufen. Statut der Seidenzunft 1411 Cod. cit. fol. 171. — Gewisses, auf dem Arno nach Florenz gebrachte Holz durfte nur an Mitglieder der Tischlerzunft verkauft werden. Cf. Statut derselben Cod. cit. r. 20.

3) Statuta Flor. (1415), lib. IV, tract. cit. r. 45 und Arch. Rif. Provvisioni (1463), Nr. 155, fol. 88.

Pöhlmann, Wirthschaftspolitik.

zünftigem Recht hier in Betracht kommt, in die Freiheit des merkantilen Verkehres eingegriffen haben.

Jener Schranne gleich, welche den ganzen Kornhandel gesetzlich auf **einem** Punkt konzentrirte, beherrschte das Lagerhaus der Wollenzunft für Waid und Pottasche den Handel mit diesen wichtigen Stoffen der Wollenindustrie. Was von denselben nach Florenz kam, konnte nur dort abgeladen, nur dort verkauft werden [1]. Nur insofern war der Verkehr hier freier, als die Preise nicht, wie beim Kornhandel, von der Behörde vorgeschrieben, sondern dem freien Uebereinkommen überlassen waren. Dagegen treten in den Verboten, zum Wiederverkauf zu kaufen [2], wieder ganz die Gesichtspunkte der Annona in den Vordergrund. Die Materialien der Industrie sollten eben möglichst unvermittelt aus der Hand des einführenden Kaufmanns oder womöglich des Producenten in die des Fabrikanten und Handwerkers übergehen. Dieser Gedanke ist vielfach zum Ausdruck gekommen, während jene von der Wollzunft durchgeführte Centralisirung des Handels mit gewissen Stoffen keine weitere Ausdehnung gefunden hat. »Damit nicht durch Jemandes Bosheit Mangel oder Theuerung in Beziehung auf die zur Wollenindustrie nöthigen Artikel entstehe, soll Niemand in Stadt und Distrikt — also im ganzen Staatsgebiete — Wolle, Felle mit der Wolle, Garn, Kardätschen, Alaun und was sonst dieser Manufaktur dient, zum Wiederverkaufe kaufen« [3]. Auch der ist strafbar, welcher von Einem bezieht, der diese Dinge zum Wiederverkauf gekauft hat. Demnach wäre ein eigentlicher Handel mit denselben im Inlande wenigstens unmöglich gewesen. Die Schafzüchter aus der Maremme und Carfagnana, oder wo sonst im Lande Wolle produzirt wurde, hätten ihr Produkt unmittelbar an die Tuchmacher verkaufen müssen, welche die groben Stoffe aus einheimischer Wolle weben liessen. Vor **dieser** Consequenz scheute jedoch die Industriepolitik zurück und gestattete — minder gewaltsam als die Annona auf analogem Gebiete — wenigstens für die inländische Wolle die kaufmännische Vermittelung [4]. Das Verbot galt offenbar überwiegend Waaren, die bereits in den Bereich des Handels eingetreten waren, da ja die Wollenfabrikation grösstentheils ihre Stoffe aus dem Ausland beziehen musste. Um zu verhüten, dass sich zwischen den importirenden Kaufmann und den Fabrikanten weitere Mittelspersonen eindrängten, war es den Fabrikanten ausdrücklich verboten, englische und französische Wolle von Jemand zu kaufen, der dieselbe im Inlande aufgekauft hatte [5]. Ja, es kommt sogar vor, dass man auch jenseits der Landesgrenzen einen Zwischenhandel zwischen dem importirenden florentiner Kaufmann und dem Erzeugungslande zu verhüten suchte. So durften nirgends im Inland ultramontane Tücher verkauft werden, die von einem Fremden **diesseits** der Berge gekauft waren [6]. Doch zeigt sich die Gesetzgebung keineswegs

---

[1] Statut der Wollenzunft (1333), I, 60. Statuta Flor. (1415), lib. IV, tract. cit. r. 50.
[2] Ib. [3] Statuta Flor. (1415), lib. IV, tract. cit. rub. 45. Statut der Wollenzunft Cod. cit. (1333), II, 8. (1428), IV, 2.
[4] Ib. [5] Statut der Wollenzunft (1428), III, 9.
[6] Statut der Calimala ed. Giudici II, 4, pag. 117.

consequent; man gab den Consuln der Zunft die Befugniss, Ausnahmen zuzulassen[1]), und gestattete bei portugiesischer Wolle ausdrücklich wenigstens eine Mittelsperson zwischen Importeur und Fabrikanten[2]). Selbst wo das Verbot ein absolutes war, ist man doch wieder zu bedeutsamen Modifikationen im Sinne der Verkehrsfreiheit gekommen. So sollte nach einem Gesetz von 1418 kein Seidenfabrikant Seide und Karmoisin von anderen als denjenigen Kaufleuten beziehen, welche diese Artikel wirklich selbst eingeführt hatten[3]). Aber schon 1422 hob man das Verbot, wenigstens für Seide, die zur See eingeführt wurde, wieder auf und erschwerte zugleich seine Durchführung, so weit es noch galt, dadurch, dass man den Seidenfabrikanten gestattete, sich jede Seide, also auch die, welche sie nicht selbst eingeführt, gegenseitig zu verkaufen[4]).

Doch das sind einzelne Concessionen; im Allgemeinen ist ein eigentlicher Fortschritt hier nicht wahrzunehmen, und vom Anfang bis zum Ende der Epoche sehen wir auch den Staat immerdar bereit, diese, um mich so auszudrücken, handelsfeindliche Richtung der Industrie zu unterstützen. Als sich im Jahre 1476 die Seidenzunft darüber beklagte, dass die Gold- und Silberspinner ihre Fabrikate an Andere zum Wiederverkauf verkauften, die dadurch viel Geld verdienten, während die nun aus zweiter Hand beziehende Brokatindustrie und die Kaufleute, welche Gold- und Silberfäden exportirten, sehr darunter zu leiden hätten, da wurde durch Staatsbeschluss jeder Handel mit den Fabrikaten der Gold- und Silberspinnerei in Florenz untersagt, und nur der Verkauf an Fabrikanten gestattet, die zur unmittelbaren Verarbeitung, sowie an Kaufleute, die für den Export kauften[5]). Wo man den Zwischenhandel selbst nicht beseitigte, suchte man ihn wenigstens zu einem Monopol der Zunft zu machen. Als 1484 die Kürschnerzunft in einer Eingabe darüber klagte, dass die Viktualienhändler und Bauern durch einen förmlichen Handel mit Lammfellen die Waare vertheuerten und das Gewerbe schädigten, ging man zwar nicht so weit, jede

---

1) Statut der Wollenzunft l. c. Freilich konnte diese Erlaubniss zum Kauf französisch-englischer Wolle, der dem Gesetz widersprach, nur gegen eine Taxe von 3 Gulden für den Ballen Wolle ertheilt werden. Mit solchen Halbheiten glaubte man die Vertheuerung der Wolle verhüten zu können. — Uebrigens war gewaschene Wolle von vornherein vom Verbote ausgenommen.

2) Ib. d. h., wie das Statut sich ausdrückt, der Fabrikant kann diese Wolle auch von denjenigen kaufen, welche dieselbe im Inland, d. h. 100 Miglien im Umkreis der Stadt nur einmal und zwar von Einem gekauft haben, der die Wolle von jenseits dieser Grenze importirt hat.

3) Statut der Seidenzunft fol. 188. — Chi realmente ed in verità l'avranno conducta o fatto venire di fuori. Der Kaufmann musste schwören, dass er diese Artikel direkt aus dem Ausland bezogen, und dass kein Zwischengeschäft vorgekommen! Will er nicht schwören, so darf kein Fabrikant von ihm kaufen.

4) Ib. fol. 196. Für Karmoisin jedoch ist das Verbot ausdrücklich aufrecht erhalten.

5) — Ai proprii mercatanti o artefici i quali l'operassino — per le loro proprie botteghe o traffichi in fare o far fare alcuni brochati o altri lavori nei quali in verità entrasse detto oro e ariento o veramente lo volessino trafficare e mandare di fuori della jurisdictione fiorentina mercantilmente per finirlo secondo l'uso de' mercatanti e non per rivenderlo in Firenze. Arch. Rif. Provvisioni (1476), f. 78 (mit 170 gegen 83 Stimmen beschlossen). Cf. Statut der Seidenzunft Cod. cit fol. 286.

Vermittelung zwischen Gewerbetreibenden und Schafzüchtern zu beseitigen, scheute aber doch nicht vor der gewaltsamen Ausschliessung der natürlichen Vermittler dieses Verkehres zurück, indem man fortan Allen, ausser den in die Kürschnerzunft Immatrikulirten, den Kauf jener Felle behufs Wiederverkauf untersagte [1]. Eine Analogie bietet das Statut der Schlosser, welches ursprünglich allerdings ganz allgemein verbot, Kohlen von Einem zu kaufen, der sie nicht selbst brennt und selbst zu Markte bringt [2], später aber wenigstens den Zunftgenossen den Kauf zum Wiederverkauf gestattete, wenn auch unter der Bedingung, dass sie weder in der Stadt Florenz noch im Umkreis von 10 Miglien zum Wiederverkauf Kohlen kauften, noch auch dieselben aufspeicherten, sondern sofort an die Genossen wiederverkauften [3].

Daneben finden sich freilich auch wieder ausdrückliche Zeugnisse für die Freiheit des Handels mit Rohstoffen, wie z. B. die Bestimmung der Statuten, dass die Schuhmacher so gut wie jeder Andere Galläpfel und Leder kaufen und verkaufen können ganz nach ihrem Belieben [4]. Wenn dieses positive Zeugniss auch vereinzelt ist, so beweist doch die Thatsache, dass der Mehrzahl der Statuten jenes Verbot, zum Wiederverkauf zu kaufen, fremd geblieben ist, zur Genüge, dass der Gedanke, der demselben zu Grunde lag, weit davon entfernt war, allgemeine Geltung zu erlangen. Erwägt man freilich die Bedeutung der beiden Industrieen, in welche er vor Allem Eingang fand, der Wollen- und Seidenmanufakturen, sowie die zustimmende Haltung der staatlichen Gesetzgebung, so erkennt man, dass jene Richtung den vorherrschenden Anschauungen der Zeit entsprach. Es wird daher da, wo dieselbe in den Statuten nicht zum Ausdruck kommt, kaum eine entgegengesetzte freiheitliche Strömung anzunehmen [5], sondern rein praktische Rücksichten, insbesondere die Einsicht der Undurchführbarkeit, als Motiv vorauszusetzen sein.

Es darf nicht vergessen werden, dass die genannten Einwirkungen der Zunftgesetzgebung auf den Handel im Grossen und Ganzen nicht sowohl ein einseitiges zünftiges Interesse, sondern allgemeine Gesichtspunkte zur Voraussetzung haben, welche das Interesse der Industrie als solcher oder des Allgemeinen ins Auge fassten, weshalb wir auch ganz in derselben Richtung den

---

[1] Statut der Kürschner Cod. cit. Verordnung der Approbatoren von 1484.

[2] Nisi fuerit rusticus foretaneus qui carbones consuetus est facere et vendere. Cod. cit. der Schlosserstatuten, fol. 26 (1329).

[3] Zusatz von 1353 Cod. cit. fol. 41.

[4] Statuta Flor. (1415), lib. IV, tract. cit. (consulum artium et merc.) rub. 80, ebenso schon 1324 lib. V, 77. Cod. cit. der Statuten.

[5] Uebrigens kann der Zwang auch vorhanden sein, wo er nicht erwähnt wird. Wenn z. B. die Statuten der Calimala von ähnlichen Verboten in Bezug auf den Handel mit den für Färben, Appretur u. s. w. der ausländischen Tücher nöthigen Artikel frei sind, so mag dies daran liegen, dass es nach den gegen denselben gerichteten Statuten der Commune und der Wollenzunft gar nicht nöthig war, das Verbot zu wiederholen. Zudem beweist das allerdings später (1336) wieder aufgehobene Verbot, dass die Färber keine Scharlachbeeren zum Wiederverkauf kaufen sollten (ed. Giudici II, cap. 6) zur Genüge, dass man prinzipiell auf demselben Standpunkt stand, wie jene Statuten.

Staat thätig sahen, welcher einseitigen korporativen Tendenzen gewiss nicht günstig war.

Am allerwenigsten konnten engherzige zünftige Gesichtspunkte da sich Bahn brechen, wo sie eine Verminderung der Concurrenz der Producenten herbeigeführt hätten. Dass man der inländischen Industrie das Mitwerben auf dem hauptstädtischen Markte nicht versagt hat, spricht allerdings noch nicht für eine besondere Weitherzigkeit des Florentiner Zunftwesens, da dieselbe ja den Ordnungen der hauptstädtischen Zünfte unterworfen und darum eine zunftgemässe war, also nicht gut ausgeschlossen werden konnte [1]. Allein der Staat, welcher prinzipiell jeder Beschränkung der Zahl der Verkäufer entgegenwirkte, weil durch dieselbe die Preise der Manufakturen erhöht würden [2], hat noch einen weiteren Schritt zu Gunsten der Freiheit gethan und es als allgemeinen Grundsatz aufgestellt, dass nicht blos den Einheimischen, sondern auch dem Ausländer der Florentiner Markt offen stehe, also dass »jeder — Unterthan oder Fremder — nach Distrikt und Stadt jede Waare einführen und sie, wo er will, verkaufen und wieder wegführen könne, ohne Einspruch von irgend einer Seite, sei es einer Zunft oder Einzelner [3].

Eine prinzipielle Anerkennung der Freiheit enthält dieser Grundsatz natürlich nicht; er schützt den Handel nur dagegen, dass Corporationen oder Private sich selbst eines Monopols bemächtigten, und schliesst nicht aus, dass der Staat Privilegien gewährte und im allgemeinen Interesse, wie er es verstand, die weitgehendsten Einschränkungen zuliess [4]. Ist doch schon an der Stelle, wo jener Grundsatz zuerst erscheint — um die Mitte des 14. Jahrhunderts — zu Gunsten der Calimala der Handelsverkehr mit den französisch-flandrischen Tüchern ausgenommen [5], welche, wenn Nichtflorentinern gehörig, in Florenz nicht verkauft werden durften [6]; und die jüngere in den Statuten

---

[1] Dies war auch da nicht der Fall, wo die Pflicht, sich förmlich in Florenz zu immatrikuliren, nicht bestand. Cf. Capitoli di Firenze I, 631, wo man den Schmieden, Schustern, Töpfern, Steinmetzen, Zimmerleuten u. s. w. der Commune Palagio Fiorentino bei deren Einverleibung in die Grafschaft trotz ihrer Zunftfreiheit, die allerdings bloss auf 20 Jahre zugestanden wurde, ausdrücklich das Recht garantirte, dass alle daselbst fabricirten Waaren in Florenz verkauft werden konnten (1402).

[2] Vergl. Seite 49.

[3] Statuta (1415) lib. IV, Cod. cit. rubr. 32. Cf. Liber legum artis lane. Arch. Rif. Cod. cit. fol. 6.

Es ist eine vereinzelte Erscheinung, dass die Zunft der Holzarbeiter das Recht hatte, von den in die Stadt eingeführten Holzarbeiten für sich eine Steuer von 15 % (3 Soldi für die Lira des Werthes) zu erheben. Cod. cit. Nr. 4 des Archivs der »legnaiuoli«, fol. 4.

[4] Staatsmonopole sind freilich auf dem Gebiete des Handels ebenso Ausnahme, wie auf der Industrie (cf. oben Seite 99, Anm. 2). Zu nennen ist hier nur das Salzmonopol, welches in jener Zeit überhaupt ganz allgemein war. Statuta Flor. (1415) l. V, tract. III, r. 7.

Ebenso charakteristisch ist das Fehlen von privilegirten Handelsgesellschaften.

[5] Dies wird ausdrücklich als ein Privileg dieser Zunft bezeichnet. Liber legum artis lane l. c. und Statuta Flor. (1415) l. c.

[6] Statuten der Calimala, ed. Giudici II, 4, p. 117.

von 1415 enthaltene Formulirung desselben Satzes fügt — entsprechend dem wiederholt beobachteten Umsichgreifen der Prohibitionen in der Industriepolitik — die mit dem Jahre 1393 beginnenden Verordnungen gegen die Einfuhr nichtflorentinischer Tücher als weitere Ausnahme hinzu[1]). Hätten die Statuten am Ende der Republik noch eine neue Redaktion erhalten, so hätten sie Eingriffe in die Freiheit von Ein- und Ausfuhr in noch weit grösserer Ausdehnung zu verzeichnen gehabt. Sind es doch die Maassregeln der Schutz- und Prohibitivpolitik, an welche man als ein Universalmittel nicht nur da appellirte, wo es galt, ganz neue Gewerbszweige einzuführen, junge unentwickelte zu beleben, verfallende wieder emporzubringen, sondern selbst da, wo man zur Förderung der blühendsten, entwickeltsten und keineswegs auf künstlichem Wege grossgezogenen Industrieen von Staatswegen etwas thun zu müssen glaubte.

Diese für die Verkehrsfreiheit so verhängnissvolle handelspolitische Richtung erscheint schon völlig ausgeprägt in dem Staatsbeschluss von 1423, durch welchen die »Consuln des Meeres« mit der Aufgabe betraut wurden, die Gründe des Verfalls und der Blüthe der Industrie zu erforschen und Mittel und Wege zur Einführung der im Inland nicht betriebenen Gewerbe, sowie zur Erhaltung und Förderung der vorhandenen ausfindig zu machen. Prohibitionen in Beziehung auf Ein- und Ausfuhr sind es, welche der Staat vor Allem zur Durchführung dieser umfassenden Aufgabe in die Kompetenz der genannten Behörde stellt[2]). Der Gedanke, dass dieselbe vielmehr Entfesselung des Verkehrs verlangen könnte, tritt in der Vollmacht so sehr zurück, dass den Consuln, obgleich ihre Verordnungen ohnehin der Bestätigung durch die Signorie bedurften, ausdrücklich die Befugniss abgesprochen wurde, die so schwer auf dem Handel lastenden Zölle zu vermindern oder zu erniedrigen[3]). Die Art und Weise, wie man ganz absolut und allgemein die Forderung hinstellte, die dem Inland fremden Gewerbszweige einzuführen, bezeugt deutlich genug, wie sehr man sich bereits im Fahrwasser jener modernen Politik befand, deren Streben, sich von den Fabrikaten des Auslandes möglichst unabhängig zu machen, in allzugrosser Verkennung der geographischen Seite der Wirthschaftspolitik, die wirthschaftlichen Kräfte des Landes oft in der gewaltsamsten Weise von ihren natürlichen Entwicklungsbahnen abgelenkt hat.

Die Experimente, die man in Florenz in dieser Richtung gemacht hat, sind

---

1) Statuta Flor. l. c.

2) Diese Competenz wird folgendermaassen bezeichnet: — declarando, ordinando prohibendo in totum vel in partem res mercantias et bona, quae ad ipsam civitatem et territorium adduci vel transire possint et ad quos effectus et sub quibus observantiis penis formis cautelis, et quomodo inde — extrahi debeant, et etiam illas res mercantias et bona, quae nullo modo ad civitatem et territorium adduci possint seu per ipsam conduci vel transferri directe vel indirecte, et sub quibus penis conditionibus formis et prejudiciis. Cod. cit. der Ordini del Consolato della nazione Fiorentina Arch. Rif. Classe XI, dist. IV, Nr. 77, fol. 5. Cf. Provvisioni (1423), Nr. 114, fol. 194.

3) — Non possint tamen — so heisst es im Text der »Provvisioni« — aliquam gabellam vel pedagium seu introitum aliquem comunis Florentie minuere quoquo modo.

für die Geschichte der Verkehrsfreiheit ausserordentlich bedeutsam, weil sie uns das lehrreiche Schauspiel bieten, wie das Fiasko, welches man mit der künstlichen Einbürgerung mehrerer Industrieen machte, die Handelspolitik zwang, nicht nur bei späteren Prohibitivmaassregeln ein Verfahren einzuschlagen, welches gegenüber der frühern Ueberspannung des Zwangssystems einen wichtigen Fortschritt bekundet, sondern auch theilweise wenigstens wieder zur Verkehrsfreiheit zurückkehren.

Im Anfang ging man nämlich auf diesem Gebiete mit einer Art von jugendlichem Ungestüm vor. »Wir halten es für gut«, erklärten die Consuln im Jahre 1426, »dass das, was Florenz jetzt mit grossen Kosten vom Ausland beziehen muss, im Lande selbst erzeugt werde. Wenn wir eine Inhibition eintreten lassen, so werden diese Dinge im Lande fabricirt werden, Viele werden sich den neu erblühenden Gewerbszweigen zuwenden, und die Dürftigen im ganzen Lande die reichlichste Nahrung finden«[1]. — Eine ganze Reihe von Fabrikaten wurde zu diesem Zwecke neben den herkömmlichen Einfuhr- und Binnenzöllen mit dem exorbitanten Schutzzoll von $52\frac{1}{2}$ % belegt[2] (15 Gulden von 100 Liren des Werthes; nach dem damaligen Curs des Goldguldens = $3\frac{1}{2}$ L.), eine grössere Zahl sogar mit einem solchen von 105 % (d. h. 30 Gulden)[3]. Ja, um sich der gehofften Wirkung zu versichern, scheute man, selbst auf die Gefahr hin, dadurch den internationalen Handelsverkehr vom eigenen Lande abzulenken, nicht vor dem rigorosen Schritt zurück, den Transit der prohibirten Waaren mit einem Zuschlag von $3\frac{1}{2}$—$11\frac{1}{2}$ % des Werthes zu allen Binnen- und Durchgangszöllen zu belasten. — Dass der Erfolg den gehegten Erwartungen nicht entsprach, geht schon aus der Erklärung der Leinen- und Schnittwaarenhändler von 1434 hervor, wonach zu befürchten stand, dass man in Florenz mehrere der bisher aus der Lombardei eingeführten Zeuge wie Barchent, Berkan, Kattun u. dergl., auf die Dauer ganz werde entbehren müssen, obgleich der Schutzzoll nach derselben Erklärung bereits viele Fremde nach Florenz gelockt, die wenigstens einzelne Gattungen der geschützten Stoffe, bis dahin allerdings nur schlecht, fabricirten[4]. Ein ähnliches Resultat, wie in diesen Manufakturen, in denen noch nach einem Jahrzehnt mehrere Zweige trotz des

---

[1] — Si aliqua inhibitio induceretur, multi se ad ipsas artes administrandas accomodabunt ex quibus plurimam pauperes homines civitatis prefate quam ejus comitatus et districtus alimoniam recipient. Ordini del consolato della nazione Fiorentina. Cod. cit. fol. 21.

[2] Die geschützten Artikel sind: Halbwollenzeuge jedert Art, Barchent, Kattun, gewisse zur Messerfabrikation dienende Artikel, Borden, gewisse Armaturen, alle Seidenstoffe mit Ausnahme von Frauenschleiern, und einiges andere, selbst Weine.

[3] Nämlich Sturmhauben und Helme verschiedener Art, Stossdegen, Taschenmesser, Messerscheiden, Hirschfänger, Eisen- und Broncewaaren der verschiedensten Art, insbesondere diejenigen Eisenwaaren, die das benachbarte Lucca fabricirte.

Wenn die Consuln in demselben Jahre (ib. fol. 23) unter Abänderung des Tarifs die Einfuhr von Kardätschen mit einem Zoll von 3 Liren fürs Paar (Ausfuhr 2 Lire) und zugleich Draht und Eisen, woraus Kardätschen gemacht wurden, mit einem Ausfuhrzoll von 4 Liren fürs Pfund belegten, so liegen natürlich auch hier die schutzzöllnerischen Motive klar zu Tage.

[4] Statuto dell' arte dei rigattieri e pannaioli Cod. cit. Nr. 5, fol. 133,

Schutzes ganz brach lagen, wird hinsichtlich der Waffenfabrikation bezeugt. Dieselbe hatte sich noch 1432 so wenig auf die geschützten Branchen geworfen, dass die zünftigen Waffenschmiede selbst und zwar, wie geklagt wird, unter Umgehung der Zölle, die fremden Waffen in Massen einführten [1].

Wie tief man jedoch in Florenz überzeugt war, dass die eingeschlagene Richtung am Ende doch zum Segen führen werde, dafür liefert die Thatsache einen sprechenden Beweis, dass man das Publikum fast ein halbes Jahrhundert den hohen schutzzöllnerischen Preis für Waaren fortbezahlen liess, welche, wie die halbwollenen Stoffe, Wollborden u. dergl., in diesem langen Zeitraum in Florenz nicht einmal zu dem Preis fabricirt werden konnten, zu welchem die auswärtigen Artikel derselben Art trotz aller Zölle auf den inländischen Markt kamen [2]. Erst 1472 hob man den für letztgenannte Waaren seit 1426 bestehenden Schutzoll auf, nachdem eine Sachverständigenkommission ihn als undurchführbar erklärt hatte, weil die zur Fabrikation nöthigen Rohstoffe in Florenz viel zu theuer oder überhaupt nur schwer zu beschaffen seien, die Fabrikate also stets theurer sein würden, als die ausländischen [3].

Ein anderer Versuch, der dahin ging, die Erzeugung von Rohmaterial für die Industrie im Lande selbst durch Prohibitivzölle zu fördern, hatte auch keinen durchgreifenden Erfolg. Als die Alaungruben Volterras die Erwartung rege machten, dass es möglich sein würde, allen für die Tuchmanufakturen nöthigen Alaun im Inlande zu erzeugen, belegte man sowohl die Einfuhr wie den Transit fremden Alauns mit hohen Zöllen, welche Prohibitivzöllen gleich kamen, da die ausgesprochene Tendenz die war, die Einfuhr fremden Alauns dadurch ganz zu beseitigen [4]. Allein kriegerische Ereignisse, welche die Zufuhr von Volterra aus unmöglich machten, zwangen 1480 den Staat, der Wollenzunft die Einfuhr einer bestimmten Quantität — bis zu 100,000 Pfund — unter Herstellung der früheren Zölle wieder freizugeben [5]; ein Verfahren, welches sich wiederholte, als man die Erfahrung machen musste, dass die Ausbeute der Alaungruben häufig nicht einmal die Kosten deckte und den Tuchmanufakturen verschiedene Male ein fühlbarer Mangel drohte (1483 und 1488) [6]. In letzterem Jahre gab man der Tuchmacherzunft die Alauneinfuhr bis zu 150,000 Pfund auf drei Jahre für den alten Zoll frei; und da man dies Privileg bis zum Ende der Republik immer wieder — noch 1528 auf 10 Jahre [7] — erneuerte, so war damit die Unhaltbarkeit des Schutzzolls auf die Dauer anerkannt, nur dass allerdings die Befreiung von demselben nicht dem gesammten Handelstand, sondern einer privilegirten Corporation zu Gute kam.

Selbst da konnte das Schutzsystem nicht in dem Anfangs beabsichtigten Umfang aufrecht erhalten werden, wo man nicht sowohl neue Gewerbszweige einführen, als vielmehr die bestehende Industrie nach gewissen Richtungen

---

1) Statut derselben Cod. cit. fol. 44.
2) Arch. Rif. Provvisioni (1472), fol. 59.   3) Ib.
4) — Solo a fine che non ce ne fusse condotto. Liber legum artis lane. Cod. cit. fol. 149.
5) Ib.   6) Ib. und fol. 155.
7) Arch. Rif. Provvissioni (1528) Nr. 208, fol. 60.

hin ausbilden oder gar nur in ihrem bisherigen Bestand schützen wollte. Die beiden letzteren Gesichtspunkte waren für diejenigen Einfuhrbeschränkungen maassgebend, welche man dem Handel zu Gunsten der Tuchmanufakturen auferlegte, denen sich überhaupt die staatliche Prohibitivpolitik vor allen andern Industrieen zuwandte. Wie konnte auch das Interesse der Konsumenten in Frage kommen, wenn das Staatswohl geradezu von dem Gedeihen eben jener Manufakturen abhängig[1]) und zugleich als Generalmittel zur Erhaltung desselben die Abschliessung gegen das Mitwerben des Auslandes erschien; wenn die Ueberzeugung von der Nothwendigkeit des Schutzes so gross war, dass man eine Industrie, die über Venedig allein 16,000 Stück Tuch jährlich nach der Levante exportirte[2]), die noch am Ende des 15. Jahrhunderts allein in der Stadt 270 Fabriken beschäftigte[3]) und wenigstens noch auf den Märkten von Rom und den Marken, von Neapel, Sicilien, Constantinopel und der ganzen Türkei siegreich mit dem Ausland zu concurriren vermochte, durch ein bis zur völligen Absperrung sich steigerndes Schutzsystem des verhältnissmässig so beschränkten einheimischen Marktes versichern zu müssen glaubte? In der Zeit der höchsten Blüthe hatte man sich mit dem natürlichen Vorzug begnügt, welche die dem Handel im fiskalinischen Interesse auferlegten Zölle der heimischen Produktion vor der ausländischen gewährten[4]). Später hatte man allerdings zu einem hohen Schutzzoll für die Einfuhr fremder Tücher gegriffen[5]), aber wenigstens das Bedürfniss der grossen Masse des Volkes berücksichtigt, indem man denselben nicht auf die aus gröberer, insbesondere aus italienischer Wolle fabricirten Tücher ausdehnte. Je tiefer nun aber der Aufschwung der ausländischen Wollenindustrie, welcher den italienischen Manufakturen wenigstens in Europa die wichtigsten Absatzgebiete zu entziehen begann, in seinen Folgen von denselben empfunden wurde, desto entschiedener trat die Tendenz hervor, das Herabsteigen von der früheren Höhe durch künstliche Mittel abzuwehren. Verstärkt wurde diese Richtung noch dadurch, dass in Italien selbst

---

1) Arch. Rif. Provvisioni (Nr. 165) 1473 fol. 112, cf. ib. Balie (Nr. 47) 1458 und Liber legum artis lane Cod. cit. fol. 14.

2) Cf. den Bericht des Dogen Mocenigo bei Marino Sanudo (Muratori SS. II, 960).

3) Pagnini l. c. II, 65.

4) Von Zunft wegen ist allerdings der Versuch der Ausschliessung des Auslands schon früher gemacht. Schon in den Statuten der Wollenzunft von 1333 (Cod. cit. II, 31) wird darüber geklagt, dass der von Zunftangehörigen selbst lebhaft betriebene Verkauf von nichtflorentiner Tüchern für das Gewerbe von grossem Schaden sei, und daher diesen wenigstens jener Handel untersagt (cf. 1428, IV, 3). Doch war dies für Nichtangehörige der Wollenzunft, sowie für auswärtige Kaufleute nicht verbindliche Verbot wieder sehr dadurch beschränkt, dass die wichtigsten Tuchgattungen ausgenommen waren, wie die Mailänder und alle jene gröbern Stoffe, die in Massen von der Bevölkerung consumirt wurden.

5) Dieser Schutzzoll betrug 5 Goldgulden für das Stück von 34 Ellen. Statuta Flor. (1415), tract. cit. rub. 41. Er bestand seit 1393, cf. Statuta artis lane Cod. cit. Nr. 7 (1428), l. III, r. 25 und Liber legum artis lane fol. 104, sowie die Einschärfung der Prohibitivgesetze 1438 ib. fol. 113. Der Schutzzoll traf natürlich nicht die »ultramontanischen« Tücher, die aus Frankreich, Brabant und Flandern nach Florenz eingeführt wurden, um von da zum grössten Theil wieder, durch Färben, Appretur u. s. w. verfeinert, nach den auswärtigen Märkten versandt zu werden.

die Concurrenz auf diesem Gebiete zwischen den einzelnen Staaten eine ganz allgemeine geworden war, da es, wie sich ein florentiner Staatsbeschluss von 1458, allerdings etwas hyperbolisch ausdrückt, kaum noch einen Ort gab, wo man sich nicht auf die Tuchfabrikation geworfen hätte [1]. Da an Stelle der verlorenen sich keine neuen Absatzgebiete im Auslande eröffneten, steigerte sich die Concurrenz der italienischen Industriestaaten auf den Märkten des Inlands, und Florenz stand gewiss nicht allein mit seinen stets wiederkehrenden Klagen wegen der Ueberschwemmung des Landes mit fremden italienischen Fabrikaten [2]. Die Rückwirkung dieser Verhältnisse auf die italienische Handelspolitik war darum auch eine allgemeine. Allenthalben suchte man wenigstens den eigenen Markt für sich allein zu behaupten, und schon um die Mitte des 15. Jahrhunderts hatte es Florenz zu beklagen, dass man an vielen Orten seinen Tüchern die Einfuhr völlig versagte [3].

So folgte es nur der allgemeinen Strömung — allerdings gleich in der radikalsten, schroffsten Weise — als es 1458 die Einfuhr aller und jeder Fabrikate der italienischen Tuchmanufakturen ins Florentiner Gebiet ohne Ausnahme verbot, nachdem die hohen Schutzzölle nur einen grossartigen Schmuggel erzeugt und die fremden Stoffe sich in Massen zollfreien Eingang verschafft hatten. Selbst der Transit sollte denselben nirgends ausser über Pisa und Livorno gestattet sein [4]. Es ist charakteristisch, dass man die Prohibitionen stets mit der Befürchtung motivirte, dass ein erfolgreiches Mitwerben des Auslandes auf dem heimischen Markt den guten Ruf und damit die Concurrenzfähigkeit der florentiner Industrie auf den auswärtigen Märkten schädigen würde. »Welchen Abbruch muss es der Ehre und Reputation derselben thun«, heisst es einmal, »wenn man hört, dass in einer Stadt wie Florenz nicht so viel Unternehmungsgeist (industria) besteht, dass man daselbst »perpignaner« Tücher fabricirt, während dieselben doch in Italien fast allerwärts gemacht werden« [5]; und an einer andern Stelle: »Man wird im Auslande nicht glauben, dass unsere Tücher gut seien, da wir selbst uns der fremden Stoffe bedienen« [6]. Neben diesem Motiv wird immer entschiedener der merkantilistische Gesichtspunkt geltend gemacht [7], dass es sich bei der Prohibitivpolitik zugleich darum handle,

---

1) Arch. Rif. Libro di ordini e leggi attenenti all' arte della lana sopra la prohibizione di panni forestieri, gesammelt vom Kanzler der Zunft (1602) fol. 4.

2) Arch. Rif. Balie 1458, Nr. 47.

3) Ib. Allerdings ist das Schutz- und Prohibitivsystem in Italien schon sehr alt. Man vergl. nur das was Affo (storia di Parma III, 325) zum Jahre 1211 erzählt; damals enthielt der Schwur des Podestà die Verpflichtung, nicht bloss Wollen- und Tuchhändler zu schützen, sondern auch alle fremden Waaren dieses Zweiges wegzunehmen, zu verbrennen und die Verkäufer zu bestrafen.

4) Selbst Kleider aus nichtflorentinischem Tuch sind prohibirt. Nur wer über 100 Miglien weit herkommt, kann die verbotenen Tücher, soweit er sie zu Kleidern des eigenen Bedarfs braucht, einführen. Arch. Rif. Libro di ordini e leggi attenenti all' arte della lana etc. l. c.

5) Arch. Rif. Provvisioni 1473, Nr. 164, fol. 158.

6) Arch. Rif. Balie 1458, Nr. 47.

7) Doch sei hier gleich bemerkt, dass man in Florenz nicht soweit ging, die Gold- und Silberausfuhr zu verbieten, wie es andere Staaten der Zeit gethan haben, z. B. Mailand cf.

die **Ausfuhr von Baargeld** möglichst zu verhüten. Man berechnete genau, wie viel Metallgeld dieses oder jenes fremde Fabrikat dem Lande entführe[1], und hoffte, wenn man durch Einfuhrverbote das Geld vor dem Abfluss nach dem Auslande bewahrte, im Inland die Menge an Edelmetallen zu erhöhen[2].

Was nun die Prohibitionen von 1458 betrifft, so waren die Erwartungen, die sich für den Aufschwung der Wollenindustrie daran knüpften, keineswegs geringer als die, welche man früher bei Schutzmaassregeln zu Gunsten anderer Gewerbszweige gehegt hatte. Dafür zeugt schon die Thatsache, dass der Staat dem Tuchmachergewerbe gewissermaassen als Entgelt für das Monopol auf den inländischen Markt eine Steuer von 4000 Goldgulden auferlegte[3]. Allein die Ernüchterung und dem entsprechende l i b e r a l e Reaction erfolgte hier noch weit rascher, als es auf anderen Gebieten der Fall war. Schon nach zwei Jahren — 1460 — sah man sich gezwungen, wenigstens in der Landschaft von Livorno und Pisa die billigern fremden Tuchsorten (bis zu einer Lira die Elle) wieder zuzulassen, da die heimische Industrie der dortigen armen Landbevölkerung keinen Ersatz zu bieten vermochte[4]. Ja noch vor Ablauf des »Jahrzehnts« sah sich die Regierung gezwungen, selber die Gemeinschädlichkeit jener überstürzten Prohibitivmaassregeln anzuerkennen. Allerdings meinte sie in einer Erklärung von 1466[5], dass jene Verordnungen von 1458 »mit guter Ueberlegung und im öffentlichen Interesse« ergangen seien, fügt aber gleich selbst hinzu, dass dieselbe, wie die Erfahrung gelehrt, allgemeine Unzufriedenheit im Volke erzeugt hätten, weil sich ein grosser Mangel an den zur Bekleidun nöthigen Stoffen fühlbar machte, besonders an Tüchern derjenigen Gattungen, die in Florenz gar nicht fabricirt wurden, und weil jene, deren Fabrikation Eingang fand, nicht so gut und brauchbar waren, wie die früher aus dem Ausland eingeführten. Diese Einsicht hatte zur Folge, dass fürs ganze Gebiet die Einfuhr jener geringeren Wollstoffe wieder gestattet wurde, nach welchen Geschmack und Bedürfniss der Bevölkerung gebieterisch verlangte[6]. Zu

---

Arch. Panigarola Cod. E, f. 11 (1450) u. Cod. F, f. 83 (1467) u. f. 252 (1474). Dagegen richtete man sich gegen die »superflui ornamenti«, welche hauptsächlich an dem beklagten Geldmangel des Inlands schuld sein sollten. Sie sollten wie z. B. 1472 Perpignaner Tücher nicht im Inland verkauft werden. Liber legum artis lane f. 40.

1) Für Perpignaner Tücher sollten allein 40,000 Goldgulden alljährlich aus dem Lande gehen. Arch. Rif. Provvisioni (1473) l. c.

2) Ib. cf. die für die herrschende Strömung bezeichnende Eingabe der Mailänder Wollenzunft, Arch. Pan. Cod. G, f. 13, der Herzog möge die Einfuhr fremder Tücher verbieten, was auch geschah 1474. Quasi per tutti, heisst es da in Uebereinstimmung mit einer Behauptung der Florentiner, l'altre città e terre cotale modo se osserva de non potere retagliare panni forasteri quam bonificare quelle, et anche come se dice esser concesso per Vostra ill. S. ad alcune citade, ricordando ad Essa che servando tale modo in pocho tempo cresceranno le intrate ultra modum in la predicta citade di Milano considerando la maggiore quantitate di lane, olio e sapone e molte altre cose che se richiedeno en chal dicto lavorerio de la lana.

3) Arch. Rif. Balie 1458, Nr. 48.

4) Libro di ordini etc. della lana Cod. cit. fol. 5 der Wollenzunft wurden deshalb 1000 Gulden von den 4000 erlassen. Balie 1466, Nr. 48, fol. 20.

5) Ib.   6) Ib (1466).

Gunsten einzelner Landestheile, die dieses oder jenes fremden Stoffes nicht entrathen konnten, musste man dann später die Freiheit auch noch auf andere Stoffe ausdehnen, wie im Jahre 1480 auf die in der pisaner Landschaft allgemein getragenen lombardischen Zeuge [1]), wobei man freilich für das übrige Staatsgebiet das Einfuhrverbot aufrecht erhielt.

Die allgemeine Bedeutung dieser Erfahrungen der Prohibitivpolitik liegt darin, dass in der zweiten Hälfte des 15. Jahrhunderts die sanguinischen Hoffnungen auf einen durch möglichste Absperrung herbeizuführenden industriellen Aufschwung einer nüchterneren Stimmung Platz machten, die sich in der bedeutsamen Thatsache äussert, dass man später bei weitem zurückhaltender und überlegter verfuhr, wenn neue Prohibitionen in Frage kamen. Die Erfahrung, die Lehrmeisterin aller Dinge, wie sie ein florentiner Gesetz bezeichnet, hatte entschieden klärend auf die Handelspolitik gewirkt. Daher konnte die Stimme des Konsumenten gegen die Ueberspannung derselben am Ende doch zum Worte kommen, und zwar bei weitem mehr, als es z. B. noch im heutigen Frankreich gegenüber künstlich geschützten Industrieen der Fall ist. Wir sehen, wo der Schutz nur durch dauernde Opfer des konsumirenden Publikums aufrecht erhalten werden konnte [2]), hat man ihn über kurz oder lang wieder aufgegeben und nur dann auf ihn zurückgegriffen, wenn die Voraussetzung gerechtfertigt schien, dass der zu schützende Gewerbszweig in Kurzem fähig sein würde, dieselben Preise zu ertragen, wie die entsprechenden ausländischen Fabrikate.

Charakteristisch für diesen Fortschritt ist ein Gesetz von 1488. Keines der früheren, doch ganze Reihen von Objekten der verschiedensten Kategorieen umfassenden Prohibitivgesetze ist auch nur entfernt so gewissenhaft motivirt, wie dieses Gesetz von 1488, durch welches doch nur die Einfuhr eines einzigen Fabrikats verboten wurde, einer der früher prohibirten aber 1466 wieder frei gegebenen Tuchsorten. Eine eingehende technische Untersuchung ist vorhergegangen; die von mehreren Fabrikanten mit der Herstellung dieses Stoffes in allen Qualitäten gemachten Versuche hatten es zur Gewissheit gemacht, dass die inländische Fabrikation in diesem Punkte es der ausländischen nicht nur leicht gleichthun, sondern dieselbe auch überflügeln würde, ja, dass sie schon im Anfang fast zu denselben Preisen wie das Ausland, in Kurzem aber ebenso wohlfeil und bei grösserer Ausdehnung des Betriebes noch billiger würde produciren können [3]). Trotz der überzeugenden Begründung des von »weisen«

---

[1]) Arch. Rif. Provvisioni (1480) Nr. 172, fol. 17, cf. Ordini del consolato etc. Cod. cit. fol. 234.

[2]) Cf. oben Seite 104, wo die Möglichkeit, den gleichen Preis zu erzielen wie das Ausland', als nothwendige Voraussetzung des Schutzes erscheint.

[3]) — Facto fare più saggi nell' uno luogo e nell' altro (sc. di scto. Martino e di Gharbo) di rascie e larghe e strette e fine e mediocri e grosse si trova che facilmente fare se ne può nella citta tali che potranno essere a paragone colle forestieri e ancora vantaggiarle; e quasi a medesimi prezzi dare si potranno in questo principio e in breve tempo al medesimo e anche a minore, quando più manifattori a tale exercitio e a tessere et ad altro si saranno addirizati.

So die Vorstellungen sachkundiger Männer; und man ist der Ansicht, es sei zu Ehr' und

Männern gestellten Antrages, entschloss man sich jedoch zum Erlass des Einfuhrverbotes erst dann, nachdem man auch wieder bezeichnend für den Charakter der ganzen Wirthschaftspolitik der Zeit — das Bedürfniss der Konsumenten dadurch befriedigt zu haben glaubte, dass man das Tuchmachergewerbe zur Fabrikation derjenigen Quantität des zu prohibirenden Stoffes von Staatswegen verpflichtete, welche für den allgemeinen Bedarf hinreichend schien (600 Stück Tuch fürs erste Jahr, welche von der Zunft auf die einzelnen Tuchmacher repartirt werden sollten). Und trotz aller Garantieen ging am Ende der Beschluss doch nur gegen ziemlich starke Minoritäten durch [1].

Auch die letzte, und ausser den genannnten einzige Prohibition aus dem Ende der Epoche, die noch zu nennen wäre, bestätigt die hinsichtlich der Tuchmanufakturen gemachte Beobachtung. Als man im Jahre 1505, um die herabgekommene heimische Gerberei wiederzubeleben, die Einfuhr von Leder verbot, nahm man nicht nur, besonnener als ehedem, eine ganze Reihe von Ledersorten aus, sondern verband auch mit der Fesselung zugleich eine Befreiung des Handels, indem der Fiskus der im früheren Stadium der Prohibitivpolitik nach dieser Seite hin nicht in Mitleidenschaft gezogen sein wollte, die Einfuhrzölle für das Rohmaterial ermässigte [2]. Und trotzdem gelang es nicht, das Einfuhrverbot aufrecht zu erhalten; die Lederpreise hielten sich in Folge desselben auf einer Höhe, welche es für die Industriepolitik von dem oben charakterisirten Gesichtspunkt aus zu einer Nothwendigkeit machten, die Ledereinfuhr wieder freizugeben (1528) [3].

So viel ich sehe, ist damit der Kreis der Fabrikate geschlossen, deren

---

Nutzen der Stadt und zum Vortheil der armen Handwerker dieses Gewerbes, wenn man eine Verordnung mache »che l'arte della lana in questo membro s'allarghi e tante ne faccia che sieno a sufficienza dell' universale; cognoscendo questo non potersi fare se non prohibendo le forestiere e strignendo l'arte a farne in sufficienza, seguitando il consiglio dei savi, inducti a questo maxime per la experientia de' perpignani (einer früher prohibirten Tuchgattung). Arch. Rif. Provvisioni (1487 stil flor.) Nr. 179, fol. 164. Auch hier wird gleich am Anfang betont, dass alljährlich viele Tausende von Goldgulden durch diese Stoffe aus dem Lande gingen. Cf. Liber legum etc. fol. 153.

1) Im Consiglio del popòlo mit 172 gegen 76; in dem der Commune mit 119 gegen 50; und im Consiglio del cento mit 78 gegen 33. L. c. Wer doch die Motive dieser Minoritäten kennte! Sollten es blos Interessenten gewesen sein?

2) Arch. Rif. Provvisioni Nr. 197, fol. 4.

3) Arch. Rif. Provvisioni Nr. 208, fol. 54. Allerdings glaubte man zum Schutze der pisaner Gerbereien, welche die staatliche Fürsorge, wie wir sahen, besonders in Anspruch nahmen, die Ausnahme machen zu müssen, dass Häute, die innerhalb 100 Miglien von Pisa gegerbt waren, nicht zur See eingeführt werden durften, und wenn dies an Orten geschehen, die unter 60 Miglien entfernt waren, auch nicht zu Lande. — Wenn auch der Beschluss von 1528 zunächst nur für 3 Jahre gelten sollte, so ist er doch bedeutungsvoll genug. Charakteristisch ist darin schon die Scheu vor dem Gedanken an den Gewinn, welcher aus der Wiederfreigabe der Einfuhr den Nachbarlanden erwachsen werde. Man will nicht, dass derselbe grösser sei, als gegenwärtig, also unter der Herrschaft des Verbotes. Wie das freilich zu erreichen, ist nicht ersichtlich. »Non dando pero — ai vicini del dominio fiorentino più guadagno che abbino al presente«. Charakteristisch ist ferner die Vorberathung in einer Commission »seguitando eziandio in ciò il parere di molti savi e pratichi cittadini al examinare tale cosa deputati« provvidono etc.

Erzeugung man durch hohe Einfuhrzölle oder Einfuhrverbote schützen zu müssen glaubte; für die Mehrzahl der Gewerbe waren offenbar die Motive nicht maassgebend, welche in den genannten Zweigen das Prohibitivsystem zur Geltung brachten. Unter letzteren ist es wieder die für den Export arbeitende Grossindustrie der Tuch- und Seidenmanufakturen, welche in erster Linie und im weitesten Umfange vom Schutzsystem beherrscht erscheint; auf das mehr dem heimischen Bedarf dienende Handwerk hat es eigentlich nur da Anwendung gefunden, wo es galt, dasselbe zur Erzeugung ihm bisher fremder Fabrikate zu ermuntern oder heruntergekommenen Gewerbszweigen wieder aufzuhelfen. Man brauchte allerdings nicht auf künstliche Stützen zu denken bei einem Handwerk, dem die Bedürfnisse einer Zeit, wie es die mediceische Glanzepoche war, immer neue Nahrung zuführten und dem das herrschende Steuersystem mit seiner fiskalinischen Ausbeutung des Handelsverkehrs auf dem inländischen Markte vor den fremden Fabrikaten ohnehin zu Gute kam. Ebenso wenig sollte man freilich einen Schutz auf dem Gebiete der Seidenindustrie erwarten, welche gerade im 15. Jahrhundert den Höhepunkt ihrer Blüthe erreichte und siegreich dem Florentiner Gewerbfleiss die Märkte zurückgewann, welche die Tuchmanufakturen eingebüsst hatten. Trotzdem ist diese grossartige und gewiss nicht künstlich grossgezogene Industrie immerdar unter dem Schutz der Prohibitivmaassregeln von 1426 geblieben. Man darf eben nicht vergessen, dass in der Gesetzgebung gerade die Grossindustriellen leicht den Ausschlag geben konnten, da sie über die angesehensten der obern Zünfte verfügten und die geringe Stimmenzahl, die den Handwerkerzünften zu Gebote stand, kaum mehr in Betracht kam, wenn die Mehrheit der »Arti maggiori« einig war. Schon die allgemeinen Verfassungsverhältnisse trugen dazu bei, dass einseitige Gesichtspunkte der industriellen Kreise sich leichter Eingang verschafften, zumal wenn die höchste Ausbildung gerade dieser oder jener Industrie als eine nationale Aufgabe hingestellt wurde, wie es in Florenz bei den Wollen- und Seidenmanufakturen der Fall war, deren Zustand geradezu als Maassstab für die Höhe der industriellen Blüthe überhaupt betrachtet wurde.

Immerhin erscheint das Schutz- und Prohibitivsystem, wenn man die Zahl der geschützten Gewerbszweige in Betracht zieht, als eine Ausnahme [1]). Gegenüber den meisten Gewerben nahm doch die Industriepolitik einen freieren Standpunkt ein, der durch nichts besser charakterisirt wird, als durch die Thatsache, dass bei einer harten Krisis, welche das übermächtige Auftreten der fremden Conkurrenz um die Mitte des Jahrhunderts über den Detailhandel mit den inländischen Gewerbserzeugnissen gebracht hatte, nicht einmal die Interessenten von der Regierung eine Ausschliessung oder Fesselung der

---

[1]) Anderwärts wie z. B. in Venedig scheint das Schutzsystem eine weitere Ausdehnung erfahren zu haben. Man vergl. nur das Statuto dei scarpellini (1465) Sagredo l. c. 300, wo es heisst: Bereits hat der Staat im Interesse vieler Gewerbe zugestanden, das fremde Fabrikate nicht mehr eingeführt werden dürfen, weshalb diese wieder aufzublühen begannen und täglich mehr zunahmen. Die Steinmetzen erbitten und erhalten dasselbe Verbot für ihr Gewerbe zugestanden.

fremden Conkurrenz verlangten, sondern nur das Eine, dass auch die auswärtigen Händler an den öffentlichen Lasten betheiligt werden sollten, die bisher, allzu einseitig auf dem heimischen Gewerbsfleiss ruhend, demselben die Conkurrenz mit den fremden Fabrikaten unmöglich machten. Wir erfahren dies aus einem jener bisher so wenig beachteten Flugschriftartigen Memoiren in der Volkssprache, motivirte Eingaben an die Regierungskörper, aus den Kreisen der Interessenten oder Sachverständigen hervorgegangen, die ihrem ganzen Inhalt nach, oft auch wörtlich dem Text der Staatsbeschlüsse einverleibt wurden, wenn ihre Gesichtspunkte die Zustimmung der gesetzgebenden Gewalten erhielten. Als »testi di lingua«, welche die lebendige Sprache des Volkes selbst zu uns reden, würdig, auch von der Crusca beachtet zu werden, sind sie zugleich eine Quelle ersten Ranges für die Erkenntniss der nationalökonomischen Zustände und Anschauungen der Zeit. Da tritt der Kaufmann und Handwerker selbst auf die Bühne, wir sehen ihn den seine Thätigkeit störenden Erscheinungen forschend nachgehen, über ihre Bedeutung für sein Gewerbe wie für das Allgemeine reflektiren und durch die umfassenden Gesichtspunkte seiner Beweisführung den staatlichen Arm zu ihrer Bekämpfung gewinnen.

Das genannte, für die Frage der Verkehrsfreiheit so bedeutungsvolle Pamphlet ist aus dem Jahre 1454 [1]). Es weist darauf hin, wie damals in den Absatzverhältnissen der heimischen Gewerbe durch eine schon an die zwanzig Jahre ganz systematisch betriebene Einfuhr fremder Fabrikate eine grosse Störung eingetreten sei. Die fremden Händler — einige Hundert — hätten die ganze Grafschaft förmlich unter sich getheilt, damit keiner dem andern ins Gehege käme. Der Gewinn, den sie alljährlich nach Hause brächten, belaufe sich auf 30,000 Goldgulden, so dass sie bald das Land von Geld entblössen würden (!?). Zugleich wüssten sie ihre Waaren zum Schaden des Fiskus, ohne Zölle zu zahlen, einzuschmuggeln. Der Werth der Waaren, die sie in Florenz kauften, gewissermaassen um den Import ihrer Fabrikate zu »entschuldigen«, beliefe sich auf keine 500 Gulden. Der inländische Detailhandel könne nicht mit ihnen konkurriren, weil seine Waaren einen doppelten Zoll zu zahlen hätten, zuerst bei der Einfuhr in die Stadt Florenz und dann bei der Ausfuhr. Dazu kämen die Kosten der Miethbuden und des Personals, die »Schatzung« (estimo) und andere Staatssteuern. In Folge dessen hätten in der Grafschaft an die 300 Geschäfte geschlossen werden müssen, was neben der grossen Kalamität für Handel und Gewerbe für den Staat einen jährlichen Steuerausfall von 6000 Gulden bedeute. Trotz dieser in so düstern Farben geschilderten Zustände war man weit davon entfernt, die Maassregeln der Prohibitivpolitik zur Anwendung zu bringen. Man beschränkte sich darauf, die Chancen zwischen inländischen und fremden Verkäufern gleichmässiger zu vertheilen. Darum blieb die Einfuhr der fremden Fabrikate wie der Handel im Grossen so ungestört wie zuvor, nur der Detailverkauf in Grafschaft und Distrikt von Seiten der fremden Handelsleute wurde davon abhängig gemacht, dass auch Letztere an den

---

[1]) Arch. Rif. Provvisioni Nr. 146, fol. 63, cf. Appendix, Beilage 4.

inländischen Steuern participirten. Uebrigens scheinen es auch hier nur die wohlfeilern Artikel gewesen zu sein, in welchen die Conkurrenz des Auslandes gefährlich war; denn der Verkauf aller der Waaren, deren Preis eine gewisse Höhe überstieg (5 Lire), sollte steuerfrei bleiben. Doch sind auch mehrere Artikel unter diesem Werth ausgenommen, ebenso die Fremden, welche mindestens 20 Jahre im Inland ansässig und mit einer Florentinerin verheirathet waren [1]).

Was die Ausfuhr betrifft, so vertheilte sich Freiheit und Gebundenheit des Handels hier ganz in derselben Weise, wie bei der Regelung der Einfuhr. Es sind dieselben Industrieen, welche von der für die Mehrzahl der Gewerbe bestehenden ungehinderten Ausfuhr der Rohstoffe und Werkzeuge eine Ausnahme machten; es ist dieselbe Tendenz der geschichtlichen Entwickelung, welche sich auch hier in einer steigenden Ausbildung des Zwanges kundgiebt. Nur insofern besteht ein Unterschied, dass — mit einer einzigen Ausnahme — ein Herabsteigen von dem Niveau, welches die Prohibitivpolitik hier einmal erreichte, eine wenn auch nur theilweise Rückkehr zu freierer Bewegung hier nicht zu bemerken ist.

Von dem schon in den älteren Statuten ausgesprochenen Verbot der Ausfuhr aller den Tuchmanufakturen dienenden Waaren und Werkzeuge aus dem Staatsgebiete [2]) war ausdrücklich der Transitverkehr befreit [3]). Allerdings war von dieser Freiheit der Hauptnahrungsstoff der Florentiner Tuchfabrikation, die französisch-englische Wolle, ausdrücklich ausgenommen [4]), jedoch die Wiederausfuhr auch dieser fremden Wolle nicht völlig versagt, sondern von einer mit Zweidrittelmajorität ausgesprochenen Erlaubniss der Consuln der Tuchmacherzunft abhängig gemacht [5]). Dem Kaufmann, der sich in Folge ungünstiger Absatzverhältnisse veranlasst sah, die in Florenz importirte Wolle wieder nach

---

1) Erst als es sich zeigte, dass das Gesetz von 1454 nicht durchführbar war, weil sich der Gewerbebetrieb im Umherziehen, wie er von den fremden Händlern ausgeübt wurde, den Zöllen und Steuern zu entziehen wusste, da modificirte man das Gesetz dahin, dass man den Ausländern diesen Betrieb nur noch an den hergebrachten Messen und Märkten des Landes gestattete. Wenn man gleichzeitig den nach Messen und Märkten geführten Waaren die übliche Zollfreiheit für Ein- und Ausfuhr entzog, so galt dies nicht etwa bloss für die Fremden, sondern für Alle. Arch. Rif. Provvisioni (1475) Nr. 167, fol. 116. Nur in Pisa, seinen Borghi und Sobborghi sollte dieser Gewerbebetrieb zu jeder Zeit zulässig sein, »perche essendo luogo di marina è bene sia libero«.

2) 1321 florentiner Statut abgedruckt bei Bonaini Statuti Pisani III, 751. Cf. Statuti dell' arte della lane Cod. cit. Nr. 7 (1333), II, 6. Statut des Podestà v. 1355. Cod. cit. III, 192. Statuta Flor. (1415) l. IV tract. cit. rub. 45 und 172.

3) Derselbe war freilich für mehrere Artikel, wie Draht zur Kardätschenfabrikation und Wollkämmen, mit höhern Zöllen belegt. Liber legum artis lane Cod. cit. fol. 97 (1426).

4) Quilibet extrahere volens lanas pro quibus soluta esset gabella Communis Florentie pro transitu seu »per lo terzo« — exceptis lanis francigenis et seu anglicis — de civitate comitatu vel districtu Flor., possit et sibi liceat etiam sine licentia. Ib.

5) Statuten der Wollenzunft Cod. cit. Nr. 7 (1428), IV, 1. Immerhin nahm man in Florenz einen freieren Standpunkt ein als anderwärts z. B. in Mailand, wo man nicht nur die Ausfuhr von Färberwaid, sondern selbst den Transport von Bezirk zu Bezirk, ja von Ort zu Ort von obrigkeitlicher Erlaubniss abhängig machte. Archivio Panigarola Cod. D (1443), fol. 45.

anderen Märkten auszuführen, war allerdings nicht viel damit gedient, dass man ihm dies erst nach einem zustimmenden Votum der Abnehmer zugestand. Doch mochte er selbst diesen Zustand, der die Freiheit des Handels der Diskretion der Fabrikanten anheimstellte, immer noch dem seit 1444 geltenden Recht vorziehen, welches die Wiederausfuhr aller ins Staatsgebiet eingeführten Materialien des Wollengewerbes absolut verbot [1]). Ob davon auch die Waaren betroffen wurden, welche nur für den Transit bestimmt waren, geht aus dem Gesetz von 1444 nicht hervor. Wenn Letzteres auch bei der französisch-englischen Wolle der Fall war, so dürfte man doch schon im Interesse der Zollverwaltung Bedenken getragen haben, die für diese Wolle in der That durchgeführte völlige Beseitigung des Transitverkehrs auf die ganze Reihe der den Tuchmanufakturen dienenden Artikel auszudehnen. Dass die Prohibitivpolitik auch diesen Verkehr nicht schonte, haben wir zu Genüge gesehen; dass sie ihn aber absolut verbot, wie den Transit der genannten Wolle, ist schon darum als eine vereinzelte Ausnahme zu betrachten, weil sich nicht einmal hier, wo man sich am wenigsten zu Concessionen an die Verkehrsfreiheit entschliessen konnte, das Verbot des Transits auf die Dauer zu behaupten vermochte [2]). Auch die Seidenwürmer und Maulbeerblätter, mochten sie im Inland erzeugt oder importirt sein, durften nicht aus dem Staatsgebiet ausgeführt werden, und doch stand ihrem Transit nichts im Wege [3]). Bei einer spätern Prohibitivmaassregel zu Gunsten der Gerberei trat das Interesse des Fiskus, welches hier zu Gunsten der Freiheit gewirkt hat, so sehr hervor, dass, abgesehen von den zur Gerberei nöthigen Artikeln [4]), nur die Ausfuhr der Häute der im Inland geschlachteten Thiere, aber nicht der importirten verboten wurde, mit Rücksicht, wie es ausdrücklich heisst, auf die Zölle [5]). Dieser Rücksicht war es ohne Zweifel zum guten Theil zu verdanken, dass die Ausfuhrverbote zu Gunsten des heimischen Gewerbsfleisses keine grössere Ausdehnung erfuhren, dass die, wie ein Statut der Schmiede beweist [6]), auch in Handwerkskreisen vorhandenen Strömungen gegen die Verkehrsfreiheit in diesem Punkte nicht mehr zum Worte gekommen sind.

---

1) Liber legum artis lane Cod. cit. fol. 34.
2) Vergl. unten Seite 117.
In Beziehung auf englische Wolle trat später durch den Vertrag von 1489 mit England eine Aenderung ein, soweit dies nicht schon früher geschehen. Nach demselben hörte der Import englischer Wolle durch florentiner Kaufleute ganz auf, indem denselben die Engländer selbst ausschliesslich in die Hand nahmen, wofür sie sich verpflichteten, englische Wolle nur nach Florenz zu bringen, und zwar soviel wie zum Consum der florentiner Fabriken und dem aller anderen italienischen Städte nöthig sei; ausgenommen Venedig, wo jedoch die englische Einfuhr 600 Säcke nicht übersteigen sollte. Indem dadurch Florenz für englische Wolle der Markt für ganz Italien werden sollte, fielen natürlich die letzten Fesseln der Wiederausfuhr weg. Vergl. Pagnini: della decima II, 94.
3) Statuten der Seidenzunft Cod. cit. (1463), fol. 236 und 267.
4) Wenn diesen ganz im Allgemeinen die Ausfuhr versagt wird, so trifft dies natürlich nicht nothwendig auch den Transit, der hier offenbar nicht angetastet ist.
5) Arch. Rif. Provvisioni Nr. 202, fol. 19 (1511).
6) Stauto di fabbri Cod. cit. Nr. 1, r. 30. Wozu hätte es auch führen müssen, wenn das Vorgehen der Schmiede allgemeinere Nachahmung gefunden hätte? wenn Statuten in

Der **Fiskus** war ja in Florenz bei aller und jeder Aus- und Einfuhr betheiligt, da es fast kein Objekt des Handels gab, welches nicht den Zöllen unterworfen gewesen wäre. Der fiskalinische Standpunkt machte sich dem Handelsverkehr gegenüber um so mehr geltend, als ja die indirekten Steuern die Grundlage des ganzen Steuersystems bildeten, und unter diesen wieder die Zölle bei Weitem die Mehrzahl ausmachten.

Der allumfassende Charakter des Zolltarifs [1] kann durch nichts besser veranschaulicht werden, als durch Aufzählung derjenigen Objekte, auf welche allein die Zollfreiheit der Einfuhr in die Stadt Florenz und der Ausfuhr beschränkt war [2]. Alles, was für die Kriegszwecke der Commune bestimmt ist, was Soldaten, Bürgern im Dienst der Commune, sowie den von auswärts berufenen obersten Beamten des Staats und den fremden Gesandten gehört, Leinen- und Wollenstoffe, welche Bürger oder Bauern von der Stadt nach der Grafschaft und umgekehrt zum Waschen schicken, alte Gegenstände der häuslichen Einrichtung und gebrauchte Kleider, welche der Bürger nach seiner Villa in der Grafschaft schickt und umgekehrt — neue Sachen dieser Art werden ausdrücklich als zollpflichtig bezeichnet! — Lohe, welche die Gerber zu einem bestimmten Thore ausführten, um sie gemahlen wieder zurückzubringen, Salz, dessen Handel ja Staatsmonopol war, Häute, die in die Grafschaft gehen, um gegerbt, Flachs und Werg, um dort gesponnen zu werden, unter der eidlichen Verpflichtung, es nicht zu verkaufen, sondern wieder zurückzuführen, Geräthe für die Exequien Verstorbener, wobei sich die Behörde ein Pfand bestellen liess, dass dasselbe binnen drei Tagen wieder zurückkam; Gold und Silber, die in die Stadt eingeführt wurden, in Barren oder Münze, während bei der Ausfuhr nur die das Gepräge der Commune tragenden Münzen frei sein sollten [3]. Diese an sich schon aufs Engste umgrenzten Zollbefreiungen kamen aber vollends in Wegfall, wo es sich um den Verkehr an der Landesgrenze handelte; hier hatten nach den Statuten alle Waaren, auch die von der Commune oder deren Beamten ein- oder ausgeführten, die Zölle zu bezahlen [4].

Man bedenke, dass es nicht bloss der Handel mit dem Ausland, sondern der Verkehr zwischen dem Herzen des Landes und dem Lande selbst ist, welchen man in der durch jene Aufzählung zwar nur negativ, aber doch klar genug

---

Aufnahme gekommen wären wie dieses: »Da die dem Gewerbe nöthigen Räder vielfach ausgeführt werden, und dasselbe daher Mangel daran leidet, so wird die Ausfuhr der Räder aus dem ganzen Gebiet verboten, damit sie fortan in hinreichender Menge vorhanden seien«.

1) Der Zolltarif selbst, der uns für die Aus- und Einfuhr der Stadt und Grafschaft erhalten ist (in den Statuten [1415] lib. V, rub. 58 und ganz mit denselben Ansätzen in der Pratica della mercatura von Antonio da Uzzano [1442] Pagnini l. c. tom IV) enthält allerdings nur eine beschränkte Anzahl von Waaren — für die Ausfuhr z. B. aus der Stadt nach der Grafschaft 1400 — ist aber in der That umfassend, weil er für alle nicht genannten Waaren eine gleiche Norm aufstellt, z. B. für die Einfuhr in die Stadt Florenz 5 % des Werthes, für die Ausfuhr, der allgemeinen Regel entsprechend $2/3$, für den Transit $1/3$ des Einfuhrzolls (l. c. pag. 24).

2) Pagnini l. c. 42.

3) Ungemünztes Gold und Münzen andern Gepräges zahlten 2 fl. fürs Pfund. Statuta (1415) l. V. tract. 3, rub. 29.   4) Ib. rub. 25.

bezeugten Ausdehnung den Zollschranken unterwarf. Man denke sich an den vielen Zollstätten, welche allenthalben im Lande selbst, sei es von der Republik oder einzelnen Communen, errichtet waren, den Handelsverkehr, was die Zahl der zollpflichtigen Objekte betrifft, im Grossen und Ganzen in gleichem Umfange belastet, und man wird erkennen, dass es für den also an den Fiskus gebundenen Verkehr von eminenter Bedeutung war, welche Gesichtspunkte, insbesondere in Beziehung auf die Höhe der Zollsätze, der staatlichen Zollpolitik zu Grunde lagen.

Wie wir sahen, war die Zahl der Waaren, deren Einfuhrzölle wirkliche Schutz- und Prohibitivzölle zu sein beabsichtigten, eine verhältnissmässig geringe. Die bei Weitem überwiegende Mehrzahl der Zollsätze giebt nicht die geringste Veranlassung zu der Annahme, dass dieselben den Schutz der nationalen Arbeit und nicht vielmehr ein möglichst hohes f i n a n z i e l l e s Erträgniss im Auge hatten. Waren aber die Florentiner Zölle ihrer Tendenz nach grösstentheils Finanzzölle, auf deren Ergiebigkeit der Staat in erster Linie für die Befriedigung seiner Bedürfnisse angewiesen war, so lag das Interesse einer aufgeklärten Zollverwaltung in derselben Richtung wie das des Verkehrs. Während die Schutzzollpolitik die Zölle so hoch ansetzt, dass die Einfuhr der Waaren und besonders der Fabrikate dadurch möglichst erschwert oder ganz verhindert werde, muss umgekehrt die Finanzzollpolitik bei der ganz überwiegenden Bedeutung der Einfuhrzölle für die Staatskasse die Zunahme der Einfuhr als maassgebenden Gesichtspunkt für die Höhe der Zollsätze betrachten. Zunahme der Einfuhr bedeutet ja aber auch zugleich Zunahme der Ausfuhr, d. h. des Handelsverkehrs überhaupt, worauf ja eben auch das Streben des K a u f m a n n s gerichtet ist. Und wie hätte die Stimme des Handelsstandes, trotz der früher geschilderten feindlichen Gegenströmungen, nicht mehr oder minder zur Geltung kommen sollen in einer Stadt, wo die Ueberzeugung von der Aufgabe derselben als einer Handelsstadt so ausserordentlich lebendig war, dass die Volkssage von der Gründung unter dem Zeichen des Merkur, die Regierung von dem Handel als dem Magen der Stadt sprach; wo neben mächtigen industriellen Kreisen ein Handelsstand im Rath der Gemeine mitzusprechen hatte, der gerade dem Import der Erzeugnisse des Auslandes einen guten Theil seiner Thätigkeit widmete. Wenn es daher auch dem Industrialismus gelang, eine ganze Reihe von Prohibitiv- und Schutzmaassregeln in die Handelspolitik einzuführen, so war doch andererseits auch das k o m m e r c i e l l e Interesse stark genug vertreten, um ein Ueberwuchern jener Richtung, wie es moderne »mercantilistische« Verwaltungen charakterisirt, zu verhindern, so weit dieselbe nicht schon durch die eigenen Erfahrungen sich mässigen gelernt hatte; die kommercielle Erfahrung war zu allgemein, als dass sie nicht auch in der Finanzpolitik immer wieder der Ueberzeugung zum Durchbruch verholfen hätte, dass der Fiskus nicht durch die Steigerung der Zölle gewinnen könne, sondern nur durch die Zunahme des Verkehrs[1]. Es ist von hohem Interesse, den Kampf

---

1) Die Verbreitung dieser Einsicht in den italienischen Handelsstaaten beweist die Erklärung der »V Savii alla mercanzia« in Venedig, welche in ihren kostbaren »Informationen«

des Handels gegen eine einseitige fiskalinische Behandlung zu verfolgen, zu welcher das herrschende Steuersystem und die gewaltigen finanziellen Schwierigkeiten der Commune so oft und so leicht verführten. Es ergiebt sich dabei das den obigen Ausführungen entsprechende Resultat, dass die Zollgesetzgebung der zweiten Hälfte des 15. Jahrhunderts entschieden eine freiheitliche Tendenz zeigt, welche den Anforderungen des Merkantilverkehrs in modernem Sinne gerecht zu werden strebt. Ich hebe von den die Zollpolitik charakterisirenden Staatsbeschlüssen vor Allem den von 1489 hervor. Viele sachkundige Bürger sowohl wie die Zollverwaltung selbst, heisst es in diesem Beschluss, hätten der Regierung die Klagen der einheimischen und fremden Kaufleute zu Ohren gebracht, welche sich genöthigt sahen, den Import vieler Waaren, welche sie bisher in Florenz einzuführen pflegten, Fabrikate wie Rohstoffe, wegen der Höhe des Einfuhrzolls aufzugeben. Dieser Missstand kam übrigens keineswegs davon her, dass man etwa deswegen, weil die fraglichen Artikel, meist Gürtler- und Riemerwaaren, ebenso gut im Inland fabricirt wurden [1]), die Zölle für deren Einfuhr absichtlich emporgeschraubt hätte; die Sache lag vielmehr so, dass die Preise derselben bedeutend zurückgegangen und daher die nach dem frühern Werth berechneten Zölle unerschwinglich geworden waren. Der Gesichtspunkt, dass Letzteres ja nur der heimischen Fabrikation zu Gute käme, ist auch sowohl der Vorstellung, wie dem durch sie veranlassten Staatsbeschluss ganz fremd. Es kommt vielmehr nur das Interesse des Kaufmanns zum Ausdruck, welcher an sich freihändlerisch gesinnt ist, sowie dasjenige einer Zollverwaltung, die — im Augenblick wenigstens — an nichts Anderes denkt, als wie durch eine Correktur des Tarifs die auch hier wieder gemachte Erfahrung zu verwerthen sei, dass ein Zoll, der eine gewisse Höhe überschreitet, durch Schmuggel ganz illusorisch werden kann. Demnach war für diese Tarifreform nur der rein **finanzpolitische** Standpunkt maassgebend, wonach der Tarif so einzurichten, dass der Zoll der Staatskasse möglichst viel abwerfe, d. h. dass die Einfuhr möglichst zunehme. Zeuge dessen die in der Eingabe beantragte und durch den Staatsbeschluss von 1489 durchgeführte bedeutende Ermässigung der Zölle für alle in Betracht kommenden Waaren, »damit man«, wie es heisst, »von einem **niedrigen** Zoll einen Ertrag gewinne, während die hohen Zollsätze gar nichts einbrächten«; wofür das treffende Beispiel angeführt wird, dass man von den beliebten Paternostern aus Korallen gar keinen Zoll eingenommen und trotzdem das ganze Land voll davon sei [2]).

Es ist von Interesse, zu beobachten, wie selbst auf dem Gebiete, welches das Prohibitivsystem am unbestrittensten beherrschte, kaufmännische und fiska-

---

der Regierung die Wahrheit ans Herz legten: »esser idea fallace che la ricchezza dell' erario riceva incremento dalla gravezza dei dazii«. Cf. Romanin: Lezioni di storia Veneta II, 184. Das ist allerdings erst fürs 16. Jahrhundert ausdrücklich bezeugt, aber sicherlich schon eine Errungenschaft der früheren Zeit.

1) Dass dies in der That bei vielen der in Betracht kommenden Fabrikate der Fall war, wird in dem Staatsbeschluss von 1489 ausdrücklich bezeugt.

2) Arch. Rif. Provvisioni Nr. 181, fol. 95 (1489).

linische Tendenzen mit Erfolg reagirten. Wie wir sahen, hatte man das Verbot der Ausfuhr englisch-französischer Wolle selbst auf den Transitverkehr ausgedehnt. Später setzte man an Stelle des Verbotes einen hohen Zoll, ohne Zweifel eine Concession an den Fiskus, die aber keinen Werth hatte, da, wie es in den Motiven zum Staatsbeschluss von 1477 heisst[1]), der Ertrag des Transitzolles — offenbar wegen seiner Höhe — gleich Null war. Ebenso sehr wie die Zollverwaltung hatte die Florentiner Rhederei und Handelschaft zu leiden ;* sie musste den für sie so lucrativen Import von Wolle aus England und Flandern bedeutend reduziren, da ihr durch den hohen Transitzoll der Zugang zu den lombardischen Märkten, besonders dem von Mailand, verschlossen wurde [2]). Am Ende gelang es aber dem kaufmännischen Interesse doch, im Bunde mit der Zollverwaltung, jene schutzzöllnerische Fessel zu sprengen und wenigstens den wichtigsten Markt, nämlich Mailand, durch eine bedeutende Herabsetzung des Zolles für die dorthin bestimmte Wolle zurück zu gewinnen [3]); wobei allerdings hinzuzufügen ist, dass man nicht nur in Beziehung auf alles nichtmailändische Gebiet die hohen Sätze beibehielt, sondern auch für alle Wolle, die nicht unter nationaler Flagge, d. h. auf Florentiner Schiffen aus England oder Flandern kam [4]); Beschränkungen, die übrigens, was englische Wolle betrifft, schon 1489 durch den oben erwähnten Vertrag mit England hinfällig werden mussten.

Schon in den Statuten von 1415 ist der Gedanke klar ausgesprochen, dass die Herabsetzung der Zölle, wenn sie eine Zunahme des Verkehrs herbeiführe, nicht nur dem öffentlichen Interesse im Allgemeinen entspreche, sondern auch eine Vermehrung der Zolleinnahmen zur Folge haben müsste [5]). Selbst auf einen so sehr entwickelten Verkehr, wie er sich auf der Strasse durchs Valdinievole zwischen Lucca und Bologna bewegte, wurde dieser Gesichtspunkt angewandt [6]). Man versprach sich auch von einem starken Verkehr bei höheren Zöllen nicht so viel Vortheil für den Fiskus wie von einer successiven Verminderung der Zölle und dem dadurch herbeigeführten noch lebhafteren Aufschwung des Verkehrs. So war man ohne Zweifel auf dem richtigen Wege, wenn nur nicht die auf der Zollverwaltung lastenden Ansprüche der Gegenwart die allgemeinere Durchführung eines Standpunktes, der um künftiger Vortheile willen momentane Opfer erheischte, so vielfach erschwert hätten! Es darf daher nicht Wunder nehmen, dass man sich häufig erst dann zu Reduktionen des Tarifs entschloss, wenn bereits ein wirklicher Nothstand des Verkehrs in der Abnahme der Gefälle sich bemerklich machte. Freilich ging man dann auch gleich der Sache auf den Grund. In echt modernem Geiste — verehren

---

[1] Arch. Rif. Provvisioni Nr. 169, fol. 158.
[2] Ib. [3] Ib.
[4] Bemerkenswerth ist neben diesen Einschränkungen die ziemlich starke Minorität, welche gegen die Befreiung des Verkehrs war: 64 gegen 148 im Volksrath und 50 gegen 115 im Gemeinderath.
[5] Statuta Flor. (1415) lib. V, tract. III, rub. 14 — et plura etiam perducerentur si et in quantum de solutione gabelle talium mercantiarum et diminuendo hujusmodi gabellam provideretur, et sic providendo et faciendo redundaret in magnam utilitatem dicti communis et gabellae portarum. — [6] Ib.

wir doch in dem Florenz der Renaissance neben Venedig die Geburtsstätte der modernen Wissenschaft der Statistik — knüpfen sich an die Beobachtung von Störungen im Finanzwesen und im Verkehr die genauesten statistischen Erhebungen, die für die Geschichte des Handels ebenso bedeutsam bleiben werden, wie sie der Sache der merkantilen Verkehrsfreiheit in den verschiedensten Fällen förderlich gewesen sind. So hatte man im Jahre 1473 die Erfahrung gemacht, dass sich die Zolleinkünfte stetig verminderten, und war nach sorgfältiger Prüfung zur Ueberzeugung gelangt, dass die Transitzölle im Allgemeinen und insbesondere der Durchgangszoll für Seide so hoch waren, dass sie den ganzen Transitverkehr von Florenz abzulenken drohten[1]). Wie störend die fiskalinische Ausbeutung bereits in die freie Bewegung des Handelsverkehrs eingegriffen, wird durch die von der Regierung selbst constatirte Thatsache illustrirt, dass die Waaren aus der Mark und dem Königreich Neapel, die über Perugia nach Bologna, Lucca, Ferrara oder Mailand gehen sollten, von der natürlichen Strasse über Cortona und das florentiner Staatsgebiet durch die hohen Zölle abgedrängt und gezwungen waren, einen Umweg von zwei Tagereisen über die Romagna zu machen. Denn trotz dieses Umweges, auf welchem man allein 13—14 Zollstellen zu passiren hatte, um von Perugia nach Bologna oder Lucca zu kommen, zahlten die Waaren unverhältnissmässig weniger an Zöllen, als beim Transit über florentiner Gebiet; Seide z. B. in letzterem Falle 43 Lire die Last, auf ersterer Strecke aber alles in Allem 10 Lire! »Darum flieht Jeder«, heisst es[2]) in dem officiellen Aktenstück, »unser Gebiet, obwohl viele Fuhrleute florentiner Unterthanen sind, die auf ihren Fahrten sich gerne einmal zu Hause nach ihren Sachen umsähen; unser Land ist wenig frequentirt, die Steuern der Osterien und Herbergen geben einen geringeren Ertrag und die hohen Zölle lassen uns allen Zoll verlieren«. — Die Folge dieser Erkenntniss war eine bedeutende Ermässigung der Transitzölle für Seide und verschiedene andere Artikel, darunter mehrere von denen, welche, wie wir sahen, im Jahre 1426 aus schutzzöllnerischen Motiven eine ausserordentliche Besteuerung des Transits zu erdulden gehabt hatten. Darum ist diese Tarifrevision zugleich von hoher Bedeutung, als ein Protest gegen die seiner Zeit von der siegreichen Prohibitivpolitik durchgesetzte allzuweitgehende Vergewaltigung des Verkehrs. Man will es nicht mehr zugeben, dass zum Schaden des Staatshaushaltes der internationale Handelsverkehr durch jene einseitigen Gesichtspunkte unterbunden werde, und gesteht der Idee des Schutzes nur noch soviel zu, dass man die schutzzöllnerischen Sätze des Tarifs von 1426 für die Einfuhr der im Inland bleibenden Waaren, soweit sie überhaupt noch galten, unangetastet lässt. — Zugleich enthält nun aber auch dieselbe Tarifreform einen der fruchtbarsten Keime einer freien Entwickelung, dessen Entfaltung freilich einer späten Zukunft vorbehalten blieb: sie legt Hand an das drückende System der Binnenzölle, indem sie — allerdings nur auf ein paar wenigen Punkten — dem

---

1) Arch. Rif. Provvisioni (1473) Nr. 165, fol. 106. Le gabelle delle robe che vanno per passo, maxime della seta, sono si gravi che quasi nessuno ce ne manda.   2) Ib.

Verkehr die gerade hier so dringend nothwendige Entfesselung zu Theil werden liess. Sowohl im Interesse der bloss durchgehenden Waaren wie der Ausfuhr aus dem Inlande nach der Mark, dem Kirchenstaat und Neapel sollten mit wenigen Ausnahmen alle in der genannten Reform enthaltenen Artikel die Zollstätten von Arezzo, Cortona, Montechio, Castelfiorentino, Poggibonsi, Castellana, Monte Varchi, Terranuova und Bibbiena — gegen Bezahlung einer einmaligen kleinen Gebühr (für jede Ladung 30 Soldi) in Florenz — ohne jede weitere Angabe frei passiren können [1].

Dies und eine analoge Zollreduction für Specereien [2] im Jahre 1477 hatte die Folge, dass — nach der Erklärung eines Staatsbeschlusses von 1489 — der Verkehr einen ungemeinen Aufschwung nahm und die Commune an Zolleinnahmen »viele Tausende« gewann [3]. Zugleich ermuthigte dieser Erfolg »dieselbe Probe nochmals zu machen«, und von Neuem für ganze Gruppen von Waaren (Pelzwerk und Kramwaaren jeder Art, selbst die Objekte der Prohibitivpolitik: Leinenstoffe, Seidentücher und Goldbrokate jeder Art; Scharlach, Karmoisin, Kamelots, Mützen, Bücher jeden Inhalts) die Transitzölle bedeutend zu erniedrigen [4]. Es war für die Sache der Verkehrsfreiheit von hoher Bedeutung, dass sich die wohlthätigen Folgen dieser Schritte so sehr bemerklich machten, dass die Zollpolitik bis in die letzte Zeit der Republik, auf die zwingende Beweiskraft der Erfahrung gestützt, in dieser Richtung beharren konnte [5].

Als besonders charakteristisch für die Tendenz der eben besprochenen Gesetze ist die Thatsache zu nennen, dass man im Interesse des Zollerträgnisses, wenn auch gewiss nicht in dem der inländischen Fabrikanten oder im Sinne der merkantilistischen Richtung, nicht allein den Transitverkehr der ausländischen Fabrikate, sondern ihr Verbleiben im Lande begünstigte. Da nämlich die Waaren nur dann als Transitgut anerkannt und als solches verzollt wurden (1/3 des Einfuhrzolls), wenn sie binnen 10 Tagen nach der Einfuhr in

---

[1] — Senza alcuna spesa partita o rincrescimento. Dies gilt allerdings nur für die Waaren, che venissono o si coducessino per passo e cosi quelle che si traessino della città contado o distretto per condurle ad alcuna delle parti infrascripte cioè inverno la Marca etc. Also nur für Durchfuhr und Ausfuhr, aber nicht für die Einfuhr. Ib.
Das Gesetz von 1473 wurde allerdings zunächst nur auf ein Jahr erlassen, doch sollte diese Frist von Signorie und Collegien selbständig verlängert werden können, »wenn sie es für nützlich erachten würden«. Dass Leteres der Fall war, und das Gesetz auch ferner bestehen blieb, beweist neben dem Schweigen der Quellen, die von einer Aufhebung nichts wissen, die Anerkennung seiner günstigen Folgen in dem gleich zu nennenden Staatsbeschluss von 1489.
[2] Cf. Arch. Rif. Provvisioni (1488 stil. flor.) Nr. 180, fol. 104.   [3] Ib.
[4] Ib. — ora desiderando di fare la medesima prova cioè, se il ridurre le infrascritte mercantie a minori gabelle giovasse etc. Vergl. denselben Gesichtspunkt bei der analogen Erleichterung des Transitverkehrs über Pisa: Liber XVII Riformatorum 1491. Balie Nr. 52, cap. 45.
[5] Vergl. die Motivirung der Erniedrigung des Transitzolls für Saffran auf die Hälfte: Arch. Rif. Provvisioni (1510) Nr. 201, fol. 31: Considerato che ne' tempi passati più volte si sono agevolate le gabelle alle mercatanzie per passo, il che come s'è veduto per esperienzia a fatto buono profitto al pubblico e privato.

die Grafschaft wieder ausgeführt wurden, so hatten sie nicht die nöthige Zeit, sich an den florentiner Markt zu wenden, wenn sie nicht, im Fall des Nichtverkaufs, die Bezahlung des vollen Einfuhr- und Ausfuhrzolles riskiren wollten. Daher erhöhte man diese Frist[1]) auf 30, und nach zwei Jahren auf 45 Tage[2]), um **den Verkauf der fremden Waaren im Inlande zu fördern**, weil, wenn dies mit Erfolg geschah, dem Fiskus statt des Transitzolles der dreifach höhere Einfuhrzoll zufiel! Der Gedanke, dass dieser fiskalinische Gewinn durch den früher stets so sehr betonten Nachtheil erhöhter Geldausfuhr aus dem Lande aufgewogen würde, erscheint hier ganz zurückgedrängt. Immerhin ein bedeutsamer Fortschritt, wenn das Motiv auch nicht eigentlich ein liberales ist.

Wie sehr das fiskalinische Interesse für den Zolltarif maassgebend war, bezeugt die schon oben angedeutete Thatsache, dass, ganz allgemein, sowohl Fabrikate als Rohstoffe bei der Einfuhr wie bei der Ausfuhr den Zöllen unterworfen waren[3]). Wir begreifen die ganze Schwierigkeit einer freiheitlichen Reform, wenn wir sehen, wie das herrschende Steuersystem selbst die Einfuhr der dem heimischen Gewerbfleiss dienenden Rohstoffe, sowie den Export der Erzeugnisse der heimischen Industrie in weitestem Umfang zu besteuern zwang, ja selbst die beiden bedeutendsten, so wesentlich auf den Export angewiesenen Industrieen durch zu hohe Ausfuhrzölle gefährdete. Es ist bezeichnend genug, dass im Jahre 1475 Regierung und Rath das Geständniss machen mussten, dass in Folge der »Härte« der Zölle der Export von Wollen- und Seidentüchern bedeutend abgenommen habe, und sich gezwungen sahen, die Ausfuhrzölle derselben um den dritten Theil des bisherigen Betrages zu erniedrigen[4]). Wie unerträglich letzterer gewesen sein muss, geht schon daraus hervor, dass auch die bedeutende Ermässigung nicht zu genügen schien, um die damalige Geschäftsstockung in beiden Manufakturen zu beseitigen. »In Anbetracht«, heisst es in einem Staatsbeschluss von 1478, »dass das Seidengewerbe sehr wenig betrieben wird und das Tuchmachergewerbe nicht sehr viel, weil **wegen des hohen Ausfuhrzolls** wenig Seiden- und Wollenstoffe aus dem Staatsgebiet ausgeführt werden und viele Kaufleute in Genua und anderswo Seidenzeuge zum Export nach dem westlichen Europa weben lassen, so dass ein grosser Theil des Volkes, der sich von diesen Gewerben nährt, Mangel leidet, an den Bettelstab gebracht ist und von Almosen lebt; und in Anbetracht, dass weise Bürger erklären, **nach Aufhebung der Ausfuhrzölle für Seiden- und Wollstoffe würden die Staatseinkünfte sich mehren**, weil mehr fabricirt würde und ein guter Theil des Volkes durch diese Gewerbe

---

1) Cf. Arch. Rif. Provvisioni (1489) Nr. 201, fol. 31.
2) Randglosse vom 21. Januar 1491 (stil. modern.) zum genannten Staatsbeschluss von 1489.
3) Der Unterschied zwischen Ein- und Ausfuhr bestand nur in der geringeren Höhe des Ausfuhrzolls, in der Regel = $2/3$ des Einfuhrzolles; Fabrikate waren natürlich bei der Einfuhr höher besteuert, als Rohstoffe.
4) Arch. Rif. Provvisioni Nr. 167, fol. 116.

erhalten werden könnte, so wird, um die Probe zu machen, verordnet, dass in den nächsten fünf Jahren von florentiner Wollen- und Seidenstoffen, sowie Gold- und Silberbrokaten, weder am Thore von Florenz oder Pisa noch an irgend einem Orte des florentiner Staatsgebietes für die Ausfuhr aus diesen Orten ein Zoll erhoben werden soll. Und auf der Duane von Florenz und Pisa soll genau aufgezeichnet werden, wieviel Tücher ausgeführt wurden, und zugleich festgestellt, ob sich die Einfuhr von Seide und Wolle gesteigert habe, damit man beurtheilen kann, in welchem Grade die Zollfreiheit dem Volkswohle von Nutzen gewesen ist«[1].

Wir wissen nicht, welches das Resultat dieser Erhebungen gewesen ist, wohl aber, dass man nicht einmal die Zeit, welche man für den Probeversuch angesetzt hatte, abwartete, sondern schon im Jahre 1480, unter dem Druck der financiellen Lage des Staates, die Ausfuhrzölle für Wollen-, Seiden- und Brokatstoffe auf Grund des Tarifs von 1478 wiederherstellte, »um die Einnahmen der Staatsbank zu erhöhen«. Man hoffte, aus dem Erträgniss derselben die Staatsbank alljährlich mit einer Summe von 8000 Goldgulden subventioniren zu können[2], was dann freilich am Ende den partiellen Staatsbankerott von 1490 auch nicht zu verhindern vermochte. Die rasche Zurücknahme der befreienden Maassregel von 1478, für welche kein anderes Motiv angegeben wird, als das Bedürfniss der Staatsbank, (des »Monte«), erklärt uns deutlich genug, warum dieselbe so vereinzelt geblieben ist[3]. Wenn wir selbst da, wo uns die Freiheit vor Allem angezeigt erscheint, wo es gilt, der heimischen Industrie das Mitwerben auf den Märkten des Auslandes zu erleichtern, die bereits errungene Freiheit den fiskalinischen Ansprüchen wieder erliegen sehen, obwohl diese Freiheit nur der meistbegünstigten Industrie, dem Schooskind der Schutzpolitik zu Gute gekommen, so erscheint es begreiflich, dass aus den gerade in den letzten Zeiten des 15. Jahrhunderts so bedeutsam hervortretenden freiheitlichen Elementen der Zollpolitik wohl wichtige Fortschritte im Einzelnen, aber keine allgemeine durchgreifende Reform im Sinne moderner Freiheit erwachsen konnte.

Ebensowenig war Letzteres da zu erwarten, wo der Staat nicht einmal autonom nach seinen Gesichtspunkten handeln konnte, sondern, abgesehen von den inneren Schwierigkeiten, verbriefte Rechte und auf völkerrechtlichen Verträgen beruhende Verhältnisse einer freiheitlichen Entwickelung im Wege standen, wie es auf dem Gebiete der Binnenzölle der Fall war[4]. Mit dem allmäligen Zusammenwachsen des Staates aus freien Communen und kleinen

---

[1] Arch. Rif. Provvisioni Nr. 170, fol. 26.

[2] Arch. Rif. Balie (1480) Nr. 49, fol. 104.

[3] Wenn die in Pisa und Livorno fabricirte Seife von allen Ausfuhr- wie Binnenzöllen befreit wird, so ist das eine ausserordentliche Maassregel zu Gunsten eines erst einzubürgernden Gewerbszweiges. Arch. Rif. Libro XVII Reformatorum Balie Nr. 52, cap. 44.

[4] Man beachte den Unterschied zwischen Florenz und Pisa, welches von Anfang an das ganze Zollwesen in den Händen des Staats concentrirte: Bonaini l. c. I, p. 80, Statut von 1164: Pedagium aliquod vel dirictum vel maltollectum non patiemur aliquo modo vel jure vel quacunque de causa tolli seu aufferri ab aliqua vel pro aliqua persona vel loco praeter-

Herrschaften war ja keineswegs die Beseitigung der Schlagbäume verbunden, welche dieselben um ihre Territorien aufgerichtet hatten[1]). Das wäre auch ohne eine durchgreifende Reform des Steuerwesens der unterthänigen Gebiete, welches wie das der herrschenden Stadt so wesentlich auf Zoll und Accise beruhte, gar nicht möglich gewesen. Zu dem war ja Florenz selbst nur zu geschäftig, die alten Zollstätten zum Theil für sich in Beschlag zu nehmen und den Binnenverkehr an Stelle der alten Territorialherrschaften, wo es ging, sich selbst zinspflichtig zu machen[2]). Allerdings sind Herabsetzungen der Binnenzölle, selbst völlige Befreiungen für diese oder jene Waaren, diesen oder jenen Zweig des Verkehrs nicht selten, aber dergleichen geht nicht über die Bedeutung einer Politik von Fall zu Fall hinaus[3]). An allgemeinen Grundsätzen, die der Verkehrsfreiheit günstig gewesen wären, findet sich, ausgesprochen wenigstens, nichts als etwa der Satz, dass ohne staatliche Genehmigung keine unterthänige Gemeinde einen neuen Zoll auferlegen sollte[4]). Vermehrt scheinen allerdings auch die von Florenz selbst erhobenen Binnenzölle nicht zu sein; es kommt sogar vor, dass hie und da eine Zollstätte, weil sie absolut nichts eintrug, mit einer andern vereinigt, oder eine Zollgerechtigkeit vom Staat abgelöst wurde[5]). Doch was ist das gegenüber der einzigen Thatsache, dass die hohen Zölle, welche vor Alters die Pisaner aus Prohibitivabsichten auf die Einfuhr der florentiner Tücher ins Pisaner Gebiet gelegt hatten, bis zum Jahre 1491 von Florenz nicht angetastet wurden, obgleich das pisaner Gebiet seit 1406 dem florentiner Staate einverleibt war, und wegen des hohen Zolles im Pisanischen wenig florentiner Tuch getragen wurde[6])! Und was soll man dazu sagen, wenn

---

quam a Communi vel pro Communi Pisano in civitate Pisana neque in toto districtu et fortia vel aliqua ejus parte neque in aliquibus terris vel locis districtus Pisani seu suppositis jurisdictioni Pisane per terram vel per aquam seu apud portas Pisane civitatis vel prope ipsas portas.

1) Man vergl. z. B. nur einmal die Aufzählung der Zollstätten zwischen Porto Pisano und Florenz bei Pegolotti (Pagnini l. c. III, 216).
Vergl. auch Statuta Flor. (1415) lib. V, tract. 4, rub. 2, wonach Pistoja nach seiner Einverleibung in den Staat die Zölle an seiner ehemaligen Grenze in demselben Umfang wie zur Zeit seiner Unabhängigkeit weiter erhob.

2) Wie störend dies wirken konnte, bezeugt das Beispiel des kleinen Ortes Burgo S. Sepalcro, dessen Hauptnahrungszweig seine Tuchwebereien waren, für welche die Zollstätte, die ihn von dem benachbarten Vikariat trennte, geradezu verhängnissvoll zu werden drohte. Der Absatz der Zeuge im Vikariat wäre einfach unmöglich geworden, wenn man nicht eine theilweise Zollbefreiung erlangt hätte. Arch. Rif. Provvisioni (1456) Nr. 150, fol. 15.

3) Von Bedeutung hätte es werden können, wenn der von der Commune S. Petri a Turichi betretene Weg die Ein- und Ausfuhr in ihrem Bezirk durch eine jährliche Steuer an die florentiner Zollverwaltung von jedem Zoll zu befreien, also eine förmliche Ablösung allgemeinerer Nachahmung gefunden hätte. Arch. Rif. Provvisioni (1464) Nr. 156, fol. 154.

4) Statuta Flor. (1415) lib. V, tract. 4, rub. 22.

5) Cf. lib. V, tract. III, rub. 26 der Statuten, wonach den Gemeinden der florentiner Montagna als Ersatz für die Aufhebung eines ihnen zustehenden Zollrechts, »damit sie sich nicht über eine Verringerung ihrer Einkünfte beklagen können«, alljährlich von der florentiner Zollverwaltung die Summe bezahlt werden sollte, welche sie aus der Verpachtung des Zolles zu gewinnen pflegten.

6) Arch. Rif. Liber XVII Reformatorum Nr. 52, cap. 46. Der Zoll wurde 1491 auf den vierten Theil reducirt.

in demselben Jahre (1491) laute Klage darüber geführt wurde, dass die Eisenindustrie Pistojas unter dem hohen Binnenzoll für die Einfuhr des Eisens aus dem Distrikt von Pisa in den von Pistoja ausserordentlich zu leiden hatte, da dasselbe wegen dieses Zolles aus dem Pisanischen billiger nach Lucca, also ins »Ausland« exportirt werden konnte, als nach Pistoja [1])? Und was geschah, um dies Missverhältniss zwischen der Besteuerung des inländischen Verkehrs und desjenigen mit dem Ausland auszugleichen? Man erleichterte oder befreite nicht den Binnenverkehr, sondern erhöhte die Zölle für die Ausfuhr nach Lucca so weit, dass sie denen für die Ausfuhr aus dem Pisaner Bezirk nach Pistoja gleichkamen [2])! So tief war das System der Binnenzölle eingewurzelt! Wie hätte auch die alternde Republik inmitten all' der Wirren, die seit Lorenzo's Tod über den Staat und Italien hereinbrachen, noch an die Lösung einer so tief einschneidenden Aufgabe herantreten können, wie sie im Jahre 1484 die in Tours versammelten französischen Stände klar und scharf formulirt hatten: »Beseitigung der inländischen Duanen und Erhebung der Zölle nur an der Landesgrenze« [3]). Allerdings hat die Welt Reformer gesehen, die — ich erinnere an Robert Peel — trotz Deficit in den Finanzen, Noth, Unruhen, industriellen Stockungen im Innern und auswärtigem Krieg, die gewaltigsten Steuerreformen durchgeführt. Allein hier war der Boden hinlänglich vorbereitet, während wir in den Akten des öffentlichen Lebens der republikanischen Zeit vergeblich nach einer Spur forschen, die uns andeutete, ob man an eine so durchgreifende Reform, wie die zu welcher die französischen Stände die Initiative ergriffen, in Florenz überhaupt je im Ernste auch nur zu denken gewagt hat. —

Eine eigenthümliche Stellung innerhalb der Zollgesetzgebung und Handelspolitik nimmt der Seeverkehr ein. Florenz, das durch den Erwerb von Pisa und Livorno (1421) aus einem Binnenstaat eine Seemacht geworden war, verschloss sich keineswegs der Einsicht, dass die einfache Uebertragung seines binnenländischen Zollsystems auf das neu erworbene Littorale nicht am Platze war, wenn seine neuen Seehäfen wirklich Stapelplätze für einen möglichst hoch gesteigerten Verkehr sein sollten, wie man es in Florenz wünschte [4]). Man war ja auch ohnehin der Ansicht, dass der Verkehr an Seeplätzen an und für sich schon einer grössern Freiheit der Bewegung bedürftig sei [5]). Aus dieser doppelten Einsicht entsprang die freiheitliche Richtung der zu Gunsten von Porto Pisano und Livorno erlassenen Gesetze. Allerdings hat dabei Florenz nur an das angeknüpft, was die liberale Gesetzgebung Pisas auf diesem Gebiete bereits begonnen, doch bleibt den einschlägigen florentiner Gesetzen das Verdienst, dass

---

[1] Arch. Rif. L. XVII Ref. Nr. 52, cap. 25.   [2] Ib.

[3] Vergl. das Journal des états-généraux tenus à Tours 1484 in der Collection de documents inédits sur l'histoire de France.

[4] »A causa che le mercantie che vengono per mare abbino a venire a scaricarsi nel nostro porto« heisst es in den Motiven hierher gehöriger Gesetze. Arch. Rif. Provvisioni Nr. 156, fol. 74 (1464). Vergl. auch Scipione Ammirato (ed. 1826) VII, 86 : Per il traffico di Romagna o Grecia furono fatte molte facilità di gabelle per attirare i mercanti a Portopisano.

[5] Cf. oben Seite 112 »essendo luogo di marina è bene sia libero«.

sich in ihnen eine fortschreitende, nur vorübergehend unterbrochene Entwickelung in freiheitlichem Sinne offenbart.

Ein Gesetz von 1430 bestimmte, dass alle Waaren, die aus dem Orient, worunter man alle »jenseits«, d. h. südlich und östlich von Rom gelegenen Länder verstand, oder aus dem Occident, d. h. allem Lande »jenseits« Genuas, oder von einer Insel her nach Porto Pisano oder der Arnomündung zur See kamen und zur See wieder nach Rom und Genua oder »jenseits« ausgeführt wurden, von allen Ein- und Ausfuhrzöllen frei sein sollten, wenn die Wiederausfuhr binnen Jahresfrist, vom Tag der Einfuhr an gerechnet, Statt fand und die Waare nicht den Eigenthümer gewechselt hatte. Ausserdem und wenn die Waaren nach Gegenden, die zwischen Rom und Genua lagen, oder zu Lande wieder ausgeführt wurden, war sowohl Ein- als Ausfuhrzoll zu bezahlen [1]. Warum man 1434 den Rückschritt that [2], jene Frist für die Wiederausfuhr zur See auf 6 Monate herabzusetzen, wird nicht gesagt, dagegen eine andere Beschränkung mit dem Missbrauch der Freiheit von Seiten der Kaufleute motivirt. Die Verwaltung des staatlichen Lagerhauses, wo alle zur See importirten Waaren, die einen Anspruch auf eventuelle Zollbefreiung machten, bis zur Wiederausfuhr eingelagert bleiben mussten, war nämlich von den Importeuren über Gebühr in Anspruch genommen worden. Dieselben meldeten massenhaft Waaren an, auch wenn sie an die Möglichkeit einer Wiederausfuhr zur See gar nicht dachten, nur aus dem Grunde, um auf diese Weise durch den Aufschub der Bezahlung des Einfuhrzolles einen Gewinn zu machen. Daher wurde die Zollfreiheit auf eine bestimmte Zahl von Waaren eingeschränkt, nämlich Specereien, Zucker, Zinn, Färberröthe, Wachs, Mandeln, Alaun, Baumwolle, Weine, Oel, Honig, Grünspan, burgunder Leinwand und Wolltücher [3].

Die spätere Zeit ist nicht nur in beiden genannten Punkten zur freieren Praxis zurückgekehrt, sondern hat auch die ursprünglich gewährten Freiheiten noch erweitert. 1441 wurde das Pisaner »Privileg«, wie man die Ausnahmestellung des Pisaner Hafens bezeichnete, auf Livorno ausgedehnt, allerdings mit der Einschränkung, dass die Wiederausfuhr binnen zwei Monaten zu geschehen hatte, wenn die Zollfreiheit gewährt werden sollte [4]. Später hat man jedoch die Verschiedenheit in der Behandlung der Seeplätze aufgegeben, Livorno gleich freigestellt wie Pisa und für beide die Frist der Wiederausfuhr, welche die Zollfreiheit begründete, bedeutend verlängert. Zugleich enthält die Neuordnung der Freihafenstellung Pisas und Livornos von 1480, welche diese Reformen durchführte [5], noch insofern einen Fortschritt, als es für sie keinen Unterschied mehr macht, ob der Bestimmungsort der überseeischen Wieder-

---

[1] Nach fol. 11 des im Pisaner Staatsarchiv aufbewahrten Codex der Deliberationes Pisanae. Cf. Ordini del consolato etc. Arch. Rif. Classe XI, dist. IV, Nr. 77, fol. 33. Gesetz vom 23. Febr. 1429, stil. flor.

[2] Fol. 65 des citirten Pisaner Codex.

[3] Ordini del consolato del mare Cod. cit. fol. 35 (1430).

[4] Fol. 84 des genannten Pisaner Codex.

[5] Arch. Rif. Provvisioni Nr. 172, fol. 17. Cf. Ordini del consolato del mare Cod. cit. fol. 235.

ausfuhr »jenseits« Roms und Genuas lag oder nicht. »Damit die Kaufleute Grund haben«, heisst es in jener Reformakte, »nach unsern Häfen viele Waaren zu führen, und nicht durch die Furcht vor den Zöllen zurückgehalten werden, die sie im Fall des Nichtverkaufes bei der Wiederausfuhr zu zahlen hätten, so wird beschlossen: Wenn Jemand Waaren irgend welcher Art zur See über Porto Pisano nach Pisa oder nach Livorno gebracht und dort ausgeladen hat, so kann er sie während eines ganzen Jahres zum Theil oder im Ganzen zur See wieder ausführen, ohne für Ein- oder Ausfuhr irgend einen Zoll zu zahlen«. —

Auch für den Fall, dass die zur See importirten Waaren auf dem Landweg wieder ausgeführt wurden, hat man dem Verkehr im Laufe der Zeit einzelne Erleichterungen gewährt. »Da zum Vortheil nicht nur unserer Kaufleute«, heisst es in einem Staatsbeschluss von 1464, »und Aller, welche Waaren in unser Gebiet einführen, sondern auch der Einkünfte des Staates, die Verfügung getroffen wurde, dass alle Waaren, die zur See nach Porto Pisano kommen, das Benefiz haben sollen, dass ihnen bei der Wiederausfuhr zu Lande der dritte Theil des Zolles erlassen wird, und nachdem diese Verordnung schon einmal erneuert worden ist und man gesehen, welche wohlthätigen Folgen dieselbe gehabt hat, so soll sie auf weitere fünf Jahre verlängert sein [1]). Ob sich dann freilich diese dem Fiskus wie dem Handelsverkehr gleich vortheilhafte Einrichtung auf die Dauer zu behaupten vermocht hat, ist bei dem Schweigen der spätern Gesetzgebung einigermaassen zweifelhaft. Dagegen scheint der Verkehr mit der Lombardei dauernd befreit geblieben zu sein. Giovanni d'Antonio d'Uzano berichtet in seinem Lehrbuch der Handelskunde von 1442, dass die allerdings nicht bloss zur See, sondern auch zu Lande nach Pisa geführten Waaren, die nach der Lombardei oder über diese nach Deutschland und anderswohin gingen, keinen Ausfuhrzoll zahlten, und andererseits alle, die aus der Lombardei nach Pisa kamen und von dort binnen vier Monaten zur See wieder ausgeführt wurden, von Ein- wie Ausfuhrzöllen befreit waren [2]). —

So entschieden wir hier das Walten der Freiheit in den Vordergrund treten sahen, so wenig war damit ausgeschlossen, dass daneben der Zwang in der schroffsten Gestalt sich geltend machte. Nach Allem, was wir bisher über die Wirthschaftspolitik der Zeit bemerkt, kann es nicht auffallen, auch auf diesem Gebiete ein eigenthümliches unvermitteltes Nebeneinander von Freiheit und Zwang zu beobachten. Auf der einen Seite das lebhafte Bestreben, den ausländischen Kaufmann durch Befreiung des Verkehrs zum Besuch der Florentiner Häfen zu ermuntern und durch die Freiheit ein möglichst reiches Verkehrsleben zur Entfaltung zu bringen, auf der andern eine exclusive Begünstigung der nationalen Flagge gegenüber dem Ausländer und die weitgehendste Bevormundung, ja förmliche Monopolisirung der Rhederei und Frachtschifffahrt von Seiten des Staates!

---

[1]) Arch. Rif. Provvisioni (1464) fol. 74.
[2]) Pratica della mercatura bei Pagnini l. c. IV, 67. Ausserdem und bei der Ausfuhr zu Lande wurden beide Zölle bezahlt.

Die Galeeren für den überseeischen Handel stellte der Staat selbst. Allerdings wurden die Reisen nur selten direkt im Auftrag und auf Kosten der Commune gemacht — die Galeeren wurden meist an Unternehmer verpachtet — doch war von freier Bewegung keine Rede. Der Staat bestimmte nicht nur den Umfang der Ladung, die Höhe der Frachtsätze, die Anzahl der Matrosen und Beamten, die Gehalte des Kapitäns u. s. w.[1]), sondern schrieb auch genau vor, welche Orte die an bestimmten Terminen nach den verschiedensten Weltgegenden hin abgehenden Galeeren auf Hin- und Rückfahrt berühren, wo sie ein- oder ausladen durften[2]), ja sogar, wie lange sie in den einzelnen Häfen und am Bestimmungsort selbst sich aufhalten konnten[3]). Zwar konnten die Consuln des Meeres im Bedürfnissfall eine Aenderung in den Routen eintreten lassen, doch bedurfte es zu jeder derartigen Concession an den Verkehr der Zustimmung der Signorie und ihrer Collegien, die noch dazu nur dann gegeben war, wenn die vom Staate vorgeschriebene, fast an Stimmeneinheit grenzende Majorität erreicht wurde[4]).

Die Tendenz dieser Eingriffe in die Verkehrsfreiheit ging dahin, den auf den staatlich vorgeschriebenen Routen verkehrenden Galeeren, den Unternehmern, die sie gepachtet, und den Kaufleuten, die sie befrachteten, den materiellen Erfolg der Reise zu garantiren. So durften z. B. die beiden jährlich nach der Berberei auslaufenden Galeeren weder in Sicilien noch in Catalonien anlegen, noch, wenn sie sich dazu gezwungen sahen, dort Waaren einnehmen, um nicht den andern theils nach der Levante theils nach dem Westen gehenden Galeeren die Ladung vorwegzunehmen[5]). Daher durften die Florentiner Kaufleute entweder überhaupt nicht auf fremden Schiffen importiren[6]), oder man begünstigte wenigstens die nationale Flagge dadurch, dass man den Import auf fremden Schiffen mit einem hohen Differentialzoll belegte[7]). Zugleich gewährte man den Handelsgaleeren des Staates, wenigstens für bestimmte Zeitabschnitte, ein förmliches Monopol auf den Export. Kein Florentiner Kaufmann durfte vom 15. Juni an die ganze Zeit hindurch, welche die im September nach Eng-

---

[1]) Ordini del consolato del mare Cod. cit. fol. 16 (1425).
[2]) Ib. fol. 78 (1444).
[3]) Ib. fol. 132 (1460). [4]) Ib.
[5]) Ib. fol. 124. — Ne in veruno modo ne all'andare ne al tornare non possino toccare in Sicilia ne in Catalogna, e questo perche si darebbe noia al viaggio chi è ordinato per ponente e quello chi è ordinato per levante. Cf. ebendaselbst: — non possino levare alcuna cosa per non guastare gli altri viaggi.
[6]) Ib. fol. 177, Cf. Beilage VI.
[7]) So waren sämmtliche flandrisch-englische Waaren, die nicht auf florentiner Schiffen importirt wurden, neben den von allen Schiffen ohne Unterschied erhobenen Zöllen, noch einer Abgabe von 8 % des Werthes unterworfen (1441). Für englische Wolle bestand derselbe Differentialzoll schon seit 1430 und früher (Ordini del consolato etc. Cod. cit. fol. 46). In beiden Fällen wurde der Differentialzoll ursprünglich zunächst nur auf ein Jahr auferlegt, doch ist dann von einer Wiederaufnahme keine Rede und das System der Differentialzölle behauptete sich bis zur allgemeinen Reform auf diesem Gebiete (cf. Beilage V). Für das Gesetz von 1441 vergl. Leggi e statuti de' consoli di Mare di Firenze per la spedizione delle **galee degli anni 1440, 41, 46, 60** Cod. Nr. 89 der Classe XI, dist. III des Arch. Rif. fol. **73.**

land und Flandern abgehenden Galeeren dort weilten, und noch zwei Monate nach ihrer Abfahrt von dort, irgend eine Waare nach Flandern oder England auf Schiffe verladen, die nicht der Commune gehörten. Ja, selbst wenn sich die Abfahrt der Galeeren aus den Florentiner Häfen über den festgesetzten Termin verzögerte, ward dem Kaufmann der Export noch nicht freigegeben. Dies war erst dann der Fall, wenn die Galeeren bis zum letzten Oktober noch nicht ausgelaufen waren [1]. Wenngleich uns die letztgenannte Verkehrsbeschränkung nur für den flandrisch-englischen Verkehr bezeugt ist, so kann es doch kaum zweifelhaft sein, dass auch der übrige Export analogen Normen unterworfen war, die sich nur in Folge der Beschaffenheit der Quellen unserer Kenntniss entziehen [2].

Um der Florentiner Schifffahrt die Conkurrenz mit der fremden zu erleichtern, scheute man nicht vor den schwersten Eingriffen in die persönliche Freiheit zurück. Kein Unterthan, noch ein im Inland wohnender Fremder durfte auf einem nicht dem Florentiner Staat gehörigen Schiffe, sei es als Kapitän, Matrose oder in welcher Stellung sonst, Dienste nehmen, ohne die einstimmige Erlaubniss von Seiten der Consuln des Meeres [3]. Der damalige Zustand des Völkerrechts, nach welchem es jeden Augenblick möglich war, dass ein Staat seinen Unterthanen gegen die Angehörigen eines fremden Staates im Fall verweigerter Rechtshilfe ein Repressalienrecht einräumte, bot eine weitere Handhabe zur Begünstigung der nationalen Flagge. Alle von Fremden auf florentiner Galeeren ins florentiner Staatsgebiet importirten Waaren genossen ein volles Jahr Sicherheit gegen alle von der Commune ihren Unterthanen zugestandenen Repressalien und konnten trotz derselben oder etwaiger Kriege nach Jahresfrist unbehelligt wieder ausgeführt werden, während alles auf andern Schiffen eingeführte Gut den Wechselfällen des Repressalien- und Kriegsrechtes jener Zeit preisgegeben blieb [4]. Doch nicht bloss gegen die Gefahren, die ein unentwickeltes Völkerrecht in sich schloss, sollte die nationale Flagge höhern Schutz verleihen, sondern auch die Möglichkeit, sich gegen Verluste durch Naturgewalt und Seeunfälle überhaupt zu versichern, in reichlicherem Maasse gewähren. Nach dem florentiner Handelsrecht konnten nämlich florentiner Staatsangehörige Versicherungen gegen Seeunfälle ursprünglich nur für Bürger von Florenz und für florentiner Waaren übernehmen [5]. Davon wurden nun ausdrücklich

---

[1] Ib. Fol. 71. Ausgenommen sind von dem Monopol, man sieht nicht recht warum, Färberröthe, Filz, Federn und Felle, welche die Patrone der Galeeren nicht anzunehmen brauchten, und welche — allerdings nur wenn sie zurückgewiesen waren — auf jedes andere Fahrzeug verladen werden durften. Im Uebrigen mussten die Galeeren die Waaren florentiner Unterthanen verladen und zwar zuerst diese und dann erst die von Fremden.

[2] Schon 1430 findet sich ein Hinweis auf »capitulum et prohibitio non onerandi mercanzias et bona super aliis navigiis temporibus prohibitis secundum formam capitulorum. Ordini del consolato etc. Cod. cit. fol. 46.

[3] Arch. Rif. Provvisioni (1443) Nr. 112, fol. 112. Cf. 144.

[4] Provvisioni (1441), fol. 153.

[5] Statuta Universitatis Mercantie Civitatis Florentie (ed. 1393—1501) Arch. Rif. Classe II, dist. I, Nr. 8, lib. III, rub. 10.

diejenigen Waaren von Ausländern ausgenommen, welche auf Galeeren der Commune verladen waren[1]). Für diese konnten Versicherungen gewährt werden, «ebenso als wenn die Waaren Florentinern gehörten und von Florentinern verladen worden wären«.

Wenn man dieses System von Begünstigungen und Verkehrsfesseln in seiner ganzen Ausdehnung überschaut, so wird man kaum zweifeln, dass seine völlige Durchführung im Einzelnen ein Ding der Unmöglichkeit war; und wenn uns auch nur soviel direkt bezeugt wird, dass die für den Aufenthalt der Galeeren in den einzelnen Häfen vorgeschriebenen Termine sehr häufig nicht eingehalten[2]) und die Verordnungen von 1439 und 1441 über die Assekuranzen überhaupt gar nicht beobachtet wurden[3]), so ist doch sicherlich anzunehmen, dass sich der Verkehr noch in viel weiterm Umfang von den Fesseln zu befreien gewusst hat, mit welchen ihn der junge Seestaat belastete[4]). Doch das ist minder wichtig; von prinzipieller Bedeutung ist allein die Thatsache, dass der Staat selbst sich gezwungen sah, aus dem System der Bevormundung herauszutreten und die Bahn freiheitlicher Reform zu beschreiten, bis am Ende die unabweisbare Einsicht in die höchst ungünstigen wirthschaftlichen Folgen des Systems die gänzliche Beseitigung desselben und den **vollständigen Sieg der Verkehrsfreiheit** herbeiführte.

Schon sehr frühe traten die lähmenden Einwirkungen des Systems in der besorgnisserregenden Erscheinung zu Tage, dass es der Wollenindustrie an ihrem wichtigsten Rohmaterial zu fehlen begann und viele Tuchfabrikanten sich aus Mangel an Wolle gezwungen sahen, den Betrieb einzustellen und ihre Arbeiter zu entlassen. Der Staat musste daher schon 1448 den Import aller ausländischen Wolle auf jedem Schiffe gestatten und zugleich den Differentialzoll für Wolle, die auf fremden Schiffen kam, beseitigen[5]). Man wollte dies zwar nicht auf die Dauer zugestehen, musste aber später wiederholt darauf zurückgreifen[6]). Daran schlossen sich Concessionen auf dem Gebiete

---

1) Arch. Rif. Provvisioni (1441) fol. 153. Nach fol. 309 des Cod. Nr. 155 (Jahrgang 1463) der Provvisioni war eine Ausnahme vom Assekuranzgesetz anerkannt (1439). Für alle Waaren nämlich, die im Inland gekauft und für welche die Thoraccise in der Stadt Florenz oder Pisa bezahlt war, und die binnen 6 Monaten nach Bezahlung derselben ausgeführt wurden, mochte dies auf florentiner oder anderen Schiffen geschehen, waren »Assekurationen, Promissionen, Kautionen« zulässig wie vor Erlass des Gesetzes von 1439.

2) Ordini del consolato di mare Cod. cit. fol. 132 (1460).

3) Arch. Rif. Provvisioni (1463) Nr. 155, fol. 309.

4) Man vergl. über die analoge jedoch vielfach abweichende **venezianer** Gesetzgebung Sclopis l. c. 208 u. Pegolotti bei Pagnini III, 140, sowie Statuta Veneta sec. XV (gedr.). Für Genua vergl. das Statutum officii Gazarie (1441) bei Pardessus: Collection des lois maritimes IV (448, 457, 515). Ohne Ergänzung aus archivalischen Quellen ist es freilich unmöglich zu beurtheilen, in wie ferne die florentiner Gesetzgebung auf diesem Gebiete im Einzelnen mehr oder minder frei war, als die der beiden anderen grossen Seerepubliken Italiens.

5) Arch. Rif. Provvisioni (1449) fol. 201.

6) So schon im nächsten Jahre, wo man das Gesetz mit einer Mehrheit von 191 Stimmen gegen 5 erneuerte! Freilich mag die Rückkehr zur Freiheit öfters auch zu spät gekommen sein, um die erwarteten Folgen zu haben; so 1464, wo man sich erst dann zu ihr entschloss,

des Assekuranzrechtes. Viele Stimmen aus der Kaufmannschaft erklärten, dass eine Reform desselben nicht bloss dem fremden, sondern auch dem florentiner Handelsstand sehr erwünscht wäre und zugleich für den Staat von grossem Nutzen sein würde. In der That ging im Jahre 1464 ein Gesetz durch, welches Jedermann freigab, mit Fremden, die Waaren zur See, wenn auch auf fremden Schiffen, in Pisa ein- oder ausführten, Versicherungsverträge abzuschliessen[1]). Doch was ist das Alles im Vergleich zu dem völligen Bruch mit dem bisherigen System, zu welchem man sich im Jahre 1465 entschloss, als dem einzigen Heilmittel gegen die immer fühlbarer werdende Schädigung der wirthschaftlichen Interessen? Man hatte die Ueberzeugung gewonnen, dass in Folge des herrschenden Systems die Preise der Waaren um 12 % gestiegen waren. Der Import vermochte bei Weitem nicht mehr die Nachfrage zu befriedigen, der Handel fiel in die Hände weniger Spekulanten, die dem Markte die Preise willkürlich vorschreiben konnten; kurz, das Uebel nahm Dimensionen an, welche die Industrie, das private und öffentliche Interesse gleich stark in Mitleidenschaft zogen[2]). So entsprach denn auch der Ausdehnung des Unheils die Tragweite der Reform. Jedermann — Fremder wie Unterthan — sollte forthin auf allen Schiffen alle Waaren importiren können, jede Bevorzugung der nationalen Flagge aufhören und der Import auf allen Schiffen, hinsichtlich der Zölle und in allen sonstigen Beziehungen, nach denselben Normen behandelt werden, wie sie bis dahin nur für die Staatsgaleeren galten. Jedermann sollte überhaupt seine Waaren verladen können, wie er wollte, also auch beim Export ganz freie Hand haben[3]). Und wenn, wie es in dem Gesetz heisst, Jeder in Beziehung auf Schifffahrt und Frachtverkehr völlig frei sein sollte, so war damit offenbar die Frachtschifffahrt als ein freies Gewerbe anerkannt[4]), wenn auch der Staat den Bau von Handelsgaleeren noch länger als Regal festhielt[5]). Dass der Staat nach wie vor aus der Verpachtung von Handelsgaleeren, soweit er noch welche besass, eine Einnahmequelle für den Fiscus machte, stand an sich in keinem Widerspruch zu der 1466 durchgeführten Befreiung des Verkehrs; allein so lange der Staat auf diese Weise am Seehandel unmittelbar interessirt blieb, lag doch bei der ausserordentlichen Geneigtheit der Zeit, von Staatswegen ins wirthschaftliche Leben einzugreifen, immer wieder die Versuchung nahe, dass man, wenn auch nur in einzelnen Fällen auf das alte System zurückgriff. In der That begegnen wir schon im Jahre 1472 einem zu dem Gesetz von 1465 in schroffem Widerspruch stehenden

---
als Briefe aus Flandern und England meldeten, dass die von dort heimkehrenden Galeeren nicht wie sonst immer Wolle geladen, und daher den Tuchmanufakturen wieder grosse Verlegenheiten drohten. Provvisioni (1464) Nr. 156, fol. 105.
1) Arch. Rif. Provvisioni (1464) Nr. 156, fol. 144.
2) Beilage V.
3) Ib.
4) Die Privatrhederei muss in Folge dessen rasch Eingang gefunden und ziemliche Ausdehnung gefunden haben; sonst hätte man nicht, wie wir sehen werden, 1480 plötzlich alle Staatsgaleeren den Zwecken des Handels entziehen können.
5) Vergl. unten Seite 130.

Pöhlmann, Wirthschaftspolitik.

Staatsbeschluss, der noch dazu mit Zweidrittelmajorität durchging[1]). Der Staat versteigerte damals zwei Galeeren für die Fahrt nach der Levante, die am 1. August aus Porto Pisano auslaufen sollten, und erliess zu deren Gunsten das Verbot, in diesem Hafen vom 1. Juli bis 14 Tage nach ihrer Abfahrt Waaren auf einem andern Schiffe nach der Levante zu verladen. Wer dies dennoch that, hatte den Pächtern der Galeeren die ganze Fracht zu ersetzen, die er ihnen durch die Wahl eines andern Schiffes entzog[2]).

Es ist klar, dass die Rechtsunsicherheit, deren Ausdruck dieser Staatsbeschluss ist, die wohlthätigen Wirkungen des Gesetzes von 1465 zum Theil paralysiren musste. Wie lähmend musste es wirken, wenn der fremde Rheder, der im Vertrauen auf die gesetzlich bestehende Verkehrsfreiheit Schiffe nach florentiner Häfen befrachtet hatte, und sich nun plötzlich durch eine gar nicht vorherzusehende Suspension derselben zu Gunsten dieser oder jener Staatsgaleere die Rückfracht verkümmert, wenn nicht unmöglich gemacht sah? Man hat sich in Florenz auch dieser Einsicht nicht verschlossen; ja, man ging noch weiter, und indem man den letzten Gründen der immer noch sehr fühlbaren Stockungen im überseeischen Verkehr nachforschte, erkannte man, dass die Frachtschifffahrt sich nur dann völlig frei entwickeln konnte, wenn der Staat auch den Schiffbau allgemein freigab und zugleich auf eigene Betheiligung am Seehandel möglichst verzichtete. Dieser Standpunkt liegt dem Staatsbeschluss vom 1. August 1480 zu Grunde. Von Neuem wird hier zugesichert: »Jedermann, In- wie Ausländer, kann frei Schifffahrt treiben mit jedem beliebigen Fahrzeug nach allen Richtungen der Welt, und ausfahren von Livorno und dorthin zurückkehren oder Porto Pisano benützen, wann und wie er will«. Und Jeder«, heisst es weiter, »kann nach Belieben Handelsfahrzeuge bauen »ungeachtet entgegenstehender Gesetze« und »soll für dieselben völlig sicheres Geleit geniessen und in Pisa, Porto Pisano und Livorno frei aus- und einladen können, trotz Allem was etwa dagegen vorgebracht werden könnte«. Zugleich ermuthigte man den Unternehmungsgeist dadurch, dass der Staat den Bau von Handelsschiffen auf eigene Rechnung für die nächsten vier Jahre ganz einstellte und zugleich verbot, die Staatsgaleeren während dieser Zeit für Handelszwecke zu benützen, sei es auf Rechnung der Commune oder von Privaten[3]).

Allerdings enthält dies Gesetz in wichtigen Punkten nur ein Provisorium — sogar die Freiheit des Schiffsbaues wurde zunächst nur auf 4 Jahre zugestanden — allein nirgends findet sich seitdem in der Gesetzgebung der Republik eine Reaktion gegen die genannten freiheitlichen Errungenschaften.

---

[1]) Arch. Rif. Provvisioni (1472) fol. 33.
[2]) Erst wenn die Galeeren bis zum 15. August nicht ausgelaufen waren, konnten andere Schiffe befrachtet werden.
[3]) Arch. Rif. Provvisioni Nr. 172. Si afferma, heisst es in den Motiven: che accertandosi ciascuno che per qualche tempo non si avesse a navigare con galee del Comune e concedendo certi privilegi come ne' porti liberi si richiede, forse ne seguirebbe il bisogno.

Wir hören weder von neuen Eingriffen in die Freiheit der Privatrhederei, sei es in Beziehung auf Schiffsbau oder Frachtschifffahrt, noch auch davon, dass der Staat je wieder stets als Unternehmer auf diesem Gebiete aufgetreten wäre, wesshalb wir für die letzte Zeit der Republik das Gesetz von 1480 als abschliessend betrachten dürfen.

Nachdem wir die Landesgesetzgebung auf ihren Gehalt an freiheitlichen Elementen geprüft, bleibt uns noch die Eine Frage, in wie weit aus den internationalen Beziehungen des Staates für die Sache der merkantilen Verkehrsfreiheit ein Gewinn erwuchs oder nicht. — Wenn man bedenkt, dass die einem freien Handel entgegenwirkenden Momente, wie sie uns in Florenz begegnen, damals in allen bedeutenderen Staaten Italiens in mehr oder minder hohem Grade wirksam waren; wenn man die Schwierigkeiten erwägt, welche sich im Inlande selbst einer allgemein durchgreifenden Realisirung der so bedeutsam hervortretenden freiheitlichen Tendenzen entgegenstellten, so erscheint es begreiflich, dass auf dem Wege des Vertrages zwischen den einzelnen Staaten für die Befreiung des Verkehrs in modernem Sinn nur wenig geschehen konnte, zumal die italienischen Staaten dieser Zeit in der Auffassung ihres gegenseitigen Verhältnisses einem Standpunkt huldigten, der an sich schon einer liberalen Behandlung der internationalen Handelsbeziehungen ungünstig war. — Man hat nicht übel Florenz mit einem grossen Handlungshaus verglichen [1]), das im Herzen Toskana's gelegen, von andern umgeben war, die ihm alle Concurrenz machten; und gewiss mit Recht hat man an den ewigen Kriegen und den rastlosen Bemühungen von Florenz, die Selbständigkeit der Nachbarrepubliken zu untergraben, dem Motiv der Handelseifersucht einen sehr grossen Antheil zugeschrieben. Wenn man sieht, wie die italienischen Staaten als Concurrenten auf den Märkten des Auslandes sich gegenseitig durch die engherzigste Politik den Rang abzulaufen suchten, wird man nicht zweifeln, dass die Gesichtspunkte der kaufmännischen Concurrenz, welche in der Schädigung oder dem Ruin des Andern nur Vortheil für sich selbst erblickt, auf die gegenseitigen Beziehungen der italienischen Staaten überhaupt von grossem Einfluss waren. Man braucht nur an die von Burckhardt erwähnte Thatsache zu erinnern, dass man es in Venedig, als es sich darum handelte, mit dem befreundeten Florenz ein Bündniss gegen Mailand zu schliessen (1422), offen aussprach, es könne für Venedig nur erwünscht sein, wenn Florenz unterliege und die bürgerliche Freiheit von Florenz dem Mailänder Despotismus zum Opfer falle; denn dann würden die Industriellen der Stadt, der Freiheit gewohnt, nach Venedig übersiedeln und ihre Seiden- und Wollenmanufakturen mitbringen, wie es früher in Folge der Tyrannis Castruccio's die Lucchesen gethan!

Musste schon die Art und Weise, wie man die auswärtige Politik in den Dienst der Handelseifersucht stellte, eine internationale Verständigung in wirthschaftlichen Fragen erschweren, wie sehr vollends die frivole Gewaltthätigkeit,

---

[1]) Villari im Polytecnico l. c. vol. IV, p. 6.

mit der man aus ganz heterogenen Gründen politischer Natur in den friedlichen Handelsverkehr einzugreifen pflegte, — was für denselben um so verhängnissvoller war, als das italienische Staatensystem des 15. Jahrhunderts mit seiner Politik des Misstrauens und des künstlichen Gleichgewichtes einen ausserordentlich raschen Wechsel der Allianzen und Sympathieen in sich schloss, und die aus diesem Wechsel entspringenden Verwicklungen nur zu oft Veranlassung boten, sich nicht nur auf dem Schlachtfeld mit der Gewalt der Waffen, sondern auch auf wirthschaftlichem Gebiete durch Störung oder Vernichtung des Handels zu bekämpfen. Wie konnte eine Handelspolitik auf dauernde Resultate rechnen, wenn z. B. Venedig einzig wegen der Sympathieen Cosmo Medici's für den Herzog von Mailand Franz Sforza gewissermaassen aus Rache den florentiner Handel, soweit er über Venedig ging, durch Einfuhrverbote und harte Besteuerung aufs Schwerste schädigte (1450), ohne alle Rücksicht auf die wirthschaftlichen Nachtheile, die man sich dadurch selber zufügte, und wenn selbst das nichts Unerhörtes war, dass Venedig mitten im Frieden plötzlich alle florentiner Kaufleute auswies und zugleich deren Ausweisung aus dem Königreich Neapel veranlasste, einzig deshalb, weil Florenz der Liga zwischen Venedig und König Alfons nicht beitreten wollte[1]? Wir begreifen nach solchen Vorgängen sehr wohl, warum z. B. Florenz im Jahre 1496 den Herzog von Mailand um sicheres Geleit für florentiner Kaufleute und Waaren bitten konnte, wenn auch der Herzog nicht einsehen wollte, wozu es nöthig sei, da ja der fremde Kaufmann, wie jeder andere in seinen Staaten, sicher und frei verkehren könne[2].

Doch bietet Florenz selbst nicht minder charakteristische Beispiele für die souveräne Verachtung, mit welcher die politische Leidenschaft über alle wirthschaftlichen Erwägungen hinwegzugehen pflegte. Die Handelsbeziehungen zwischen Florenz und Lucca waren trotz der gegenseitigen Abneigung in liberaler Weise geordnet: Die Florentiner sollten im lucchesischen Gebiet in Beziehung auf Zölle, Abgaben u. s. w. ganz ebenso behandelt werden, wie die Unterthanen Lucca's selber, und umgekehrt die Letzteren im Florentinischen wie Florentiner[3]. Dies Verhältniss wurde 1507 mit unerhörter Gewaltsamkeit zerstört. Die Verbindung Lucca's mit dem aufständigen Pisa verführte nämlich Florenz nicht etwa bloss zu einzelnen Repressivmaassregeln, sondern zu dem ungeheuerlichen Versuch, allen und jeden Handelsverkehr zwischen den Unterthanen beider Staaten mit Einem Schlag zu vernichten. »Aus gerechten und vernünftigen Gründen«, verfügte damals die Commune, dass jede Ausfuhr aus dem florentiner Staatsgebiet nach dem Lucchesischen, sowie umgekehrt jede Einfuhr von dorther verboten sein solle. Kein florentiner Unterthan sollte fortan Briefe an einen Lucchesen schreiben, noch welche von einem solchen

---

[1] Guicciardini: Storia di Firenze. Opere inedite III, p. 10.
[2] Arch. Rif. Atti publici. Urkunde vom 13. November 1496.
[3] Arch. Rif. diplomatico Atti publici. Urkunde vom 27. März 1441. Cf. Florentinorum acta et foedera Classe XI, dist. III, f. 168. Cf. ebenso noch 1482 (2. Juni) Atti publici: Quaderno membranaceo.

empfangen! Also völliges Verbot der kaufmännischen wie jeder andern Correspondenz! Nicht nur jedes Compagnonsverhältniss zwischen Luccheser und Florentiner Unterthanen, sondern selbst einzelne Geschäfte wurden untersagt und alle bisherigen Verbindungen und Geschäftsverträge mit dem Tag der Verfügung für erloschen erklärt. Privatgut und Waaren im Besitz von Lucchesern mussten bis zum Ablauf des Monats — die Verordnung datirt vom 19. December! — aus dem florentiner Gebiet weggeführt werden, mit Ausnahme des Getreides, welches in der kurzen Frist zu Geld gemacht werden musste [1]. So Viele sich auch in Florenz selbst gegen ein derartiges tief in die wirthschaftlichen Interessen des eigenen Landes eingreifendes Vorgehen sträuben mochten, so ist doch die Thatsache, dass in den beiden den Ausschlag gebenden politischen Körperschaften der Zeit sich nicht viel weniger als tausend Bürger für diese schreiende Vergewaltigung des Verkehrs aussprachen [2], ein sprechender Beweis dafür, dass sich auch in Florenz, der Stadt der ersten kaufmännischen Lehrbücher, wo man den Merkantilverkehr bereits zum Gegenstand höheren Wissens und theoretischer Untersuchung machte, die Ueberzeugung von der Nothwendigkeit einer gewissen, auch für den Staat unantastbaren Freiheit und Sicherheit des Verkehrs nicht einzubürgern vermocht hatte.

Wo eine derartige Behandlung des internationalen Verkehrslebens möglich war, wird man natürlich nicht die Initiative zu grossen, befreienden Thaten suchen wollen. Selbst während der mediceischen Glanzzeit, als staatsmännische Genies wie Cosmo und Lorenzo die auswärtige Politik des Staates leiteten und den Schwerpunkt des italienischen Staatensystems mit vielbewunderter Meisterschaft nach Florenz zu verlegen wussten, selbst damals ist eine solche Initiative nicht versucht worden. Keine Spur davon, dass man auch nur den Versuch gemacht hätte, sich mit der um die Mitte des Jahrhunderts besonders in einigen Industrieen wie z. B. den Tuchmanufakturen um sich greifenden Prohibitivpolitik der italienischen Staaten auf dem Wege von Verhandlungen zu verständigen; man erwiderte dieselbe vielmehr gleich von Anfang an mit den schroffsten Maassregeln des Absperrungssystems, getreu dem schon von Alters her in der Handelspolitik vorgezeichneten Prinzip des »Auge um Auge, Zahn um Zahn« [3]. Als nach der Verschwörung der Pazzi, in Folge der Verfeindung mit der Curie der Papst — auch wieder charakteristisch für die Zeit — alle Florentiner, meist Kaufleute, im Kirchenstaate festnehmen liess und es

---

1) Arch. Rif. Provvisioni (1507) Nr. 199, fol. 28. — Tutte le compagne, traffichi e incepte per infino al presente di contratte e fatte (sc. per un Lucchese con un Fiorentino) s'intendino esser finite.

2) Ib. Der Beschluss ging im kleinern Rath mit 83 gegen 37, im grossen mit 850 gegen 340 Stimmen durch. Schon vorher (1580) hatte man, um Lucca zu schädigen, die Einfuhr aller aus Lucchesischen kommenden Waaren — ausgenommen Salz, Eisen und Pommeranzen — selbst wenn sie lucchesisches Gebiet nur auf der Durchfuhr berührt hatten, neben allen bisherigen Zöllen mit einem Zuschlag von 20 % des Werthes besteuert! Provvisioni Nr. 197, fol. 5 (mit 853 gegen 276 Stimmen im grossen und 66 gegen 30 im kleinen Rath).

3) Statuta Flor. (1321) Cod. cit. lib. IV, 40. Von den Waaren, welche von Angehörigen eines fremden Staates ein- oder ausgeführt werden, sollen die Zölle in derselben Höhe erhoben

dahin brachte, dass in verschiedenen Staaten Einfuhrverbote gegen alle florentiner Fabrikate erlassen wurden, während gleichzeitig andere unter dem Namen von Zöllen denselben so hohe Steuern auferlegten, dass ihr Export nach den betreffenden Ländern ganz stockte, bedachte man sich keinen Augenblick, die Einfuhr aus allen diesen Staaten mit denselben Verboten, beziehungsweise Prohibitivzöllen zu belegen, welchen die heimischen Waaren dort unterworfen wurden[1]. Von einer Rücksichtnahme auf das wirthschaftliche Interesse des Landes, auf die Folgen für die Finanzen, ist dabei keine Rede.

Wie unfruchtbar die auswärtige Politik der italienischen Staaten überhaupt für die Sache der merkantilen Verkehrsfreiheit geblieben ist, wird schon durch die Eine Thatsache zur Genüge beleuchtet, dass es eine Kulturepoche wie die Renaissance nicht auf dem Wege der Verständigung zwischen den einzelnen Staaten dahin zu bringen vermocht hat, den friedlichen Handelsverkehr von dem im **Repressalienwesen** fortlebenden Faustrecht auf die Dauer zu befreien[2]. Allerdings spielt dasselbe in den Staatsverträgen der Zeit eine wichtige Rolle, aber in keinem der zahlreichen, im diplomatischen Archiv der Republik aufbewahrten Verträge zwischen den verschiedensten Staaten Italiens ist eine prinzipielle Verzichtleistung ausgesprochen. Man einigt sich wohl häufig dahin, früher zugestandene Repressalien wieder aufzuheben[3], verspricht wohl auch für die Zukunft dem Unterthanen des fremden Staates, der Ansprüche an Staatsangehörige hat, eine rasche und unparteiische Rechtspflege[4]; aber es scheint keinem Staat gelungen zu sein, seiner Rechtspflege so viel Vertrauen zu

---

werden, wie sie der betr. Staat von florentiner Waaren erhebt. Hebt ein fremder Staat einen Zoll ganz auf, oder vermindert ihn, so soll in Florenz seinen Angehörigen gegenüber dasselbe geschehen, cf. ebenso Statuta (1415) l. V, tract. III, rub. 38, quod similis gabella tollatur forensibus quam ipsi tollunt Florentinis in terris eorum.

1) Arch. Rif. Liber legum artis lane Cod. cit. Nr. 12, fol. 143.

2) Wie lähmend mussten auf den Verkehr Maassregeln wirken, wie sie der florentiner Staatsbeschluss aus dem Jahre 1458 vorschreibt (Ordini del Consolato di mare Cod. cit. fol. 232). »Da verschiedene Staaten ihren Unterthanen gegen Florentiner Repressalienbriefe ausgestellt haben«, meist ohne alles Recht, und da es göttliches und menschliches Recht ist, Gewalt mit Gewalt, Unrecht mit Unrecht zu vertreiben, so wird den Consuln der Kaufmannschaft und denen des Meeres die Befugniss ertheilt, jede Repressalienerlaubniss ebenfalls mit einer solchen zu erwidern.

3) Cf. die Aufhebung der meist von beiden Seiten zugestandenen Repressalien in dem Vertrag mit Bologna (Pagnini II, 20) 1203, mit Genua 1413 (Florentinorum acta et foedera cl. XI, dist. 13, fol. 79) mit Siena 104 (ib. Nr. 45) Bologna 1425 (Atti publici, Urk. v. 7. Juni) Genua 1440 (Acta f. 163) mit demselben 1429 (Scipione Ammirato VII, 92 und Atti publici, Urk. v. 6. Juni, Arch. dipl.) und wieder 1450 (Atti publ. Quaderno membran., Urk. v. 21. Mai »per liberare le rappresalie facte dai mercanti dell' uno e dell' altro comune«) und wieder 1484 (Acta fol. 79)! Wenn auch in den Verträgen mit Mailand Repressalien nicht erwähnt werden, so beweist doch die 1501 von Mailand gegen Florenz ausgesprochene Repressaliendrohung, dass man auch hier prinzipiell auf demselben Standpunkt stand (Atti publici tom. XIII, Urk. v. 2. April). Noch 1523 wird in den Assekuranzgesetzten von Florenz neben anderen Unfällen der Verlust durch Repressalien genannt (Pardessus l. c., IV, 604).

4) »Jus summarium et expeditum sola veritate inspecta et omni cavillatione remota«, was sich doch wohl von selbst verstehen sollte! (Acta et foedera Cod. cit 1404, 6. April). Vertrag mit Sena und ib. f. 79 mit Genua 1413.

erwerben, dass man . in der Ueberzeugung, auch der Fremde würde dort sein Recht finden, den Unterthanen mit seinen Forderungen getrost an die Gerichte desselben verwiesen und sich bei deren Entscheidung beruhigt hätte, statt durch die Erlaubniss der gegen jeden noch so Unbetheiligten anwendbaren Selbsthilfe immer und immer wieder alle Sicherheit und Freiheit des Handelsverkehres in Frage zu stellen. Es war noch eine liberale Concession, wenn man sich vertragsweise verpflichtete, Repressalienbriefe erst längere Zeit nach erfolgter officieller Mittheilung an die Behörden des Staates, gegen dessen Bürger sie lauteten, rechtskräftig werden zu lassen [1].

Die Störungen, mit denen die Fortdauer dieses Rechtszustandes den italienischen Handelsverkehr allezeit bedrohte, mussten besonders von dem florentiner Handel schwer empfunden werden, weil das florentiner Handelsrecht jeden Staat, der die gegen florentiner Bürger zugestandenen Repressalien auf Ersuchen nicht aufhob oder suspendirte, oder auf Grund einer Entscheidung des florentiner Handelsgerichts und einer Commission von Vertretern der fünf oberen Zünfte einen Vergleich einging, förmlich in Verruf erklärte. Wenn man bedenkt, dass ein solcher »Bann«, wie man es nannte, den Unterthanen nicht nur den Aufenthalt in dem »gebannten« Staatsgebiet, sondern auch jeden kommerciellen Verkehr, jedes Geschäft mit dessen Angehörigen untersagte [2], und wenn man dabei die erschreckende Häufigkeit der Repressalien [3] in Betracht zieht, so erkennt man, von welch' eminenter Bedeutung es für die Sache der Verkehrsfreiheit gewesen wäre, wenn die Zeit diese civilisatorische Aufgabe zu lösen vermocht hätte. Nicht dass diese Aufgabe überhaupt nicht gestellt worden wäre. Im Gegentheil! Ein Staat ging sogar mit Wort und That voran, indem er ausdrücklich darauf verzichtete, seinen Angehörigen Repressalienbriefe zu gewähren, wenn sie ihre Forderungen an Unterthanen eines fremden Staates nicht befriedigt glaubten, und indem er zugleich dahin strebte, auf dem Wege friedlicher Verhandlungen die anderen Regierungen für die Anerkennung desselben Prinzipes gegenüber seinen Angehörigen zu gewinnen [4]. Leider aber war es nur das kleine Mantua, welches diese fruchtbare Initiative ergriff und jenem kulturfreundlichen Prinzip durch Aufnahme ins Staatsgrundgesetz bleibendere Geltung verlieh; und so mochte seine Haltung in dieser Frage wohl den eigenen Bürgern zu Gute kommen, für den allgemeinen Verkehr ist sie ohne Bedeutung geblieben.

---

1) Cf. den Vertrag mit Ragusa Arch. Rif. Provvisioni (1414) fol. 154, wo man unter Aufhebung aller bis dahin gegen die Ragusaner zugestandenen Repressalien versprach, dass alle künftigen Repressalienbriefe erst 6 Monate nach der Anzeige an die Commune Ragusa gegen deren Bürger in Anwendung gebracht werden könnten.

2) Statuta Universitatis Mercantie 1393 cum appendicibus — 1501 Arch. Rif. Classe II, dist. I, Cod. Nr. 8, lib. II, r. 16.

3) Die Seite 134, Anmerk. 3 angeführten Daten geben einen annähernden Begriff davon.

4) Cf. die Statuten von Mantua III, 17 bei Arco l. c. pag. 300 »quod cives Mantue contrahere debeant suo periculo« etc. Et super haec requirantur alie civitates quod simile statutum faciant de suis civibus qui contraherent cum aliquibus de civitate vel districtu Mantue.

Was Florenz von sich aus für die Befreiung des Verkehrs jenseits seiner Grenzen erreicht hat, erhebt sich, soviel wir sehen, nicht über das Niveau der mittelalterlichen Zollerleichterungen und ähnlicher Begünstigungen des florentiner Handels[1]. Es sind Vorrechte, Privilegien, und als solche meist nicht das Resultat objektiver, wirthschaftspolitischer Verständigung, sondern theils durch glückliche Kriege erzwungen oder ein Preis für politische Allianzen, und daher häufig auch nur von ephemerer Dauer[2]. Das mindert auch die Bedeutung wichtiger Befreiungen des Handels, wie die der florentiner Schifffahrt von der Genueser Navigationsakte, welche alle aus Flandern und England auf nicht genuesischen Schiffen nach Florenz geführten Waaren mit den härtesten Zöllen belegt hatte. Es ist diese Befreiung nicht die Frucht einer entsprechenden liberalen Gesetzgebung von Florenz — dieses war ja eben damals im Begriff, auf diesem Gebiete das System der stärksten Gebundenheit auszubilden — sondern eine politische Errungenschaft des Friedensvertrages, der 1427 zwischen Florenz, Venedig und dem Herzogthum Mailand abgeschlossen wurde[3]. Die spätere bahnbrechende Befreiung des Seeverkehrs durch Florenz musste aber in ihren Wirkungen dadurch beeinträchtigt werden, dass man ihre rückhaltlose Durchführung so lange hinauszögerte. Ob sie überhaupt für den auswärtigen Handel von Florenz noch wohlthätige Folgen gehabt hat, lässt sich aus den erhaltenen Staatsverträgen der Republik nicht ersehen. Doch ist es immerhin möglich, dass genauere Forschungen in den Archiven Venedig's, Genua's, Siena's u. a. eine freiheitliche Einwirkung auf die Seehandelspolitik anderer Staaten, und sei es auch nur zu Gunsten der florentiner Schifffahrt, erweisen werden.

Wir sind am Schlusse unserer Untersuchung angelangt; doch dürfte es sich wohl verlohnen, nachdem wir die einzelnen Zweige der Volkswirthschaft in ihrer Besonderung betrachtet, noch einmal von einem allgemeineren Standpunkt aus das Gesammtgebiet zu überblicken.

Es ist schwer, für die allgemeine Haltung der Wirthschaftspolitik jener Zeit eine bestimmte Formel zu finden. Wir haben eben eine Periode der Umbildung vor uns, eine Zeit des Ueberganges aus alten Formen des Daseins zu einer neuen Gestaltung der Dinge. In einer solchen Epoche reichen sich die verschiedenen Entwicklungsphasen die Hand, welche die Völker auf dem Wege zu wirthschaftlicher Freiheit und Selbständigkeit durchzumachen pflegen[4]. Während selbst jene niedrigste Wirthschaftsstufe, wo die allgemeine Rechtsunsicherheit den Verkehr in tausendfache Fesseln schlug, in dem Repressalienwesen

---

[1] Cf. z. B. die Aufzählung bei Pagnini l. c. II, 20 flgd.
[2] Häufig wird solchen Befreiungen des Verkehrs von vornherein keine längere Dauer zugesprochen, als für die Zeit des bundesgenossenschaftlichen Verhältnisses, welches die Veranlassung dazu gegeben. Cf. z. B. den Vertrag mit Siena (1498) über die Reduction der Zölle an der römischen Strasse. Atti publici tom. XIX Quaderno membr. Urk. v. 14. Sept.
[3] Florentinorum acta et foedera Cod. cit. fol. 127.
[4] Cf. die allgemeine Uebersicht bei Roscher. System der Volkswirthschaft I, § 97.

und ähnlichen Erscheinungen eines unentwickelten Völkerrechts noch einzelne Schatten in diese Epoche wirft[1]), während auch an die Periode der Vorrechte und Privilegien von Familien, Corporationen, Gemeinden, Ständen u. s. w. immer noch bedeutsame Erscheinungen erinnern, und vollends jene dritte Stufe der juristisch allmächtigen Bevormundung und Erziehung von Seiten des Staates so recht eigentlich jener Zeit ihr Gepräge zu haben scheint, treten uns andererseits Ideen und Institutionen entgegen, welche uns an die Errungenschaften einer Zeit voller wirthschaftlicher Freiheit gemahnen.

Auf allen drei Gebieten der Wirthschaft finden wir den Gedanken der Verkehrsfreiheit mit grossen Zügen eingegraben.

Der Bauer ist von jeder Gebundenheit an die Scholle, jeder Gutsunterthänigkeit mit all' ihren persönlichen und dinglichen Herrenrechten befreit[2]). Bewirthschaftet er als Colon fremdes Gut, so bindet seine Freizügigkeit nichts als der Contract, dessen Erfüllung allerdings erzwungen werden kann[3]), und dieselbe ist weder durch Schranken im Inland noch durch Auswanderungsverbote beeinträchtigt[4]). Das Grundeigenthum ist frei von feudalen Fesseln und dinglichen Herrenrechten. Nichts hindert die freie Theilbarkeit des Grund und Bodens[5]); es gibt keine Parcellirungsverbote, keinen Güterschluss durch Majorate und Fideikommisse. Es charakterisirt den Parallelismus der Entwickelung, dass ebensowenig, als auf agrarischem Gebiete Güterschluss existirte, mit der zünftigen Organisation von Industrie und Handwerk eine Geschlossenheit der zünftigen Corporationen verbunden war[6]). Mit grosser Wirthschaftlicher Einsicht ist die Regierung Allem entgegen getreten, was eine künstliche Beschränkung der Mitgliederzahl herbeigeführt hätte[7]). Der Regel nach ist jeder zu jedem Gewerbebetrieb zugelassen, selbst unzünftige Arbeit nicht ansässiger Fremder nicht ausgeschlossen[8]). Wer aber durch Niederlassung zum Eintritt in die Zunft verpflichtet ist, dem stehen keine obligatorischen Avancementsverhältnisse, keine Forderungen von Meisterstück, Echt- und Lehrbriefen u. dergl. im Wege[9]). Die Gesetzgebung ist aufs Eifrigste bemüht, aus dem in der Matrikel sich äussernden Besteuerungsrechte der Zünfte keine Fesselung der wirthschaftlichen Freiheit werden zu lassen[10]). Ja, am Ende der Epoche erscheint, wenigstens in der Grafschaft, fast völlige Zunft- und Gewerbefreiheit durchgeführt[11]). Ein Monopol der städtischen Zünfte auf den Absatz ihrer Fabrikate in der Landschaft existirt nicht und die Niederlassung von Gewerbetreibenden auf dem platten Lande ist durch keine Bannrechte zu Gunsten städtischer Zünfte beschränkt[12]), ebensowenig ist der städtische Markt den nichtstädtischen Fabrikaten verschlossen[13]). — Von einer Fesselung der Privatindustrie durch Staatsmonopole ist — ein paar Fälle ausgenommen — keine Rede[14]). Daneben innerhalb der Zünfte ein nicht geringes Maass wirthschaftlicher Freiheit. Bei einer Industrie, die für den Weltmarkt producirte und längst aus handwerksmässiger Uebung zu fabrikartigem Grossbetrieb

---

[1]) Seite 134 flgd.   [2]) Seite 5.   [3]) Seite 8.   [4]) Seite 9.   [5]) Seite 13.
[6]) Seite 54.   [7]) Seite 49.   [8]) Seite 44.   [9]) Seite 53.   [10]) Seite 47.   [11]) Seite 78.
[12]) Seite 76.   [13]) Seite 104.   [14]) Seite 68.

emporgewachsen, konnte von jenen Maassregeln, durch welche das mittelalterliche Zunftwesen das Aufkommen eines eigentlichen Unternehmerstandes bekämpfte, natürlich nicht die Rede sein. Keinem Meister ist die Zahl der Gehilfen, keinem Fabrikanten die der Arbeiter beschränkt, Niemandem ein Maximum seiner Produktion vorgeschrieben [1]. Für die Lehr- und Dienstververhältnisse [2] und im Allgemeinen auch für die Freizügigkeit des Arbeiters ist in analoger Weise, wie auf agrarischem Gebiete, der freie Contract bestimmend [3]. Der **merkantilen** Verkehrsfreiheit kommen natürlich zum Theil die eben genannten, der Gewerbefreiheit überhaupt günstigen Ordnungen des Zunftwesens ebenfalls zu Gute. Daran reihen sich andere Zeugen freiheitlicher Strömungen auch auf diesem Gebiete. Die analoge Gestaltung der ökonomischen Entwickelung zeigt sich auch hier in der bedeutsamen Thatsache, dass die individuelle Erwerbsfreiheit, wie sie in Ackerbau und Industrie weder durch Güterschluss, noch durch Zunftgeschlossenheit gefesselt ist, so auch auf dem commerciellen Gebiete keinen privilegirten Handelsgesellschaften aufgeopfert ward [4]. Der Regalismus erscheint auch hier noch ganz in seinen Anfängen. Der Aufrechterhaltung des Salzmonopols steht die völlige Freigebung des ursprünglich monopolisirten Seehandels gegenüber, und so ist bis zum Ende der Epoche der Handelsverkehr mit jener einen Ausnahme von Staatsmonopolen frei geblieben [5]. Die Handelsfreiheit ist für In- und Ausländer in den Statuten in weitem Umfang anerkannt [5], und wenn sich auch die Gesetzgebung vielfach in entgegengesetztem Sinne entwickelt hat, so begegnen wir doch in einzelnen wichtigen Punkten einer freiheitlichen Reaktion. Ich erinnere an die Modification und Einschränkung der Schutzzoll- und Prohibitivpolitik, wie sie sich theils unter dem Eindruck der geschichtlichen Erfahrung [6], theils durch die kräftige Gegenwirkung der commerciellen und fiskalischen Interessen vollzog [7], an die verschiedenen in der Zollpolitik überhaupt hervortretenden freiheitlichen Gesichtspunkte [8] und an die völlige Befreiung des Seehandels von allen Verkehrsfesseln, in der die liberalen Gesetze über den Verkehr in den Häfen Pisa's und Livorno's einen würdigen Abschluss fanden [9].

Wenn uns diese freiheitlichen Errungenschaften auf sämmtlichen Gebieten der Wirthschaft in die Zeiten moderner Freiheit versetzen, so bezeugen uns andere Erscheinungen, dass wir uns immerhin noch auf mittelalterlichem Boden befinden: Auf **agrarischem** Gebiete das nachbarliche Vorkaufsrecht [10], der Ausschluss der Fremden vom Grundbesitzerwerb [11], das unendlich ausgebildete Annonarsystem mit seiner Privilegirung des hauptstädtischen Marktes und seiner ungleichen Behandlung der abhängigen Gemeinden und Territorien [12]; — in **Gewerbe** und **Handel** die Privilegien von Meistersöhnen und Verwandten gegenüber anderer Leute Kindern, von Inländern gegenüber den Fremden bei der Aufnahme in die Zünfte [13], die privilegirte Stellung der

---

1) Seite 63.   2) Seite 73.   3) Seite 71.   4) Seite 101.   5) Seite 101.
6) Seite 108, 109.   7) Seite 114, 115, 120.   8) Seite 116 flgd.   9) Seite 123, 129.
10) Seite 11.   11) Seite 13.   12) Seite 30 flgd.   13) Seite 48.

zunftherrschenden Meister, Fabrikanten und Handelsherrn gegenüber den abhängigen Meistern und unselbständigen Hilfsarbeitern[1]), das allerdings nur in einzelnen Zünften bestehende Privileg der ansässigen Meister auf einen gewissen Rayon, innerhalb dessen kein anderer Gewerbsgenosse sich niederlassen darf[2]), und andere gegenseitige Verpflichtungen der Zunftgenossen[3]); die vom Staate, wenn auch nur einzelnen Zünften zugestandenen Vorrechte, sei es gegenüber der bevormundenden Staatsgewalt, wie die Taxenfreiheit der oberen Zünfte[4]), oder gegenüber den Privaten, wie die Gewährung eines Einmischungsrechtes in die Freiheit der Ein- und Ausfuhr der Rohmaterialien und des Handels mit denselben[5]). Daneben die Monopolisirung einzelner Gewerbszweige durch die Industrie der Hauptstadt und anderer städtischer Gemeinden, wodurch der auswärtige Handel überwiegend ein Privileg der Bürger der Stadt Florenz wird[6]). Die Zollgerechtigkeiten der verschiedenen Gemeinden und Territorien des Staates[7]), sowie die Zollfreiheiten von Gemeinden, ja selbst einzelnen Corporationen[8]). — Auch die Stellung, welche die Kirche im Leben der Zeit einnahm, ist nach derselben Richtung hin von Bedeutung geworden. Man hört nicht, dass die Zunft den geistlichen Arm in ihren Dienst genommen, um die Reglements den eigenen Genossen gegenüber zu vertheidigen, wohl aber dass dies von Seite der herrschenden Fabrikantenklasse gegenüber dem Arbeiterstand der Fall war[9]). Auch die den freieren Standpunkt einer früheren Zeit so sehr verleugnende Reception der kirchlichen Wucherlehre durch die weltliche Gesetzgebung hat zu privilegirten Ausnahmestellungen geführt, wie es die der Juden und der concessionirten Darlehensbanken gewesen ist[10]).

Allerdings sind fast sämmtliche dieser Privilegien und Vorrechte von Individuen, Corporationen, Ständen, Gemeinden der staatlichen Gesetzgebung gegenüber ohne selbständige Bedeutung; ihre Beseitigung durch einen einfachen Gesetzgebungsakt ist stets rechtlich zulässig. Trägt ja doch überhaupt der Staat schon ganz den Charakter juristischer Allmacht und weist insofern ebenso sehr auf den modernen Polizeistaat hin, wie zurück auf den Staat der Antike, das klassische Vorbild für die politische Theorie und Praxis jener Zeit. Ich erinnere an das, was Böckh über die hellenische Auffassung vom Staat gesagt hat: »Jede Beschränkung im Umsatz des Eigenthums der Einzelnen nach den Umständen verfügt, erschien als gerecht und konnte erst dann als Beeinträchtigung angesehen werden, seit des Staates einziger Zweck in die Sicherstellung der Person und des Eigenthums gesetzt wurde, was keinem der Alten jemals einfiel. Im Gegentheil wurde aller Verkehr und Handel als bedingt durch den Staatenverein betrachtet«[11]). — Es ist derselbe Standpunkt, der als maassgebend für die Theorie der Zeit in Machiavelli's volkswirthschaftlichen Anschauungen hervortritt, und der auch in der Praxis den schärfsten Ausdruck in jener für die wirthschaftliche Existenz des Individuums

---

1) Seite 64.   2) Seite 54, 55.   3) Seite 62.   4) Seite 67.   5) Seite 97, 99.
6) Seite 75.   7) Seite 122.   8) Seite 104.   9) Seite 59.   10) Seite 87.
11) Die Staatshaushaltung der Athener I, 74.

unter Umständen geradezu vernichtenden Rücksichtslosigkeit gefunden hat [1]), mit welcher Florenz und der Staat der Renaissance überhaupt das ökonomische Interesse der Einzelnen den Gesichtspunkten der Staatsraison unterwarf. — Lag in der Ueberzeuguug von der staatlichen Allmacht auf wirthschaftlichem Gebiete ohnehin eine starke Tendenz gegen die Verkehrsfreiheit, so verschärfte sich dieselbe noch durch jenen rastlosen Trieb des florentiner Volksgeistes, das staatliche, sociale, ökonomische Leben nach eigener Conception selbständig zu gestalten, einen Charakterzug, der durch Dante's berühmtes Gleichniss von dem Kranken, der stets seine Lage wechselt, um seinen Schmerzen zu entrinnen, sprichwörtlich geworden ist. Wie das stets an seiner Verfassung bessernde Florenz mit Experimenten und kunstvoll construirten Staatsverfassungen das Leben meisterte, so bildete es auf wirthschaftiichem Gebiete ein System der Bevormundung aus, welches sich im Laufe der Zeit eher verschärfte statt milderte und entschieden weit über das Maass einer durch die wirthschaftliche Entwickelungstufe des Volkes gerechtfertigten Erziehung hinausging, dafür aber auch oft genug, zumal bei dem ausgeprägten Individualismus des damaligen florentiner Volkscharakters der Wirklichkeit ohnmächtig gegenüberstand [2]).

Wir sahen, welch' umfassender Bevormundung der Staat im Interesse des Grundbesitzers der Bodenkultur, der Industrie die Landwirthschaft unterwarf [3]), wie der Handwerker und Fabrikant in seiner ganzen Thätigkeit an eine Fülle technischer Reglements gebunden war [4]), deren Verschärfung im Laufe des 15. Jahrhunderts besonders durch Präventivmaassregeln, wie z. B. das Verbot, in einem und demselben Raum gewisse Fabrikate gleichzeitig zu erzeugen [5]) oder zu handeln [6]), zum Theil wieder paralysirte, was eine liberale Gesetzgebung zur Ermuthigung des Unternehmungsgeistes in Handel und Gewerbe geleistet hatte. Auf dem Gebiete des Handels tritt in dem obligatorischen Maklerinstitut [7]) und in den Maassnahmen zur Sicherung und Aufklärung des Käufers [8]) derselbe bevormundende Geist zu Tage. Daneben erscheint ein ausgebreitetes Taxenwesen, am ausgebildesten natürlich im Lebensmittelverkehr [9]), weniger in Gewerbe und Handel, wo Taxen für Rohstoffe und Fabrikate nur selten vorkommen, und auch die Arbeit, sei es des selbständigen Meisters oder unselbständigen Arbeiters, nur in wenigen Branchen durch die allgemeine staatliche oder stellvertretende zünftige Gesetzgebung Lohntarifen unterworfen wurde [10]), während in der Landwirthschaft für alle unselbständigen Hilfsarbeiter ein Maximum des Tagelohnes vorgeschrieben war [11]). Im Uebrigen erscheint der Geist der Bevormundung in derselben Stärke wirksam, wenn man den verheiratheten Bauern nöthigte, statt Tagelöhner Colon zu werden [11]), wenn man die an Taxen gebundenen Gewerbe einem förmlichen Arbeitszwang unterwarf [12]), und den contraktbrüchigen Colonen, Arbeiter und Gesellen mit Gewalt zur Arbeit zurückführte [13]). Dagegen erscheint wieder die Freizügigkeit

---

[1]) Seite 132, 134.   [2]) Seite 24.   [3]) Seite 5, 10.   [4]) Seite 56.   [5]) Seite 60.
[6]) Seite 93.   [7]) Seite 92.   [8]) Seite 94.   [9]) Seite 22.   [10]) Seite 65, 67, 69, 70.
[11]) Seite 6, 7.   [12]) Seite 65, 68, 69.   [13]) Seite 8, 71.

des Colonen und landwirthschaftlichen Tagelöhners durch keine analogen Verbote gefesselt, wie die, welche im Interesse der heimischen Industrie Fabrikanten und Arbeitern den Verkehr mit dem Ausland und die Auswanderung beschränkten [1]. Wenn gewisse handelsfeindliche Tendenzen der Zeit auf dem Gebiete der Agrarpolitik in den zahlreichen Gesetzen gegen Kauf zum Wiederverkauf den vielseitigsten Ausdruck gefunden haben [2], so tritt dergleichen in der Industriepolitik doch nur sporadisch, wenngleich gewaltsam genug hervor [3]. Auch auf die Freiheit des Handelsverkehrs mit dem Ausland haben die agrarpolitischen Gesichtspunkte mit ihren Grenzsperren einen viel intensiveren Einfluss geübt, als ihn die schutzzöllnerischen und Prohibitivtendenzen zu behaupten vermochten [4]; und die Reformen auf ersterem Gebiete, selbst die partielle Befreiung der Kornausfuhr, treten ebenfalls an Bedeutung hinter die freiheitlichen Fortschritte zurück, welche wir in der Industrie- und Handelspolitik der letzten Zeit des 15. Jahrhunderts beobachteten; wie denn überhaupt solche Gegensätze, wie der zwischen der ärgsten Bevormundung des Verkehrs und der vollen Verkehrsfreiheit, welche sich auf dem Gebiete des Seehandels ablösten, dem zäh conservativen Charakter der Agrargesetzgebung des 15. Jahrhunderts gänzlich fremd sind. —

Der Schluss unserer Untersuchung, die, stets bereit über die Grenzen des einzelnen Staates hinauszugreifen, mit einem Ausblick auf den italienischen Handelsverkehr im Allgemeinen endigte, weist mit Nachdruck darauf hin, dass die hier von einem bestimmten Gesichtspunkte aus versuchte Darstellung der wirthschaftspolitischen Bestrebungen eines einzelnen Gemeinwesens nothwendig einer Ergänzung bedarf. Für unsere nächste Aufgabe genügte allerdings der Nachweis, wie weit dies Eine Gemeinwesen die Forderungen des modernen Bewusstseins verwirklicht hat oder nicht, d. h. welche Stellung die florentiner Wirthschaftspolitik zur Gegenwart einnimmt. Dem Historiker ist damit noch nicht Genüge geleistet. Um die Thätigkeit eines Staates und Volkes in ihrer vollen Bedeutung für den Fortschritt der Kulturentwicklung zu würdigen, darf sie nicht bloss mit dem Maassstab der Gegenwart gemessen, sie muss vielmehr den gleichzeitigen Leistungen der anderen gegenübergestellt werden. Erst dann wird sich mit voller Sicherheit der Platz bestimmen lassen, welchen dies Eine Volk in dem grossen Wanderzug der Völker nach dem Ziele wirthschaftlicher Freiheit und Selbständigkeit eingenommen hat. Um dies für einen einzelnen italienischen Staat zu können, ist es nicht nur nöthig, die Archive von Venedig, Mailand, Genua, Bologna, Turin nach gleichen Gesichtspunkten zu durchforschen, sondern auch in den kleineren Archiven den wirthschaftspolitischen Leistungen der Staaten zweiten Ranges nachzugehen. Fanden wir ja doch an unscheinbarster Stelle Ideen der Freiheit verwirklicht, welche wir in der Gesetzgebung der bedeutendsten Staaten vergeblich suchen würden. Der wunderbare Reichthum, die grossartige Mannigfaltigkeit der Renaissance bürgt uns dafür, dass eine solche Forschung noch an den verschiedensten Punkten

---

[1] Seite 74.   [2] Seite 19 flgd.   [3] Seite 98.   [4] Seite 110, 111.

bedeutsame Spuren moderner Freiheit aufdecken wird. Dann erst wird die Geschichte nicht nur über den Werth der Leistung der einzelnen Glieder der Nation ein allseitig begründetes Urtheil fällen, sondern zugleich die Gesammtleistung des italienischen Volkes für die Sache der Freiheit beurtheilen können.

Wahrlich ein reiches Feld der fruchtbarsten Studien eröffnet sich da vor unseren Augen! Möge der neuerwachte Eifer des italienischen Volkes für eine ernste Erforschung seiner grossen Vergangenheit diesen den grossen Fragen der Gegenwart so nahe stehenden Studien zahlreiche Kräfte zuführen und möge man nicht warten, bis es einmal einem Fremden möglich sein wird, das italienische Volk mit einer Geschichte der Wirthschaftspolitik der italienischen Renaissance zu beschenken, gleichwie es bereits eine weitaus bedeutendere Gabe: »die Geschichte der Kultur der Renaissance«, aus fremder Hand empfangen musste.

Beilagen.

I.

Arch. Rif. Provvisioni 1466, Nr. 158, fol. 59.

Zu Seite 37.

Gesetzesvorschlag, betr. der Kornzölle, 1466 der Signorie unterbreitet und durch Staatsbeschluss zum Gesetz erhoben.

S'intende per ciascuno chiaramente, quanto sia grave et dura cosa a sopportare la carestia del grano et quanti inconvenienti ne possono sequire maxime in uno popolo grande come è questo. E dall' altra parte ancora s'intende quanto sia molesto a vostri cittadini quando s'a a tocchare le borse loro per rimediare a tale carestia. Hora conoscendo questo e nostri magnifici e potenti Signori e del continuo pensando di que provvedimenti che riguardino lo honore et il bene universale della vostra città, et judicando che per una cosa sola non si possa fare provvisione più degna ne più grata ne più utile universalmente a vostri cittadini e a tutto il vostro popolo et etiandio a vostri subditi che di provvedere, se è possibile, per modo che quando occoressi per lo advenire nella città e terreni nostri alcuna tale carestia, si possa commodamente a quella rimediare senza tocchare le borse de nostri cittadini e senza avere a disordinare alcun' altra faccenda del vostro comune; et considerato che per altri vostri ordini è provveduto, che quando lo staio del grano fussi di valuta di s. 20 o meno nella città e contado di Pisa, si possa pei consoli del mare di Pisa o per chi in loro luogo fussi, con conoscienza di provveditori delle gabelle di Pisa, chi per i tempi vi si troveranno, concedere la tracta di decto grano e di qualunche biade della città e contado e districto di Pisa pagandosi per gabella di decta tracta a ragione di s. 4 per ciascuno staio che cosi si traessi; e che di denari di decta gabella, quando vi si pigliassino, si debbi dare ogni anno al Monte per la sua diminuzione fiorini 500 et per l'opera del navicare fior. 1500; et quello v'avanzassi, si dovessi per decti consoli di Pisa spendere nella muraglia della cittadella di Pisa, insino che fussi fornita, et dipoi tutto rimanessi all' ufficio di decti consoli di Pisa. Et essendo informati del gran fructo che a facto la decta gabella et che di quella s'è principalmente tirato la muraglia di decta cittadella tanto innanzi che meno di fiorini 5000 basterranno a dargli la sua intera perfectione, e parendo cosa molto ragionevole, che finita che sara l'opera di decta muraglia, tutto quello che si poteva e doveva spendere in essa muraglia, come è tracto o trarrassi nel tempo della abbondanza del grano ch'è uscito o uscira di vostri terreni, cosi nei tempi della carestia si ritorni et rivolgasi a levarci la carestia e renderci l'abbondanza di decto grano; — gli officiali del Monte — sieno tenuti, tutto quello, che — sara rimesso et pagato loro — di denari di decta gabella, convertire e spenderlo infra uno mese allora proximo d'avvenire in crediti del Monte di sopportanti et farne su decto Monte uno credito, chi si chiami il credito dell' abbondanza, con condizione che non si possa mai per alcuna cagione tale credito in tutto ne in parte alcuna vendere o permutare ne finire per alcuno modo. Item che le paghe di decto credito si possino et debbino pe' decti officiali et sotto le decte pene di tempo in tempo, quando saranno guadagnate, investire in altri crediti di Monte di sopportanti per accrescimento del decto credito dell' abbondanza et con la decta condizione et modo. Et in altro modo non si possino spendere et convertire le paghe di decto credito che solo in investire in altri crediti, come è decto; salvo et excepto che quando sopravenisse la carestia del grano, et per rimediare a quella fussino facti officiali d'abbondanza sicondo gli ordini, allora et in quel caso tutte le paghe di quel credito si possino spendere e convertire come a essi officiali d'abbondanza parra più utile, stanziandosi non di meno prima ne' Signori et collegi et octo della guardia che pe' tempi saranno per 36 fave nere per lo meno quello che si debba fare dare di decte paghe tempo per tempo a decti officiali per decta abbondanza.

II.
Vergleichende chronologische Uebersicht der florentiner Zunftmatrikeln.
1300—1500.

I. Arti maggiori.

1) Richter u. Notare.

2) Calimala.

- 1333: 100 Soldi. (ed. Giudici 135.)
- 1339: 25 Lire. Bei 10jähriger Dienstzeit oder, wenn man bloss als Compagnon eintrat, bei 5jähriger: 10 Lire. — (Cod. Nr. 5, I, r. 87.) Die Verkäufer irischer Tücher 100 Soldi.
- 1429: 25 Lire. Bei 15jähr. Dienstzeit 12½ Lire. (ed. Giudici 225.) bis 1500, unverändert.

3) Wechsler.

- 1319: 10 fl. bei 5jähriger Dienstzeit (r. 127). 100 Lire für Ausländer (r. 79). 10 L. für den Betrieb in der Grafschaft (r. 130).
- ?: 5 fl. bei derselben Dienstzeit (r. 129).
- 1384: 25 Lire (r. 179) und in demselben Jahre 12 L. 10 S. bei 5jähr. Dienstzeit (r. 182).
- 1394: 25 fl. wer nicht gedient. 12½ fl. bei 5jähr. Dienstzeit (r. 196).
- 1394: 50 Lire (r. 203). 25 Lire
- 1403: 25 fl.
  12½ fl.
- 1408: 25 L. für die Grafschaft.
- 1428: 25 fl. (III. 5).

4) Tuchmacher.

a) Tuchmacher, Tuch-, Woll-, Garnhändler.

- 1333: 50 Lire. Bei 10jähr. Dienstzeit 25 Lire (l. II, r. 13).

Scala der Curse des Goldguldens[1]	1333	1347 u. 1355	1356 u. 1376	1380	1402 u. 1415.	1422	1464	1500
	2 L. 9 S.	3 L. 8 S.	3 L. 10 S.	3 L. 10 S.	3 L. 13 S. 4 D.	4 Lire	5 L. 6 S.	7 Lire

[1] Die Zahlungen geschahen in Goldgulden, da die Lira nur Rechnungsmünze war.

Pöhlmann, Wirthschaftspolitik. 10

b) Die geringeren »membra« der Färber; Tuchbereiter, Tuchscheerer, Kammacher, Wäscher, Flicker, Messer der Tücher u. A.	—	1335 10 fl.	—	—	—	—	—
5) Seidenzunft, wozu neben mehreren anderen Gewerben auch die Gold- u. Siberarbeiter gehörten.	10 L. bei 6jähr. Dienst (r. 4).	circa 1360 für Fremde, die zur Zunft gehörige Gewerbe in der Grafschaft übten, 10 fl., etwas später auf 5 fl. als Minimalgrenze erniedrigt (f. 104).	—	1376 für Staatsangehörige in demselben Fall 5 L. (f. 125).	—	1404 Stadtmatrikel 20 fl., bei 6 Jahren Dienst 10 fl., Grafschaftsm. 4 fl. Die abh. niedern Gewerbe 10 fl.; bei 4jähr. Dienst 5 fl. (fol. 164).	1422 unbedeutender Aufschlag auf die Notariatsgebühren (f. 246).
6) Spezereihändler, Kurzwaarenhändler etc. (Aerzte u. Maler).	1349 4 fl. (r. 36), 8 fl. für Fremde, 2 fl. f. d. Grafsch.	—	—	—	—	1404 6 fl. (f. 141), 12 fl. Fremde, 3 fl. Grafsch.	—
7) Kürschner.	—	—	—	1386 15 fl. (r. 12.), 40 fl. bei 5jähr. Dienst, 7½ fl. bei 10½jähr. Dienst.	—	—	—
II. Arti minori.							
1) Fleischer.	—	—	—	1385 6 fl.	—	Anfang des 15. Jahrhunderts 5 fl. (fol. 76).	—
2) Schmiede(3).	1344 6 fl. 25 S. (Cod. II, r. 130).	1363 12 Lire bei herkömml. Dienstzeit(?), ausserdem: 16 L. wie f. Fremde die gedient, 20 L. für Fremde, die nicht gedient (Cod. I, 65).	—	8 fl. 10 fl.	—	1447 5 fl. bei 5jähr. Dienst, 10 fl., wenn weniger od. nicht gedient (f. 97).	1445 ebenso (Cod. I, 138).

12 — 10 — 6 Lire, bei 5jähr. Dienstzeit die Hälfte (III. 5).

bis 1500,

UND DAS PRINZIP DER VERKEHRSFREIHEIT.

	14. Jahrhundert (chronologische Bestimmung bei der grossen Zerstörung der Handschrift unmöglich).						bis 1500.
3) Schuster(²).	5 fl. (f. 44), 16 fl. für Fremde.	—	—	—	—	—	—
4) Steinmetzen. Statuten nicht vorhanden.	—	—	—	—	—	—	—
5) Tuchkrämer und Leinenhändler.	1340 3 fl. bei 5jähr. Dienst. 3—6 fl. bei kürzerm Dienst(r.72).	—	—	1434 8 fl. bei 5jähr. Dienst. 16 fl., wer nicht gedient (c. 137).	—	1445 6 fl. 12 fl. (f. 99).	—
6) Weinschenken 7) Wirthe.	} Statuten mir unzugänglich geblieben.						
8) Victualien- u. Oelhändler.	1345 10 L. (r. 43). 2 L. bei 5jähr. Dienst.	1346 4 fl. in d. Grafsch. 4 L.	2. Hälfte des 14. Jahrhunderts. 6 fl. (f. 109). 4 fl., wer gedient. 10 fl. für die Fremden.	—	—	—	—
9) Gerber, fehlen Statuten.	—	—	—	—	—	—	—
10) Panzerschmiede und Schwertfeger.	—	—	—	1440 5 fl. (r. 25), wer gedient hat. 1448 20 fl., wer nicht gedient (f. 29).	—	—	—
11) Schlosser und Kupferschmiede.	1329 10 L. 5 L. bei 10jähr. Dienst. Fremde bis zu 20 L.	1379 ? 15 L. u. 4 fl. fürs Zunfthaus.	5 fl. u. 4 fl. fürs Zunfthaus (f. 77).	—	—	1443 u. 1450 6 fl. bei 5jähr. Dienst. 10 fl., wer nicht gedient (f. 130).	—

10*

	1342	1363				bis 1500.
12) Riemer.	25 Lire (r. 17), 10 L. bei 3jähr. Dienst.	25 L. ebenso wer, ohne Erlaubniss d. Consuln Stadt und Grafschaft verlassen, und zurückgekehrt die Matrikel verlangt, auch wenn gedient (f. 37).	—	—	—	—
	1314	1344	1376			
13) Tischler.	25 L. oder ein bonum et idoneum prandium (Cod. I, r. 33.) 1316 50 L. (kein prandium. ib.)	10 L. für die Stadt: 5 L. f. d. Grafsch.: 25 L. für Fremde (Cod. IV, f. 6).	3 fl. (Cod. IV, 21).	—	1395 15 fl. für den, der nicht 5 Jahre gedient (Cod. IV, c. 49).	—
		1345	1347	1380	1379	
14) Bäcker. a) fornarii	—	10 L. (r. 17) wer 4 Jahre gedient, zahlt keine Matrikel.	20 L. für Fremde, 10 L. bei 4jähr. Dienst.	6 fl. 3 fl. 12 fl.	10 L. für Staatsangehörige. 5 L. für dieselben wenn sie gedient (fürs Zunfthaus).	25 L. für Fremde und 1 fl. f. Zunfthaus. 12 fl. + 1 fl., wenn sie gedient (f. 38).
b) pistores		5 L. wer 3 Jahre gedient, ist frei. für d. Grafschaft: 2 resp. 1 L.	10 L. für Fremde, 5 L. bei 3jähr. Dienst.			

III.

Aus dem Staatsbeschluss von 1477 über den Tuchhandel.
Arch. Rif. Provvisioni Nr. 168, f. 277 (22. Januar 1476 stil. flor.)

Inteso che il vendere i panni per le vie non honeste e corte fa danno assai, perche i forestieri ne portano il panno per tal pregio, che costano maggiore a chi gli lavora, e da ragione a lanaiuoli a fargli e di lana e peso e larghezza di piggiore qualita non si conviene; e portandosene assai di fuori et essendo tali quali sono, tolgono totalmente la riputazione alla citta; e davi (?) i panni fiorentini per tutti i luoghi a quali si mandavano erano a tutti gli altri preferiti, hora sono quasi a tutti gli altri inferiori; e cercando di rimedii havuto sopra di ciò maturo examine et di savi cittadini, si conosce esserci solo uno rimedio a ritornare l'arte in riputazione, è questo, che i panni si faccino tali, quali fare si solevano e di quella perfectione. Et a questo fare non si possono ridurre i lanaiuoli se non s'intende manifestamente, che i loro panni abbino a finire con uctilita et proficto tale quale si richiede, il che seguire non puo se non si provvide in tale modo, che i panni se vendino da chi gli fa et realmente et ritagliansi per chi si conviene et non per altri. Et perche la cosa è tanto transcorsa et allargata in tanti et ancora in non sottoposti all' arte della lana, che per l'arte obviare non si potrebbe, è necessario che per i consigli opportuni della citta di Firenze si faccia tale provvisione et con tali pene e prejudizii, che ciascuno sia constrecto a observare, quanto s'intende esser utile ordinare per conseguitare tale effecto, il quale si spera dovere seguire providendosi et observandosi quanto di sotto s'ordina. Et pertanto per utilita et honore pubblico et migliore camino di decto membro della lana si provvide: In prima che ogni — lanaiuolo o ritagliatore, intendendo lanaiuoli quelli che tengono bottega aperta et hanno taxa, et ritagliatori quelli che in loro botteghe tengono principalmente panno di lana a taglio, e chi si chiamano veri lanaiuoli et veri ritagliatori, possino vendere i loro panni interi et tagliati a chi vorranno, non potendo i lanaiuoli vendere a taglio altri panni che quegli lavorano e con loro proprio segno; e che nessuna altra persona — da decti lanaiuoli et ritagliatori in fuora di quali di sopra si fa mentione — possa — vendere panni interi o tagliati in alcuno modo; — non potendo decti lanaiuoli et ritagliatori vendere decti loro panni o scampoli altrove che alle loro proprie botteghe. Questa prohibitione non s'intenda — per quegli tintori gualcherai purgatori cimatori tiratori dell' arte di lana, che anno panni interi per loro manifacture, i quali havessino guadagnati et non altramente in alcuno modo, i quali panni possino vendere cosi interi et non a taglio[1] in alcuno modo. — Et per obviare a tutte quelle cose, che si potessino pensare contro quello, che s'è decto di sopra, si provvide, che pe' consoli dell' arte della lana infra octo di dal di che questo sara vincto nel consiglio del Cento per sua ultima conclusione, si debbino fare e cerchare per insino in numero di XX sensali. — Et che nessuno di sopradecti lanaiuoli ritagliatori tintori et altri membri d'arte di lana di sopra nominati possa in alcuno modo vendere alcuno panno intero ad alcuna persona senza la mezanita d'uno di tali sensali. — Ancora che nessuna persona — possa, ardisca o debba in alcuno modo per via recta o indirecta comperare panni interi o tagliati da altra persona, che da sopra decti lanaiuoli ritagliatori tintori et altri membri d'arte di lana di sopra nominati; intendendosi da decti tintori et altri membri d'arte di lana di sopra nominati comperare panni interi et non scampoli.

---

[1] Nach der Randglosse wurde 1478 diese Einschränkung beseitigt.

IV.

Aus dem Staatsbeschluss vom 22. Mai 1454, über die Besteuerung des Detailhandels mit fremden Fabrikaten.

Arch. Rif. Provvisioni Nr. 146, fol. 63.

Inteso per molti mercatanti et artefici della vostra citta la cagione il perche è mancato assai il fare di mercatantie nella citta e vostro contado; intendendo che la cagione sie questa, che d'anni venti in qua s'è alletificato nel contado vostro molti forestieri di piu regioni i quali si chiamano Lombardi, i quali vanno cerchando tucto il vostro contado a mercati si fanno in esso contado. Dicesi sono circa di numero trecento; et essi forestieri hanno diviso il vostro contado a provincie e ciascuno va, dove è ordinato il paese suo. Intendesi che ne portano l'anno a casa loro di guadagno fanno l'uno per l'altro nel vostro contado fiorini cento, che fa la somma in capo d'uno anno di fiorini trenta mila. Et intendesi che in pocho tempo anno a stachare tucto il vostro paese di denari, e seguene anchora grande danno di comune, perche le mercatantie che recano nel vostro paese e vostre terre non pagano gabella nessuna, perche s'accordano con nostri passagieri di condurre a pocho a pocho e di per di. E se a Firenze vengono a comperare alcuna mercatantia, che è pocha, e questo fanno solo per aver la poliza di questa pocha mercatantia per schusare l'altro recano di Lombardia o d'altri paesi come pare a loro; e quella togliano in Firenze, non fa la somma l'anno di fiorini cinquecento. E la mercatantia conducono di fuori de vostri paesi che mettono nel contado sono queste cioè: chalze, farsetti, federe di coltrici, veli, fazoletti, tovaglie e tovagliuole e tovaglioni, correggie, scarselle, stringhe, borsami di cuoio, spetierie di tucte ragioni, falce da fieno e da seghare grano, ferri di chiaverine e coltelle dal lato (?), spade, partigiane e mercierie di tucte ragioni. Perche conducono decte robe nella vostra terra e contado, le possono dare per mancho pregio, non possono dare i vostri sottoposti, perche anno vantaggio della gabella, che vostri sottoposti bottegai anno a pagare due gabelle; prima l'una le robe che comprano in Firenze anno gabella all' entrata di Firenze, la seconda anno gabella per la uscita, anno di spesa di pigione e garzoni, tenghono in bottegha, e l' estimo e più altre gravezze riceve da loro il vostro comune. Per la qual cosa s'è facto conto che nel contado vostro si sono serrate circa trecento botteghe o più che facevano buona la gabella; e mercatanti ed artefici della vostra citta di Firenze, come a dire Prato, Empoli, Samminiato, tucta Valdelsa, Valdarno di sopra, e Mugello e molti altri vostri paesi anno serrato le loro botteghe, che ne segue danno assai dell' entrata del vostro comune e danno assai ancora a vostri mercatanti ed artefici della vostra citta di Firenze. Vedesi che l'anno di gabella si pagherebbe fiorini sei mila o più.

E per provvidere a questi inconvenienti — che per l'avenire niuno forestiere — non possa andare vendendo ne vendere ne far vendere a minuto nel contado o districto della citta di Firenze se non fusse apprestanziato o scripto o compreso nelle gravezze nella città o contado o districto di Firenze. E questo s'intenda d'alcuna mercatanzia vendesse o vendere facesse di montanza di lire cinque o dainde in giù cioè lire cinque o meno; e da lire cinque in su possa ciascuno mercatare. Questo non s'intenda per chi avesse habitato familiarmente in contado di Firenze e avesse donna che sia del vostro territorio anni venti o più; e cosi anchora quegli chi vanno ventendo toppe, chiavi al legare, vasi al legare, coiami acconciare, badili o paiuoli; questi possino exercitare senza altra mercatanzia fare [1].

---

[1] Im Volksrath mit 181 gegen 12 Stimmen angenommen.

V.
Aufhebung der florentiner Navigationsakte.

Arch. Rif. Provvisioni 1465, Nr. 157, fol. 239 cf. Ordini del Consolato della nazione Fiorentina; Classe XI, dist. 4, Cod. Nr. 77, fol. 177.

Die XXVIII Novembris 1465 indictione XIV die XXIX ejusdem mensis obtenta fuit infrascripta provisio cujus tenor talis est, videlicet:

Considerato ch'egli è lunghissimo tempo, che la nostra città ha facto molte leggi e prohibito e isbandito tutte le mercatantie, che sono di bisogno, utili e necessarie universalmente alla città contado e districto di Firenze, che non ci si possi conducere ne mandare robbe se non per le nostre galee, di che è seguitato e seguita grandissima incomodità, disagi et danni e grande carestia, d'ogni cosa al nostro popolo e alla nostra città, e maxime più seguitarebbe da hora innanzi per la cattiva conditione stato e credito in che si truovano i nostri cittadini e mercatanti, che non possono aver più quella aptitudine, ch'eglino anno avuto infino da hora. E sono state condotte le mercatantie d'ogni ragione nella nostra città comitato e districto in più di XII fiorini. per centinaio più che non solevano essere. E con gran difficolta se ne truova o può havere; e quelle, che si comperano al presente, sono con brieve tempo agli artefici che l'anno a comprare. E d'ogni cosa che sia a vendere si fa magona, e conviensi capitare a IV o VI mercatanti per forza; et voglionle vendere come pare loro per modo che il nostro popolo e gli altri lavorano tutto l'anno quanto possono e per molti rispecti perdono di capitale. E pero si serrano i traffichi e perdonsi gli exercitii del nostro popolo con grandissimo danno delle gabelle et universalmente d'ognuno.

E pero si provvide che dal di XXV di Marzo 1466 innanzi per la via di mare in tutti i nostri porti e terreni possa venire e scaricarsi tutte le mercatantie d'ogni ragione che si potessi dire o pensare e per tutti i navilii che le volessono conducere e per qualunche cittadino o forestiere, chi avesse aptitudine a conducere, e con quelle gabelle di Pisa e Firenze, pacti e capitoli che e come si usa et observasi al presente delle mercatantie che si conducono per le galee del nostro Comune. Et possino ritrarle di Pisa e del comitato e districto di Firenze e ritenerle mettendole per passo per quel tempo e termino e spese e gabelle che al presente si costuma per quelle, che si conducono per le nostre galee come è detto. E tutte le mercatantie che si finissono in Pisa e nella città contado e districto di Firenze non paghino altra gabella che pagano al presente quelle che ci sono condotte per decte nostre galee. E di tutto si debba tenere diligente e chiaro conto per modo che le gabelle non sieno fraudate. E che tutte le mercatantie che si conduceranno per la via di mare insu qualunque legno e per qualunque persona di che stato o conditione si sia, etiandio se le dette mercatantie fussino di rubelli o isbanditi, sieno libere e sicure dette loro mercatantie per VI mesi dal di che cosi ci saranno condotte; e non possino loro esser tolte nè molestate in alcuno modo nè per niuna cagione.

E che i Signori e Collegi e provveditori o maestri di doana di Firenze per di qui a uno anno proximo d'avvenire abbino autorita e possino per XXXVI loro fave nere limitare et acconciare le gabelle di decte tali mercatantie e delle mercatantie che si traessino della città comitato e districto di Firenze, e come si debbino governare per passo o altri dubbii e differenze che potessero nascere, per qualunche cagione, non si distendendo da quanto s'è decto di sopra; con questo dichiarato che ogni provvedimento o ordine che si metesse a partito per detti Signori e Collegi con decti provveditori o maestri di doana non si possa proporre più che sei volte in tutto in tre di e infino in due volte per di. E per questo non s'intenda torre auctorita o balia σ comodita o contentamento di Consoli del mare o di qualunque altro cittadino della città di Firenze chi volesse navicare colle nostre galee o altri legni come piacesse loro. Ma ognuno s'intenda essere libero, e possino fare intorno al navicare e conducere robbe e mercatantie di qualunque ragione come parra e piacera loro. E che a veruno non possa essere vietato per alcuno modo il conducere mercatantie o robbe di qualunque ragione per alcuno modo come è detto di sopra. E tutte le predette cose s'intendino poter fare non obstante qualunche altra legge facta in contrario, excepto che per questo non s'intenda in alcuno modo contraffare ad alcuna legge che parlasse di panni forestieri, ma rimanchinsi decte leggi che parlano di panni forestieri, come sono al presente. E similmente non s'intenda per questo contraffare ad alcuno privilegio patto o capitolo che alcuno consiglio o qualunche persona luogo o università havessi col Comune di Firenze i quali privilegi e pacti e capitoli s'intendino rimanere e rimanghino salvi e fermi in tutto e per tutto come se la presente provvisione fatta non fussi [1]).

VI.

Die Zunft- und Gewerbefreiheit Mailands in den letzten Jahrhunderten des Mittelalters.

Es ist ohne Zweifel für die Beurtheilung der Stellung, welche Florenz innerhalb der Wirthschaftspolitik der Renaissance einnimmt, von der grössten Bedeutung, ob die zünftige Organisation der Arbeit, welche in Florenz Grundlage und Ausgangspunkt aller Gewerbepolitik war, für die Zeit überhaupt charakteristisch ist, oder ob dieselbe an bedeutenderen industriellen Centren bereits als ein überwundener Standpunkt erscheint. Die hervorragende Stellung, welche wir Florenz auch in wirthschaftspolitischer Beziehung vor den anderen italienischen Staaten ersten Ranges einräumen zu dürfen glauben, würde natürlich ausserordentlich in den Schatten gestellt, wenn die von dem berühmten italienischen Nationalökonomen Verri aufgestellte und von den Späteren ihm nachgesprochene Behauptung begründet wäre, dass in einem so wichtigen Staate wie Mailand die Renaissance die Zunftverfassung beseitigt und völlige Zunft- und Gewerbefreiheit durchgeführt hätte [2]). Die Berechtigung unserer Annahme, dass vor Allem im Florenz der Renaissance der Pulsschlag des modernen Lebens zu fühlen sei, würde dadurch sehr fraglich werden. — Wenn wir nun freilich das allgemeine Urtheil Verri's über die wirthschaftspolitische Gesetzgebung Mailand's in derselben Epoche mit dem vergleichen, was wir zur Würdigung der florentiner Agrarpolitik aus der mailänder Agrargesetzgebung angeführt haben; wenn wir sehen, wie der beredte Vertheidiger der agrarischen Verkehrsfreiheit von den mailänder Statuten sagt, dass sie in barbarischem Latein die Weisheit eines erleuchteten Gesetzgebers offenbarten, während wir in Mailand die strengste Bevormundung und Fesselung des agrarischen Verkehrs nachweisen konnten, so dürfen wir wohl von vorncherein Verri's unbestrittener Ansicht von der im damaligen Mailand durchgeführten Gewerbefreiheit, auf welche er geradezu die Blüthe des Mailänder Handels im 15. Jahrhundert zurückführt, mit einigem Misstrauen entgegenkommen.

Verri versichert, er habe die Statuten der Mailänder Zünfte mit viel Geduld und Unbehagen (tedio) durchforscht, und gefunden, dass sie nahezu alle im 16. Jahrhundert ihren Ursprung gehabt. Wir sehen davon ab, dass selbst, wenn das absolute Regime in den letzten Zeiten des Mittelalters die Zünfte beseitigt hätte, keineswegs ohne Weiteres ein Zustand vorauszusetzen wäre, der der modernen Gewerbefreiheit

---

[1]) Die Abstimmung im Volksrath ergab 165 Stimmen für, 46 gegen das Gesetz.
[2]) Sulla economia politica dello stato di Milano. Scritti vari I, 421 flgd.

entspräche. Es genügt die Existenz der Zunftverfassung gegen Verri zu erweisen. Nach ihm hätte eine der wichtigsten Mailänder Industrieen, nämlich die Seiden- und Brokatfabrikation erst im Jahre 1504 eine zünftige Verfassung erhalten. Allerdings besitzen wir Statuten der Seidenzunft von 1504, dieselben nennen sich aber ausdrücklich eine »Reformation«[1]; und noch in dem 1569 gedruckten Exemplar dieser Statuten[2] ist ein Dokument enthalten (vom Jahre 1501), worin sie als längst bestehende Corporation mit »von Alters her« geltenden Statuten erscheint. Zugleich kam ich einem Dekret Franz Sforza's auf die Spur, aus welchem sich die für die Erkenntniss der gemeinsamen Züge in den verschiedenen wirthschaftlichen Gesetzgebungen der Zeit bedeutungsvolle Thatsache ergiebt, dass die Statuten der mailänder Seidenzunft denen von Venedig, Genua, Florenz und Lucca nachgebildet waren[3]. Wenn die Seiden- und Brokatweber nach Verri auch erst im 16. Jahrhundert sich zünftig organisirt haben sollen, so ist dagegen zu bemerken, dass das älteste erhaltene Statut derselben von 1510 (Verri meint offenbar dasselbe, wenn er auch die Zahl 1509 angiebt) ebenfalls nur eine Reform früherer Statuten enthält[4].

1481 ist von den Statuten die Rede[5], welche die Vorfahren Johann Galeazzo Sforza's der Seidenzunft gewährten, darunter eines, welches ausdrücklich den Zunftzwang anerkennt, indem es verfügt: »quod alique persone non possint facere exercitium drapporum sete et auri et argenti, nisi prius sint descripti et approbati per abbates dicti exercitii«; also das »monopolio esclusivo« wie es Verri nennt, und welches nach ihm erst ein Erzeugniss des 16. Jahrhunderts sein soll. Allerdings heisst es an genannter Stelle, dass in denselben Statuten für die Nichtbeachtung des Zunftzwanges keine bestimmte Strafe ausgesprochen sei und daher viele unwissende Leute jene Gewerbe ausübten, ohne approbirt zu sein; dies sei aber nur aus Irrthum geschehen, wesshalb auch 1480 eine Strafe festgestellt wird, »weil dies sowohl dem Vortheil des Gewerbes wie dem öffentlichen Wohle entspricht.« — Dass die Goldschläger erst 1591 Statuten erhielten, beweist natürlich nicht, dass dieselben früher frei waren in dem Sinne, wie sich das Verri denkt; wir wissen ja wohl, dass sie in der uns von Florenz her zur Genüge bekannten zünftigen Abhängigkeit von der Seidenzunft standen, eine Lage, die gewiss nichts weniger als eine freie bezeichnet werden kann[6]. Dass ein Gewerbe, wie das der Buchdrucker und Buchhändler, erst

---

[1] Mailänder Staatsarchiv: Arch. Panigarola Cod. K, fol. 102.
[2] Ib. Sezione storica, Commercio: Statuti di Paratici od Universita.
[3] In jenem Dekret, auf welches sich ein herzoglicher Erlass von 1481 beruft, sind die genannten Statuten bezeichnet als »ordini et capituli de' mercadanti da seta et da drappi de seta de Milano ac etiam d'oro et d'argento fillato et in foglia conformi a capituli de Venezia et Genova et a consuetudine di Fiorenze et Lucca reducti«. Ib. Arch. Pan. Cod. H, fol. 123. Wenn Letzteres der Fall war, musste doch die gewerbliche Gesetzgebung im Wesentlichen auf denselben Prinzipien beruhen, wie in Florenz u. s. w.
[4] Ib. Arch. Pan. Cod. K, fol. 148.
[5] Ib. Cod. H, fol. 67. Wenn auch den florentiner Statuten nachgebildet, müssen die mailänder doch auch wieder ihre eigenen Wege gegangen sein und zwar keineswegs in freiheitlicherer Richtung. Cf. die scharfe Trennung zwischen Fabrikation und Handel, wie sie der Staat für die Seiden- und Brokatindustrie vorschrieb (1481). Kein Seiden- etc. Händler darf in seinem Haus Webstühle haben, noch in eigenem Namen oder als Compagnon eines Webers, Weberei treiben; sed solum sit mercator et non testor et e contra nullus testor possit lavorare aut lavorari facere suo nomine et ex ero suo aliquos pannos nibi vadat seta aliqua sed solum possit texere et texi facere nomine mercatorum. Will er kaufmann werden, so kann er es gegen Bezahlung von 40 Pfd. »dummodo sit idoneus«; und die Aebte der Zunft müssen ihn als solchen aufnehmen »dummodo prorsus relinquat texturam nec amplius possit texere nomine suo per se vel submissam personam, — quia volumus mercatorem exercere officium mercatoris solum et testorem testoris, nec aliquem utrumque posse complecti«. Derselbe Grundsatz gilt für Goldschlägerei und Goldspinnerei. L. c. fol. 128. Zweifelhaft ist, ob die in den Statuten v. 1504 enthaltene Bestimmung: quod facientes fillare aurum vel argentum finum non possint batti facere aurum nec argentum per aliquam personam stantem in eadem domo et in communione, schon den früheren Statuten angehört, ib. Cod. K, fol. 108, cf. 116, wonach fortan kein praeparator setarum die Weberei treiben soll.
[6] Cf. die Statuten der Mailänder Seidenzunft von 1504 Arch. Pan. Cod. K, fol. 116.

im 16. Jahrhundert sich als selbständige Zunft organisiren konnte, beweist natürlich gar nichts für die Gewerbefreiheit des fünfzehnten. Und wenn sich eine Zunft im sechzehnten darüber beklagte, dass sie nicht zur Genüge mit Statuten ausgestattet, und früher Jedermann ohne Unterschied zum Gewerbebetrieb zugelassen worden sei [1], so spricht dies so wenig für Verri's Ansicht, wie das ganz analoge Statut der florentiner Spezereihändler (1422)[2] für ihre Anwendbarkeit auf Florenz sprechen würde.

Wenn sich nun Verri vergebens nach Zunftstatuten des 15. Jahrhunderts umgesehen hat, so ergeben dagegen meine Nachforschungen im mailänder Archiv, welches allerdings schon in frühern Jahrhunderten durch Brandunglück der wichtigsten Quellen für die Gewerbegeschichte des Mittelalters beraubt wurde, dass in den letzten Jahrhunderten desselben die Zunftverfassung in Mailand im weitesten Umfange bestand, ja dass man in manchem Punkt der wirthschaftlichen Reaktion des 16. Jahrhunderts schon näher war, als in Florenz. In einer Eingabe der Schmiede von 1383 um Bestätigung ihrer Statuten ist ausdrücklich die Allgemeinheit der zünftigen Organisation der Gewerbe hervorgehoben [3]. In demselben Jahre werden den Barbieren ihre Statuten bestätigt [4], ebenso den Schneidern [5], und 1389 den Gewürzhändlern [6]. Von den Statuten der Letzteren ist der Text selbst erhalten [7], was zu bemerken wichtig ist, da in der That die meisten mailänder Zunftstatuten aus der Zeit vor 1500 vernichtet zu sein scheinen. 1392 wird die Zunft der Barchentweber genannt [8] und 1478 werden die Grundsätze ihres Statuts für den ganzen Dukat verbindlich gemacht [9]. Wenn in einem Dokument von 1388 die Kupferschmiede [10], in einem andern von 1410 die Schuster [11] auch nicht ausdrücklich als zünftig bezeichnet werden, so zeugen doch die obrigkeitlichen Taxen [12], welche an genannten Stellen für den Verkauf ihrer Fabrikate vorgeschrieben werden, beredt genug gegen die angebliche Gewerbefreiheit des damaligen Mailand. Ebenso eine damals zu Gunsten der Schuster getroffene Einrichtung in Beziehung auf den Handel mit Leder und Häuten [13]. Dieselben mussten in Mailand alle in Ein dazu bestimmtes Lagerhaus gebracht werden. Der Schusterzunft wurde sofort, wenn neue Vorräthe eingetroffen, officielle Mittheilung gemacht, damit die Mitglieder sich mit ihrem Bedarf versehen konnten und Lederhändler oder Gerber durften erst zwei Tage nach dem Eintreffen neuer Vorräthe im Lagerhause Einkäufe machen. Ja, die Schuster hatten nicht bloss diese Vorkaufsfrist, sondern die Händler und Gerber mussten ihnen noch nach acht Tagen den ganzen gekauften Vorrath käuflich überlassen, für den durch einen obrigkeitlich bestimmten Zuschlag vermehrten Einkaufspreis.

1414 erfolgte der Erlass eingehender technischer Reglements für die Färberei [14], 1459 eine Reform der zünftigen Reglements der Barchentweber [15]. Aus demselben

---

1) Verri l. c. che non erasi provvisto degli ordini e statuti a sufficienza, che si ammetteva nella loro arte ognuno senza distinzione.
2) Cf. oben S. 75.
3) Arch. Pan. Cod. A. In dicta vestra civitate omnia alia collegia et paratica habent sua statuta et ordinamenta necessaria pro conservatione ipsarum; alias esset destructum paraticum dictorum supplicantium. Fol. 142.
4) Ib. Cod. A, fol. 142.
5) Ib. fol. 130.
6) Ib. fol. 151.   7) Ib.
8) Ib. fol. 200.
9) Ib. Cod. G, fol. 153.
10) Ib. Cod. B, fol. 131.
11) Ib. fol. 132.
12) Das Taxenwesen scheint überhaupt in Mailand womöglich noch ausgedehnter gewesen zu sein, als in Florenz. Cf. die Bemerkungen in dem bekannten Werke: Milano e il suo territorio I, 134 flgd. 1411 wurde den Schreiblehrern verboten, mehr als 1 fl. (= 32 Imp.) von den Schülern anzunehmen, und zwar sollten sie die Hälfte bis zur Erlernung des Buchstaben D, die andere Hälfte bei Beendigung des Alphabets erhalten!
13) Ib. fol. 181.
14) Ib. Cod. B, fol. 228.
15) Ib. Cod. E, fol. 160, cf. die Reglements für die Tuchmanufakturen Cod. G, fol. 4.

Jahre sind uns die Statuten der Zunft der Zimmerleute erhalten, interessant durch die Bedingungen, welche an die Aufnahme geknüpft werden[1]) und sonstige Beschränkungen[2]). — Von den Kürschnern heisst es allerdings 1480, dass sie noch nicht zünftig organisirt waren, doch wurden sie eben in diesem Jahre als Zunft anerkannt[3]). Ihre Statuten besitzen wir noch, ebenso die der Krämer von 1497[4]). In dem 1523 gedruckten Statut der Tuchmacherzunft ist ein herzogliches Dekret enthalten, welches schon 1471 den Zunftzwang für dies Gewerbe als zu Recht bestehend anerkennt[5]). Das 1747 gedruckte Statut der Pastetenbäcker enthält eine herzogliche Bestätigung ihrer Zunft aus dem Jahre 1487[6]). Verri selbst theilt in seiner Geschichte von Mailand ein Dokument von 1447 mit, in welchem das »paraticum barbitonsorum« genannt ist[7]). Ganz unbegreiflich aber ist es, wie Verri das in den 1480 gedruckten Statuten von Mailand vollständig mitgetheilte Statut der Tuchmacherzunft ignoriren konnte, auf dessen Bestimmungen wir bei Besprechung der florentiner Gewerbepolitik wiederholt aufmerksam gemacht haben[8]).

All' diese Thatsachen vor Augen, werden wir uns durch kein Statut verführen lassen, von einer Zunft- und Gewerbefreiheit des damaligen Mailand zu sprechen. Allerdings heisst es in den genannten (1396 publicirten) Statuten: Nullum paraticum seu universitas alicujus paratici sit in civitate Mediolani nec comitatu, et si aliquando contingeret de mandato domini Mediolani paraticum esse in civitate Mediolani vel comitatu, nullum statutum quod per ipsum paraticum factum esset vel fieret, non valeat nec teneat nec observetur sed solummodo serventur statuta Mediolani in presente volumine comprehensa[9]). Dass jedoch mit diesem Gesetz nicht das Zunftwesen als solches beseitigt werden soll, beweist schon die Bestimmung, dass unter herzoglicher Autorität auch ferner Zünfte bestehen können, und andererseits der Umstand, dass eben dieselben Statuten die Ordnungen der Tuchmacherzunft enthalten. Der Absolutismus, unter dessen Auspicien die Reform der Mailänder Gesetzgebung 1396 durchgeführt wurde, wollte nicht, dass die gewerblichen Corporationen, die zu republikanischer Zeit so selbständig und kräftig in das öffentliche Leben eingegriffen, die Berechtigung ihrer Existenz länger in sich selbst suchten; fortan sollte es in Mailand nur noch »mandato domini« Zünfte geben, die ihre Angelegenheiten nicht autonom von sich aus ordnen konnten, sondern nur unter Zustimmung der herzoglichen Gewalt, der einzigen Quelle ihrer rechtlichen Existenz. Das Fortbestehen der Zünfte

---

1) Ib. Cod. E. Keiner kann Meister sein »ne si possa daind' inanze impazarse de dicta arte — nisi come lavoratore di altro magistro dessa arte, laudato et scripto sotto lo dicto libro, se prima non sara laudato per bono magistro per il priore et li altri officiali vel almanco per lo dicto priore et sei altri de dicti officiali et deinde scripto in esso libro per bono magistro«. Als weitere Bedingung ist vorgeschrieben 5 Jahre Dienstzeit, sei es in Mailand oder sonstwo, und eine Matrikel von 4 Pfd. Imperialen für den Inländer, 6 Pfd. für den Fremden. Fol. 190 cf. Lettere e concessioni ducali Cod. 22, fol. 112.
2) Verlässt der Lehrling den Meister gegen den Contrakt, so kann er nie mehr Meister werden, nur bei »grossem Unrecht und schlechter Behandlung« kann er dem Meister aufsagen, aber auch in diesem Fall nur mit Erlaubniss des Zunftvorstandes. Natürlich findet sich auch hier die solidarische Verpflichtung aller Meister gegen den contraktbrüchigen Arbeiter. Ib. fol. 190. Wichtig ist das Verbot, mehr als zwei Gesellen zu halten (ib.) salvo se più ne volesse tenere chel debbia ancora tenere di li magistri in tanto che ogni due lavoranti vengano havere uno magistro et non altramente.
3) Arch. Pan. Cod. H, wo auch die Statuten noch erhalten sind, fol. 70. Matrikel: 16 Pfd. Imperialen.
4) Ib. Cod. L. fol. 12.
5) Dieses gedr. Statut befindet sich im kgl. Staatsarchiv von Mailand.
6) Ebendaselbst.
7) Storia di Milano ed. Monnier II, 10.
8) Neben dem dort Angeführten ist noch § 105 bemerkenswerth: Una ala seu locus deputatus debeat fieri in civitate Mediolani, in quo loco seu ala vendi debeant omnes drappi mercatorum predictorum sc. lane et ibi in dicto loco seu ala mercatores ter in septimana vendere possint dictos drappos et non alibi postquam dictus locus seu illa ala ordinata fuerit.
9) Cf. die genannte Ausgabe von 1480, fol. 128.

wird übrigens von den Statuten selbst ganz unzweideutig vorausgesetzt: Quod statuta et ordinamenta paraticorum, heisst es an einer Stelle, que sunt contra ordinamenta communis Mediolani non valeant nisi fuerint approbata [1].

Nur bei solcher Auffassung der Sache erklärt es sich, dass noch in den Redaktionen der Statuten aus dem **sechzehnten** Jahrhundert, das ja doch nach Verri selbst die eigentliche Brutstätte des Zunftwesens sein soll, und das in der That der Ausbildung des engherzigen Zunftgeistes so entgegenkam, ganz das nämliche Statut wiederkehrt [2]. So wenig aber dieses für Zunftfreiheit im sechzehnten, so wenig beweist das Statut von 1396 für Zunftfreiheit im 15. Jahrhundert.

Wenn Verri meint, dass in Mailand Niemand, der ein Gewerbe anfing, zur Bezahlung einer Matrikel verpflichtet war, so ist, abgesehen von den angeführten, das Gegentheil beweisenden Thatsachen zu bemerken, dass allerdings nach den Statuten die Ausländer, aber **nur diese**, die sich in Mailand zum Betrieb eines Gewerbes niederliessen, drei Jahre lang von jeder öffentlichen Leistung, sei es an den Staat oder eine Corporation befreit waren [3]. Diese dreijährige Immunität der Ausländer beweist natürlich das direkte Gegentheil von Verri's Ansicht; sie bezeugt, dass der Zunftzwang die Regel war, von der man eben nur abging, weil die damals in Mailand getriebene Populationspolitik Alles that, um die Einwanderung zu begünstigen.

---

[1] Fol. 34 des Originalcodex der Ambrosiana.
[2] Vgl. die gedruckten Mailänder Statuten von 1512 II, fol. 134. Nullum paraticum nec schola nec congregatio alicujus artis de cetero sit etc.
[3] Statuten ed. 1480, fol. 129 — et quod non teneatur ad aliquam aliam solutionem dandam vel faciendam alicui universitati ratione vel occasione aliquorum statutorum vel ordinamentorum illius universitatis. Derartige Matrikelbefreiungen von Fremden, die sich im Inland ansässig machten, hat man auch anderwärts als ein Mittel der Bevölkerungspolitik in Anwendung gebracht. Cf. Ordinamenti aggiunti al Breve dell' Ordine del mare di Pisa (1349) ed. Bonaini l. c. tom. III, pag. 611.